本书受
国家社科基金青年项目（项目批准号：12CSS013) 研究资助
和
中山大学历史学系学科建设专项经费出版资助

From Honeymoon to Confrontation

A Study on the Relationship between the Soviet Union and Israel in the Early Cold War (1948-1953)

从蜜月走向对抗

冷战初期的苏联与以色列关系研究
（1948~1953）

肖　瑜
江艺鹏
著

社会科学文献出版社
SOCIAL SCIENCES ACADEMIC PRESS (CHINA)

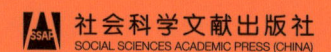

《中大史学丛书》编辑说明

中山大学历史学科肇始于学校创立之日，近百年来，始终在中国学术界占有重要的一席之地。在中国现代学术史上影响深远的"中央研究院历史语言研究所"，即在中山大学筹设。1952年，岭南大学并入中山大学，历史学系由此兼祧两校史学之学脉。傅斯年、顾颉刚、陈寅恪、岑仲勉、梁方仲、朱希祖、刘节、朱谦之、陈序经、罗香林、容肇祖、端木正、戴裔煊、梁钊韬、朱杰勤、金应熙、陈锡祺、蒋湘泽、何肇发等多位大师、名家，先后在历史学系任教，为历史学系奠定了丰厚的基础和优秀的传统。他们的学术事业，构成中国现代史学史上的精彩篇章，他们创设并发展的诸多学术领域，至今仍为历史学系具有特色和优势的学术园地。其教泽绵长，历史学系历代学人均受沾溉，濡染浸润，以研求学问为职志，以守护学风为己任。

近数十年来，历史学系同仁奋发有为，在继承前辈学术传统基础上，依托新时期不断改善的治学条件，把握当代史学发展趋势，在学术道路上艰辛求索，在秦汉史、魏晋南北朝史、隋唐史与敦煌学、宋史、明清史、中国近现代史、中国社会经济史、中外关系史、历史人类学、东南亚史、国际关系史、世界古代中世纪史等学术领域，勤奋治学，作育英才，取得了丰硕的成果。历史学系学者的研究既体现了深耕细作、发幽阐微的朴实学风，也突出了跨学科交叉的特色，以及对学术理念和方法执着追求的精神。近年，历史学系之中国古代史、中国近现代史均曾被评为国家重点学科，世界史学科亦被评为广东省重点学科，显示了历史学系学术实力整体上的提升。

为了集中展现历史学系学者们的学术成果，历史学系从2015年就开始筹划出版《中大史学文丛》。《中大史学文丛》第一批著作从2016年开始已经陆续由中华书局出版，受到学术界的广泛关注和高度评价。时隔几年，在前辈学者优良学风的引领下，历史学系诸多中青年学者的学术成果也陆续问世。我们觉得有必要继续计划和推进《中大史学文丛》的出版。这一计划提出之后，得到了历史学系诸多中青年学者的积极回应。经过历史学系学术委员会组织审核，2019年有七本专著列入中山大学学科建设专项经费出版资助计划，以《中大史学丛书》名称出版。由于七本专著的作者治学领域各异，且各有学术联系，《中大史学丛书》将由不同出版机构出版，但在作者和编辑的共同努力下，应同样能体现历史学系作为一个学术集体的风貌。

我们希望今后能够将《中大史学丛书》持续出版下去，将历史学系同仁的学术成果展现出来，及时总结学术成果，以便筹谋更好的未来发展计划，持续地推进历史学系的学术研究和学科建设工作。

《中大史学丛书》编委会
2020年12月

序　言

很高兴得知肖瑜和江艺鹏的用心之作《从蜜月走向对抗——冷战初期的苏联与以色列关系研究（1948~1953）》即将出版。通读全稿，感觉此项研究成果学术品味的厚重。

巴勒斯坦分治暨以色列建国，是二战后国际关系中的大事，不仅颠覆性地再造了中东政治格局，而且永久改变了地区社会生态环境，无论是冷战期间以色列同阿拉伯国家的多次热战，还是中东政治格局万花筒般的演变。

一战后获得巴勒斯坦委任统治权的大英帝国，在这场博弈中输得干干净净。本书的两位作者通过发掘史料，特别是引证冷战后新披露的史料，透彻地展示了斯大林在围绕巴勒斯坦前途而展开的复杂诡异的多方博弈中做出的精明决策，通过清晰地梳理逻辑关系，否定了对苏联支持以色列建国的种种不实猜测，并对斯大林在内政和外交领域看似矛盾的犹太政策进行深入分析，得出令人信服的结论。

这本书对从事中东研究的学者有很重要的参考价值，不仅有助于更准确地了解历史，也对理解当下中东的复杂博弈有所帮助。书中比较详细地介绍了耶路撒冷"俄国财产"问题的生成及其对苏以关系的影响，以及双方在这一问题上的复杂博弈，有助于读者丰富对苏以关系的认识。俄罗斯同耶路撒冷的历史联系和俄国东正教财产在耶路撒冷的客观存在，是俄罗斯在中东掌握一定话语权的重要资本。缺乏对俄以特殊历史关系和现实关系的了解，特别是缺乏对东正教纽带作用以及东正教文化圈犹太移民影响的了解，很难对某些中东事务做出比较准确的分析。

人们常对美国同以色列的特殊关系大发议论，对俄罗斯同以色列的特殊关系和苏联在阿以冲突中的作用重视不够，这就妨碍了对复杂中东冲突的准确理解。事实再清楚不过了：没有苏联集团的5张赞成票，分治决议不会获得通过，二战后中东的历史还不知道会怎样书写。实际上，美国对以色列的支持仅限于政治和法律层面，以色列从美国争取到的资金支持全部来自美国犹太社团，并非美国政府。美国严格遵守联合国对巴勒斯坦及其周边国家的武器禁运政策，也没有向以色列提供任何军事支持。由于犹太地下组织的几十个武器藏匿点在1946年6月被英军发现，1947年初的犹太武装仅装备了1万条旧步枪和1挺重机枪，根本无法赢得必将到来的战争。面对阿犹军事实力的绝对失衡，有意支持巴勒斯坦分治的苏联接受了犹太方面的请求，授权捷克向犹太复国组织出售武器，并在战前制止了捷克同阿拉伯国家的武器交易。苏联缩小阿犹军事实力差距的操作，为以色列在战争初期抵御阿拉伯联军的进攻提供了切实的军火保障，及时运抵以色列的捷克新型战机则在埃及军队逼近特拉维夫时发挥了关键的恐吓作用，是导致埃及军队撤退的重要因素。显而易见，离开了捷克军火，1949年的停火线不会是现在地图上标示的走向。可以说，以色列得以建国离不开美国和苏联共同的政治支持，而以色列国得以生存，又离不开苏联在违规出售军火上对以色列的绝对偏袒。

不仅如此，开战6周后美苏联手促成的第一次停火，既为以色列提供了整饬内部扩充兵员的机会，也为其继续补充军火提供了充裕的时间。一个常被人们忽视的细节是：在安理会表决进一步武器禁运时，苏联投的是弃权票，摆出了不阻止的姿态，致使英国不得不停止向阿拉伯国家提供武器，而捷克却对禁运决议置若罔闻，布拉格—以色列武器空运通道继续保持畅通，直至以色列胜券在握。与此同时，美苏两国在停火期间相继宣布同以色列互派使节，强化了对以色列的政治支持。美苏的默契配合，不仅仅是对以色列的共同偏袒，实质上是两强左右战后世界格局意志的展现，阿拉伯方面和英国有苦难言。至于阿拉伯参战国在停火期间的纷争内斗及其对巴勒斯坦阿拉伯人根本利益的历史性伤害，则是另外的话题。本书作者对捷克武器交易的相关论述和史料引用，是非常必要和到位的。

需要指出的是，也正是苏联，在1955年转而武装以色列的敌人，安排捷克同埃及签订了大批苏联军火供应协议，助长了纳赛尔的勇气，为1956年苏伊士运河危机演变为战争进行了重要铺垫。战争爆发后，美国和苏联又联手逼迫英国、法国和以色列撤出占领埃及国土的军队，进一步挤压了英法在中东存在的空间。

从支持巴勒斯坦分治并安排捷克为以色列提供军事保障，到假手捷克大规模武装埃及，苏联在中东联手美国排挤英国的战略意图是非常清晰的，苏联的这一意图同美国不谋而合，为日后美苏在中东的大博弈挪开了绊脚石。

中国中东关系的研究者对本书的兴趣或许更大。在巴勒斯坦分治和阿以战争的是非问题上，中国朝野意见不一。国民政府对分治方案的立场同英国的比较接近，认为分治有可能引发流血，苏联的目的在于染指中东，但犹太人的愿望应得到关切。分治决议表决当日，《中央日报》以"外交部发言人答记者问"的方式宣布："对圣地分治计划，我不拟投反对票。"实际表决时，国民政府驻联合国代表蒋廷黻投了弃权票。随后的《中央日报》对愈演愈烈的阿犹冲突做了连续报道，以色列建国前夕又做了整版图文并茂的背景介绍，日后对战争进程的醒目报道则不断，立场都是中性的。

相比之下，解放区报纸的报道则同苏联的立场保持一致，对战争起因和进程的报道一边倒支持以色列，对以色列建国的报道冠以"犹太人结束两千年流浪生活，近东成立以色列国"的标题，将战争爆发的原因归结为"英帝国主义策动的结果"，指责英国在宣布放弃对巴勒斯坦委任统治的同时，与"阿拉伯各国反动政府先后订立了各种秘密协定，同意将巴勒斯坦分割给它们，挑动这些国家的反动统治者准备和进行这次反犹战争"。而"犹太方面正在做坚决的正义的抵抗"。以新华社名义发布的报道对美国、英国和苏联的立场则总结为"英美矛盾趋尖锐，苏联同情以色列国遭侵略"。这些以新华社名义发出的报道和评论在时间上往往滞后两周左右，基本摘编自苏联英文外宣刊物《新时代周刊》的文章或该刊转载的塔斯社电文。国际时政刊物《世界知识》和东北解放区新华书店出版的《巴勒斯坦问题真相》等中文书刊的表述均同苏联的立场保持一致。总体看来，中国各派媒体要么保持中立，要么支持以色列，只有北平出现了民间团体组织声援阿拉伯国家的游行。

作为中国中东关系的研究者，将20世纪40年代末50年代初中国社会各方对阿以冲突的立场作客观比较，并结合本书相关论述做进一步思考，是很有意义很有价值的事情。随着中东时局的发展和苏以关系的恶化，新中国的相关立场也出现了调整。本书第五章论述的苏联国内反犹运动也对中国造成了一定影响。1953年1月13日，塔斯社公布了被西方称为"克里姆林宫医生案"的报道和《真理报》社论，宣称"以犹太医生为主的暗杀和间谍集团通过医疗手段谋害苏联领导人"。1月16日的《人民日报》便头版头条转载，日后在国内民族身份认定工作中也转为采取更谨慎的政策。

但是，中国和以色列的外交接触没有受到直接影响。1954年6月，周恩来总理参加日内瓦谈判返程时在缅甸停留，专门批准邀请以色列驻缅甸公使出席中国使馆的招待会，并同以色列外交代表进行了友好交谈，后又出于外交需要，安排以色列驻莫斯科公使访华。尽管1956年苏伊士战争后中国中断了同以色列的外交接触，但在次年莫斯科举行的世界共产党和工人党大会期间，毛泽东主席仍应以色列共产党主席米库尼斯的请求，同赫鲁晓夫交涉苏联压制犹太文化的问题。几个月后，新版犹太祈祷书就出现在莫斯科各个书店，并被转送到以色列。毛泽东的义举感动了以色列首席拉比赫尔佐格。1973年5月，中国驻雅典大使误入以色列使馆，中以关系再次触动了以色列媒体。以色列《最新消息报》用心良苦，不仅追忆了50年代中期中国和以色列在缅甸的外交接触，刊登了以色列前总理艾什科尔1965年致周恩来总理请求发展双边关系的信件影印件，还以《毛主席被要求干预苏联犹太事务》为题目，首次披露了上述史料，并刊登了毛泽东主席的大幅照片，一组报道用了整整了两个版面。多年后，老赫尔佐格之子哈伊姆·赫尔佐格当上了以色列第6任总统，他在1992年中以建交后立即访华，特意在招待会上同致力于中以早期外交接触的中国驻缅甸前大使姚仲明握手致谢。2021年，哈伊姆·赫尔佐格的儿子伊萨克·赫尔佐格又当选以色列第11任总统。历史回顾就是这样引人入胜，文化纽带也是这样结成的。

尽可能发掘和利用历史档案，是历史研究者进行研究的重要方法。肖瑜博士在书中详列了相关档案线索和学界的各种见解及相关著述，并依据可靠的史料和严谨的逻辑分析对关键争议点直抒己见，在苏联犹太政策研究领域里做出了显著贡献。笔者对他的研究工作有比较多的了解，从十几年前他的博士论文开题报告到论文完成，同他做过多次深入讨论，很赞赏他潜心学问，谦逊而又倔强的学术秉性，这也是沈门弟子应有的学风。

殷　罡

2021年10月17日肖瑜书稿序

前　言

第二次世界大战结束之后，中东地区作为国际政治焦点一直被世人关注。宗教分歧、民族仇恨、领土纠葛、经济摩擦、意识形态上的对立以致武装冲突，都使得这一地区处于随时可能出现动乱的状态。

巴勒斯坦问题的起因是犹太人在巴勒斯坦地区建国。众所周知，以色列是在苏美两个超级大国的支持下建立的，特别是苏联的支持更具有实质意义。以色列成立于冷战初期，在两大政治军事集团对抗的年代，双方在许多国际问题上往往都是针锋相对，然而在巴勒斯坦问题上，莫斯科和华盛顿同时选择了支持犹太人建国的政策。特别是苏联方面，从1947年4~5月联合国大会关于巴勒斯坦问题的特别会议开始，就坚定不移为犹太人摇旗呐喊。如果没有苏联及其东欧卫星国的支持，作为现代以色列国成立的政治保证和法律基础的《巴勒斯坦将来处理（分治计划）问题的第181（二）号决议》就不可能通过。1948年5月第一次中东战争爆发后，苏联通过捷克斯洛伐克等国为以色列提供了相当数量的武器装备。此外，在苏联的默许下，大批东欧犹太人源源不断地涌入巴勒斯坦，保证了以色列的人口数量和充足兵源。在很大程度上，以色列正是依靠这些武器装备和来自东欧的犹太移民才打赢了这场战争。

当时在冷战的大背景下，西方观察家很少有人能够预测到苏联会支持犹太人。考虑到苏联自沙俄时期就存在的反犹主义传统以及苏联政府多年来对犹太复国主义运动的敌视态度。二战后初期斯大林的亲犹太复国主义政策的确让人难以理解。直到今天，国内外历史学家对这一问题的解释依然众说纷纭。

斯大林支持犹太复国主义者建国的政策发生在1948年，但是历史却要求我们从多年以来苏联和犹太复国主义运动关系发展变化来进行追根溯源。在对待犹太复国主义运动这个问题上，苏联领导人的态度经历了以下三个阶段：苏德战争爆发之前，一直强烈敌视犹太复国主义运动；苏德战争期间，对待犹太复国主义运动的态度有所缓和，但是并未从根本上改变其敌视政策；1947~1949年，苏联政府开始不遗余力支持犹太复国主义运动，保证了以色列的成立。

那么二战前苏联政府为什么敌视犹太复国主义运动？战争期间苏联和国际犹太复国主义者如何进行交往，战后斯大林为什么要支持犹太复国主义者在巴勒斯坦地区建国？在犹太人建国过程中莫斯科究竟起了什么作用？这些都是本书所要关注的问题。作者拟在详细研究和解读近二十年来公布的苏联和以色列档案文献的基础上，以苏联和犹太复国主义运动关系发展变化为线索和切入点，逐步分析这些问题。

目　录

绪　论 …………………………………………………… 001

第一章　1945年之前的苏联犹太政策 ………………… 026
　第一节　俄国革命和社会主义建设时期的犹太人 …… 026
　第二节　第二次世界大战期间的苏联犹太外交 ……… 041
　第三节　战争期间苏联政府与国际犹太复国主义者的
　　　　　往来与合作 …………………………………… 057

第二章　二战后苏联支持犹太复国主义者建国政策的
　　　　形成 …………………………………………… 078
　第一节　战后初期苏联的大国合作战略 ……………… 078
　第二节　英美在犹太人问题上的矛盾 ………………… 099
　第三节　莫斯科来电与苏联巴勒斯坦政策的转变 …… 107

第三章　以色列建国前后苏联和东欧集团的支持 …… 143
　第一节　苏联集团在联合国对犹太人的支持 ………… 143
　第二节　大批东欧犹太人涌入巴勒斯坦 ……………… 156
　第三节　来自东欧的军事援助 ………………………… 164
　第四节　苏联支持以色列建国的原因分析 …………… 174

第四章　耶路撒冷的"俄国财产"问题与苏以关系的破裂 …… 186

第一节　耶路撒冷的"俄国财产"问题之由来 ……… 186

第二节　冷战初期苏以双方在"俄国财产"问题上的互动 …… 191

第三节　苏以双方在耶路撒冷问题上的分歧及其对财产问题的影响 …… 196

第四节　苏联对以色列的外交政策的变化及其影响因素 …… 207

第五节　"俄国财产"问题的最终解决 ……… 214

第五章　二战后苏联国内的反犹政策与苏以断交 ……… 219

第一节　苏联犹太人民族意识的觉醒 …… 219

第二节　战后苏联的国家反犹主义运动 ……… 226

结　语 …… 241

参考文献 …… 246

一　俄文文献 …… 246

二　英文文献 …… 254

三　中文文献 …… 262

后　记 …… 267

绪 论

本书主要通过研究冷战初期苏联与以色列关系的发展变化来探究二战后斯大林支持犹太人在巴勒斯坦地区建国的原因、苏联在以色列建国过程中所起的作用以及苏以关系恶化的原因。笔者之所以选择这个题目，主要基于五个方面考虑。

第一，以色列是在美苏两个超级大国的支持下建立的，而苏联方面的支持则更具有实际意义。目前，学术界对此问题关注较少。因缺少相应的档案文献作支撑，一些有限的研究成果也多具有主观推测的性质。冷战结束后，与此问题相关的各国档案文献尤其是苏联档案的解密，为这一课题的研究工作提供了可能。通过对多方档案的比较研究，有助于综合探究苏联支持以色列建国的深层次原因。

第二，斯大林在极力支持以色列建国的同时，又在国内发动了以"犹太人反法西斯委员会案"为标志的大规模的国家反犹主义运动，并扩展到东欧。1952年的"医生间谍案"更是把苏联的国家反犹主义运动推向了高潮。由此可见，斯大林对以色列的外交政策与其对国内犹太人的政策具有某种互动性。通过对这种互动性的分析，有助于我们理解二战后苏联对内对外政策的复杂性。

第三，苏联政府从十月革命起就把犹太复国主义组织视为反动势力，然而在第二次世界大战结束后，苏联政府突然改变了对犹太复国主义运动的敌对立场，支持犹太人在巴勒斯坦地区建国。苏联的中东政策是其冷战战略的一个有机组成部分，而斯大林对犹太复国主义者的态度则是这一时期苏联中东[①]政策的晴雨表，通过研究这一问题，对探索斯大林冷战战略的形成、发展和变化具有重要的学术价值。

第四，苏联和以色列关系的发展变化与二战后美苏关系逐步由热变冷，直到发生冷战密切相关。通过对这一问题的研究，可以考察冷战在各个国家的具体展现形式。这正是目前冷战史研究的新特征之一。

第五，目前，中国学术界对苏联与以色列关系的研究相对薄弱，迄今为止，尚未出现一部学术专著。笔者试图通过对这一课题的研究，力图起到填补学术空白的作用。

国外学术界（包括俄国史学界和西方史学界）对战后初期苏联支持以色列建国的研究一般来说可分为两个阶段。

第一阶段：20世纪90年代末之前

从冷战时期开始，欧美学者就很重视对苏联中东政策的研究，但大部分对苏联意图的官方解释和专家意见都带有强烈的意识形态倾向。由于缺乏足够的材料和交流，欧美学者只能通

---

① 这里所说的"中东"，指的是指亚、非、欧三大洲相连接的地区。这个名称是过去欧洲人的说法，他们按照距离欧洲的远近，把东方各国分别称为"近东"、"中东"和"远东"。中东地区的范围，没有明确的划分，特别是"中东"和"近东"没有严格界限。本书提到这一地区时统称为"中东地区"，但是对所转引档案文献中的称谓，则保留其原有的译法——"近东"。

过苏联政府的对外宣传和实际行动来猜测最高决策层的想法。

1959年，英国历史学家沃尔特·Z. 拉克（Walter Z. Laqueur）的《苏联与中东》①在美国出版了，这本书的内容涵盖了政治、军事、经贸、文化和意识形态等多个方面。他认为巴勒斯坦对苏联而言是次要的，支持犹太人建国是斯大林在心不在焉的时候批准的。还有些学者认为苏联的政策是进攻性的。在革命意识形态和传统的俄国帝国主义思想的综合驱使下，苏联的中东政策是其全球扩张战略的一部分。苏联利用二战后西方大国在中东地区的影响力下降，借助阿犹冲突的机会对该地区进行势力渗透。这些学者认为由于苏联方面的阻挠和破坏，美国政府未能成功缓解当地冲突，这是导致该地区动荡不安的重要原因之一。②然而，这些学者过分夸大了当时苏联在中东地区的影响力。

自20世纪70年代以来，冷战初期的档案资料在美国、英国和以色列开始解密，这为学术界提供一个了解冷战期间西方国家的决策机制、设想以及进程的机会。学者们试图勾勒出苏联对以色列政策的发展过程，从而探究苏联决策的内在逻辑。这些著作所涉及的问题非常广泛，为后人指出了进一步的研究方向。学界主流观点认为，苏联的中东政策在根本

---

① Walter Z. Laqueur, *The Soviet Union and the Middle East*, New York: Praeger, 1959.
② Robert O. Freedman, *Soviet Policy toward the Middle East since 1970*, New York: Praeger, 1982; Walter Laqueur, *The Struggle for the Middle East: The Soviet Union in the Mediterranean 1958–1968*, New York: Macmillan Press, 1969.

上虽然是进攻性的，但也是谨慎务实的，在很大程度上是应激性的，而不是有计划的。其目标只不过是希望该地区保持动荡不安的状态，以此削弱西方大国的力量。其中的代表性作品是以色列历史学家雅科夫·罗伊（Yaacov Ro'i）的专著《苏联在实践中的决策：苏联和以色列（1947—1954）》[1]。书中对苏联决策的国内外环境、苏以关系的演变过程都进行了深入分析。略显遗憾的是，作者在论及苏以关系逐渐恶化的过程时，刻意淡化了以色列外交政策偏向西方阵营对这一过程的影响。此外，美国学者阿诺德·卡拉默（Arnold Krammer）的专著《被遗忘的友谊：以色列和苏联集团（1947—1953）》[2] 的关注重点也是以色列本身，他认为苏以关系恶化的原因是苏联从1949年开始拒绝为以色列提供充足的援助。其中，他特别强调捷克斯洛伐克在苏以关系演变过程中的地位和作用，并且仔细梳理出捷克斯洛伐克向以色列运输武器的详细过程。

还有一种观点认为，从二战一直到戈尔巴乔夫统治时期，苏联在中东地区的政策是多种因素综合作用下的产物，包括冷战进程的推动力、美苏之间的地缘战略对抗、苏联对传统国家安全的关注等。[3] 这一观点具有很大的启发性，因为考虑

---

[1] Yaacov Ro'i, *Soviet Decision Making in Practice: The USSR and Israel 1947-1954*, New Brunswick & London: Transaction Books, 1972.

[2] Arnold Krammer, *The Forgotten Friendship: Israel and the Soviet Bloc 1947-1953*, Urbana, Chicago and London: University of Illinois Press, 1974.

[3] George Breslauer, "On Collaborative Competition," in George Breslauer ed., *Soviet Strategy in the Middle East*, Boston: Unwin Hyman, 1990.

多种因素的综合作用有助于深入理解苏联政府的决策过程。这种观点还认为苏联渴望作为超级大国得到国际社会的承认，拥有像美国一样的影响力与威望。

雅科夫·罗伊认为苏联在耶路撒冷问题被重新提交讨论的时候强调巴勒斯坦"俄国财产"的重要性，可能是为了增强自己在耶路撒冷问题上的影响力。① 这个观点启发了笔者从"增强国际影响力，提高国际地位"这一角度来思考大国在参与处理国际事务中的行为逻辑。

20世纪80年代末90年代初，学者们几乎完全以美国、英国等西方国家，还有以色列的资料为依据，重点关注美国、英国和以色列在中东地区的政策，这导致了学者们习惯于从西方和以色列的视角来看问题。于是，这些研究就成为美国、英国和以色列对外关系研究的一种延伸。由于缺乏苏联档案的支撑，学者们对于很多问题只能做出逻辑上的推测。在研究方法上，受到以美国学者汉斯·摩根索（Hans Morgenthau）为代表的"现实主义学派"的深刻影响，大部分研究主要关注的是苏联在中东地区的势力扩张、苏联与英美两国的权力对抗等问题。在大多数学者看来，苏联决策过程中的决定性因素仍然是对于"国家安全利益"的考虑。

尽管如此，在苏以关系研究领域中，学界还是出现了具有启发性的著作。1990年，以色列驻莫斯科大使馆的一秘约

---

① Yaacov Ro'i, *Soviet Decision Making in Practice: The USSR and Israel 1947-1954*, p. 451.

瑟夫·戈夫林（Yosef Govrin）运用大量一手材料写成了《从对抗到分裂：以色列与苏联关系（1953—1967）》① 一书。该书研究的时间范围与本书并不一样，强调意识形态与心理因素在苏以关系恶化过程中的作用，也提到了现实利益因素的影响，提醒学者们从一个新的角度来思考苏以两国关系的历史。

第二阶段：20 世纪 90 年代末之后

2000 年，由以色列外交部、俄罗斯外交部、以色列国家档案馆、俄罗斯国家档案馆等 6 家政府和学术机构在莫斯科和伦敦联合出版了《苏联-以色列外交关系档案选编（1941—1953）》。② 公布了 495 件有关苏联与以色列关系的原始档案文件，这其中包括苏联领导人与以色列领导人③之间的书信电报往来，苏联驻中东地区的外交人员发给苏联外交部④的电报、信件和书面报告等。2003 年，在俄罗斯出版了由著名学者纳乌姆金主编的《近东冲突：俄罗斯联邦对外政策档案馆文件选编（1947—1956）》⑤，公布了 147 件有关苏联与中东地区阿拉伯国家来往的资料文件。这些原始档案的解密为研

---

① Yosef Govrin, *Israeli-Soviet Relations 1953 - 1967, From Confrontation to Disruption*, London and Portland, OR: Frank Cass, 1998.
② Советско-израильские отношения. Сб. док. 1941-1953 гг. В 2 кн. Москва: Международные отношения. 2000; *Documents on Israeli-Soviet Relations: 1941-1953（DISR）*, London: Frank Cass, 2000.
③ 在 1948 年 5 月 14 日以色列建国之前称为犹太复国主义运动领导人。
④ 1946 年，苏联人民委员会改称苏联部长会议，隶属于原人民委员会的各人民委员部也纷纷改名，例如，苏联外交人民委员部改为苏联外交部，内务人民委员部改为内务部等。
⑤ Наумкин В. В. Ближневосточный Конфликт: Из документов архива внешней политики РФ（1947-1956）. В 2 т. Отв. ред. Москва: МФД, 2003.

究分析苏联支持犹太建国这一问题提供极大便利。

随着苏联档案逐渐解密，学者们能够接触到的材料越来越多。这无疑推动了对苏联政府的决策过程和对其影响因素的研究。同时，"新冷战史"[1] 研究的理念也为学术界带来了新鲜的空气，学者们抛弃了以往仅仅从现实政治方面来分析历史的做法，逐渐关注经济、文化和意识形态等多方面的内容。在这个阶段，以充足的材料为支撑，学者们对很多历史事件进行了重新审视和分析，这使得研究更加精细化，研究范围更广泛，研究对象更多元。[2] 进入21世纪，在以历史学家文安立（Odd Arne Westad）为代表的冷战史研究权威学者领导下，学术界不再局限于以往研究所涉及的地理范围，逐渐把眼光转向世界其他国家和地区（特别是中小国家和当地组织）在冷战时期的历史作用，例如东南亚、西亚北非地区。代表性的专著就是文安立的《全球冷战：美苏对第三世界的干涉与当代世界的形成》[3]，这本书叙述了冷战时期美国和苏联对亚洲、非洲和拉丁美洲进行干涉的相关历史。虽然这本书对于阿以战争未予深入讨论，但书中展现出冷战在第三世界的表现，激励学者们去探究与冷战初期中东问题相关的历史。

---

[1] 陈兼、余伟民：《"冷战史新研究"：源起、学术特征及其批判》，《历史研究》2003年第3期。

[2] Yehoshua Freundlich, "A Soviet Outpost in Tel Aviv: The Soviet Legation in Israel, 1948–53," *Journal of Israel History: Politics, Society, Culture*, Vol. 22, No. 1, 2003, pp. 37-55.

[3] Odd Arne Westad, *The Global Cold War: Third World Interventions and the Making of Our Times*, Cambridge: Cambridge University Press, 2007.

苏以关系档案解密后，俄罗斯和西方史学界相继出版了一些利用档案材料进行研究的高质量论著。

在俄罗斯史学界，俄罗斯方面比较有代表性的著作有梅德韦杰夫的《斯大林与"医生案件"（新史料）》①、伊萨耶夫的《历史的教训：苏以关系（1948—1951）》② 以及姆列钦的两部专著《为什么斯大林建立了以色列》与《约瑟夫·斯大林——以色列的缔造者》③，等等。

梅德韦杰夫认为：斯大林支持以色列并非是要把以色列变成苏联的仆从国。作为现实主义政治家的斯大林很清楚以色列需要一个强大的靠山，以色列将会成为资本主义国家，而不会成为社会主义国家。斯大林此举的目的是要给英美特殊关系"打进一个楔子"。④ 按照梅德韦杰夫的说法，以色列的亲美方针是有利于苏联的，一切尽在斯大林的掌控之中。

伊萨耶夫的文章利用了大量苏联外交部的解密文件，详细叙述了1948~1951年苏联在以色列国家建设过程中所起的作用，但是对于这一事件的原因论证得并不充分。

姆列钦的两本专著尽管也使用了大量的苏联解密档案，但由于缺少学术著作所必要的注释，因此，很难被看作是严

---

① Медведев Ж. А. Сталин и "дело врачей", Новые Материалы// Вопросы истории, 2003, №1, С. 78-103; №2, С. 99-119.

② Исаев Г. Г. Уроки Истории: Советско-Израильские Отношения в 1948-1951гг. // Журнал Политэкс. 2006. Том 2. № 3. С. 114-130.

③ Млечин Л. М. Зачем Сталин Создал Израиль? Москва:《ЯУЗА》《ЯКСМО》, 2005; Млечин Л. М., Иосиф Сталин-Создатель Израиля. Москва:《ЯУЗА》《ЯКСМО》, 2006.

④ Медведев Ж. А. Сталин и "дело врачей", Новые материалы, С. 99.

谨的学术著作。

在西方史学界，这一时期法国学者劳伦特·拉克尔（Laurent Rucker）在这一问题上的研究无疑是走在前列的。2001年，他在巴黎用法文出版了自己的专著《斯大林、以色列与犹太人》[①]。这部书是目前笔者所能见到的在这一领域中唯一一部利用苏联解密档案进行研究的著作，具有很高的学术价值。

拉克尔的主要观点是二战后斯大林在伊朗和土耳其问题上的冒险遭到失败之后，苏联依然未能放弃利用英美帝国主义之间的矛盾达到自己重新向中东扩张的战略目的，而欧洲犹太难民问题是英美矛盾的一个诱因。出于对英国的厌恶，斯大林把牌押在了犹太复国主义者身上。

在这部书中，拉克尔通过自己的研究把苏联开始支持犹太复国主义的时间界定在1947年夏天，而这正是马歇尔计划出台、西方阵营开始形成之时。斯大林希望利用犹太复国主义在巴勒斯坦地区建国来离间英美，从而分化瓦解西方帝国主义阵营。他的这种观点和俄罗斯学者梅德韦杰夫的观点有相似之处。

拉克尔本人对斯大林支持犹太人建国的政策评价并不高，认为这是一个失败的举措，是继土耳其、伊朗事件之后的又一次外交冒险。他认为从1949年开始，以色列就逐渐

[①] Laurent Rucker, *Staline, Israël et les Juifs*, Paris: Presses universitaires de France, 2001.

倒向了美国，斯大林在削弱英国的同时增强了美国在中东地区的存在，而苏联本身并没有从中得到任何好处。

此外拉克尔用了大量篇幅描述了二战期间的苏联犹太人反法西斯委员会（Jewish Anti-Fascist Committee，以下简称"犹委会"）的历史。他认为，与苏联支持犹太人建国的对外政策相比，其国内犹太问题则要复杂得多。第二次世界大战开始后不久，苏联就成立了"犹委会"。"犹委会"最初成立的目的是号召国外犹太人特别是美国犹太人支援苏联的反法西斯战争，希望依靠美国犹太社团的政治影响来帮助罗斯福总统放弃大西洋彼岸的孤立主义，促使美国加入到反法西斯战争的行列中来。"犹委会"是反法西斯战争的产物，但是在二战后，这个委员会的领导人自命为苏联犹太人的代言人，而不是充当官方规定的对外宣传员的角色，这就犯了斯大林的忌讳，在他看来"犹委会"已经成为一个犹太代表机构的雏形。因此，苏联当局对此颇为不满，再加之二战后苏联当局支持犹太人建国的政策激发了苏联犹太人强烈的民族主义情绪。当苏联犹太人对建立以色列国表现出前所未有的热情时，斯大林毫不犹豫地暗杀了"犹委会"领导人米霍埃尔斯，取缔了"犹委会"，并在国内发动了一系列针对犹太人的政治诉讼案件，掀起了二战后苏联国家反犹运动的高潮。拉克尔认为，斯大林本身的举动是古怪和不可捉摸的。他出于对英国人的厌恶建立了以色列，而他对苏联犹太人的不信任驱使他发动了反犹运动。《斯大林、以色列与犹太人》这部书内容丰富，史料翔实，使读者较为清楚地了解了斯大林统治后期苏联的权力运作机制。它在西方史学界的影响力很大，该书自从2001年正式出版以来，除拉克尔本人之外，西方很少再有学者涉足这一课题的研究。

2004年，拉克尔在俄罗斯的《俄国与犹太世界》杂志上用英文发表了一篇文章：《意想不到的同盟：20世纪40年代的苏联与以色列》①；一年之后，他在美国伍德罗·威尔逊研究中心的冷战公报上发表了《莫斯科的意外之举：1947~1949年的苏以同盟》②。拉克尔的这两篇论文对于其原有观点做了一定的修正和补充。他首先提出了斯大林支持犹太复国主义者建国的这一决策发生在1947年4月28日。这一天，在纽约出席联合国大会巴勒斯坦特别会议的苏联副外交人民委员葛罗米柯收到了来自莫斯科高层的电报，电报内容是"我们必须考虑到犹太民族在第二次世界大战中所遭受的空前灾难。对于巴勒斯坦问题，我们应该准备两种不同的方案：第一种方案是建立一个包含两个民族的二元制国家；第二种方案是把巴勒斯坦分割为一个阿拉伯国和一个犹太国。如果第一种方案由于阿犹关系恶化而无法实行的话，那么就应该考虑第

---

① Laurent Rucker, "The Unexpected Alliance USSR and Israeli During the 1940's," *Russia and Jewish World*, No. 2, 2004, May 24, 2020, Русский вопрос, http：//www.russkiivopros.com/index.php?pag=one&id=77&kat=6&csl=19.

② Laurent Rucker, "Moscow's Surprise: The Soviet-Israeli Alliance of 1947 – 1949," *Cold War International History Project Working Paper*, No. 46, 2005.

二种方案。"① 但是对于斯大林为什么选择这个时间来宣布对犹太复国主义者的支持，拉克尔在自己的论文中却只字未提。

对于上述观点，笔者或不能苟同，或认为论据不足。

首先，关于苏联支持犹太人建国是为了离间英美特殊关系这种观点，到目前为止，档案文献并未提供任何有力证据。英美两国的确在犹太难民问题和阿犹分治问题上存在严重的矛盾，但这些矛盾并非是斯大林离间所致。恰恰相反，斯大林正是利用了英美之间的矛盾，通过支持犹太人建国，扩大了苏联在中东地区的影响。总之，英美矛盾给了苏联进入中东地区的机会，而离间英美特殊关系并非苏联的目的和主旨。

其次，笔者并不认为斯大林支持犹太人建国是其外交决策的失误。因为，苏联至少成功地把大英帝国逐出了巴勒斯坦地区。作为经验丰富的现实主义政治家，斯大林在进行外交决策时自然经过了一番详细周密的考虑。要解读战后苏联支持犹太人建国的原因，就必须要从苏联与犹太复国主义运动的发展变化着手，同时也要考虑战后斯大林关于世界的安排和战略决策，拉克尔的著作对于这两个方面的分析略有欠缺。

显然，拉克尔在研究苏联支持犹太人建国这个问题上受

---

① Laurent Rucker, "Moscow's Surprise: The Soviet-Israeli Alliance of 1947–1949," *Cold War International History Project Working Paper*, No. 46, pp. 16–17.

到了西方学术界尤其是美国学术界在冷战研究中曾经占据主导地位的"传统学派"（Traditional School）的影响。该学派认为苏联对外政策是进攻性的，是希望利用犹太复国主义者来离间英美两国，瓦解西方阵营，进而达到自己的外交战略目的。

在中国史学界，中国学者对苏以关系的研究也是以苏联的中东政策和巴勒斯坦问题的研究为起点的。改革开放以来，中国引进来很多优秀的国外著作，为今后的研究打下了知识基础。例如1981年由商务印书馆出版的英国著名学者理查德·艾伦（Richard Allen）的著作——《阿拉伯——以色列冲突的背景和前途：帝国主义和民族主义在肥沃的新月地带》[1]。这本书简洁而明晰地梳理出英国、俄国和德国在中东地区的扩张活动。[2]

20世纪60年代以来，国内各大研究所纷纷出版了相关文件集，这些文件集包括国际关系研究所编的《巴勒斯坦问题参考资料》[3]、巴勒斯坦解放组织驻京办事处编的《巴勒斯坦问题和巴解组织》[4]、西北大学伊斯兰教研究所编的《巴勒斯坦问题历史概况》[5]以及由尹崇敬主编的《中东问题100年：

---

[1] 〔英〕理查德·艾伦：《阿拉伯——以色列冲突的背景和前途：帝国主义和民族主义在肥沃的新月地带》，艾玮生等译，商务印书馆，1981，第220页。
[2] 〔英〕理查德·艾伦：《阿拉伯——以色列冲突的背景和前途：帝国主义和民族主义在肥沃的新月地带》，艾玮生等译，第220页。
[3] 国际关系研究所编《巴勒斯坦问题参考资料》，世界知识出版社，1960。
[4] 巴勒斯坦解放组织驻京办事处编《巴勒斯坦问题和巴解组织》，巴勒斯坦解放组织驻京办事处，1980。
[5] 西北大学伊斯兰研究所编《巴勒斯坦问题历史概况》，陕西人民出版社，1973。

1897—1997》①，推动了这一领域的发展。

2002年，沈志华先生总主编的34卷本《苏联历史档案选编》②问世，其中第25卷和第28卷收录了关于"犹委会"的85份原始档案，其中部分涉及了苏联支持犹太人建国的问题，为国内学者展开这一课题的研究提供了便利条件。

从20世纪90年代至今，中国学界也涌现出越来越多的相关研究成果。主要的专著有刘竞、张士智和朱莉合著的《苏联中东关系史》，还有赵伟明的《中东问题与美国中东政策》等。③而已发表的论文包括赵克仁的《试析前苏联对以色列建国前后态度和政策的演变》、邵丽英的《俄国对以色列外交政策的演变及发展趋势》、张建华的《简论苏联的犹太人问题》、车效梅的《苏联对以色列建国政策透析》、杨曼苏的《苏以关系发展的历程》、姜天明的《美英苏在以色列建国问题上的政策及影响》、徐娅囡与吴建章的《苏联支持以色列建国的动机分析》、余建华和康璇的《苏联对犹政策的历史考察》。此外还有一些硕博士论文，例如李鹏程的《1947—1957年苏联对以色列政策的演变》、梁桂胜的《从合作到分裂：1947—1953年苏联-以色列关系研究》以及哈云青的《从蜜月到断交——

---

① 尹崇敬主编《中东问题100年：1897—1997》，新华出版社，1999。
② 沈志华总主编《苏联历史档案选编》，第25、28卷，社会科学文献出版社，2002。
③ 参考刘竞、张士智、朱莉《苏联中东关系史》，中国社会科学出版社，1987；赵伟明《中东问题与美国中东政策》，时事出版社，2006。

1948—1953 年苏以关系研究》。①

纵观上述研究成果，部分国内学者认为苏联支持犹太建国的重要因素之一是出于对劫后余生的欧洲犹太人的同情。② 这显然是受到了两份材料的影响，分别是 1947 年 5 月 14 日苏联代表葛罗米柯在联合国大会第一次特别会议上的发言稿，以及以色列历史上第一位女总理果尔达·梅厄（Golda Meir）的自传。③ 笔

---

① 参考赵克仁《试析前苏联对以色列建国前后态度和政策的演变》，《西亚非洲》1993 年第 4 期；邵丽英《俄国对以色列外交政策的演变及发展趋势》，《西亚非洲》1999 年第 4 期；张建华《简论苏联的犹太人问题》，《当代世界与社会主义》2003 年第 2 期；车效梅《苏联对以色列建国政策透析》，《西亚非洲》2003 年第 4 期；杨曼苏《苏以关系发展的历程》，《俄罗斯研究》2004 年第 1 期；姜天明《美英苏在以色列建国问题上的政策及影响》，《西藏大学学报》（汉文版）2004 年第 2 期；徐娅囡、吴建章《苏联支持以色列建国的动机分析》，《当代世界社会主义问题》2006 年第 4 期；余建华、康璇《苏联对犹政策的历史考察》，《史林》2007 年第 2 期；李鹏程《1947—1957 年苏联对以色列政策的演变》，华中师范大学，硕士学位论文，2007；梁桂胜《从合作到分裂：1947—1953 年苏联-以色列关系研究》，西北大学，硕士学位论文，2009；哈云青《从蜜月到断交——1948—1953 年苏以关系研究》，陕西师范大学，硕士学位论文，2013。

② 参见刘竞、张士智、朱莉《苏联中东关系史》，第 126~128 页；赵克仁《试析前苏联对以色列建国前后态度和政策的演变》，《西亚非洲》1993 年第 4 期；邵丽英《俄国对以色列外交政策的演变及发展趋势》，《西亚非洲》1999 年第 4 期；赵伟明《中东问题与美国中东政策》，第 25 页。

③ 葛罗米柯在 1947 年 5 月 14 日联合国大会第一次特别会议上特别强调了犹太人在第二次世界大战中所遭受到的不幸和苦难。这种不幸和苦难是难以用笔墨所描述的。参见 Советско - Израильские Отношения. Сб. док. 1941 - 1953гг. Т. 1. С. 215。果尔达·梅厄在自己的回忆录中提道："在 1947 年秋天，当联合国进行辩论的时候，我觉得苏联集团之所以支持我们，还因为俄国人自己为自己的胜利付出了可怕的代价，并且还因为他们深切地同情犹太人，深切地同情遭受了纳粹分子的如此深重灾难的犹太人，俄国人清楚他们是在为自己的国家服务。"参见〔以〕果尔达·梅厄《梅厄夫人自传》，章仲远、李佩玉译，新华出版社，1986，第 217 页。

者认为，苏联的政治动机可能非常复杂，但是绝非是出于"人道主义考虑"。因为斯大林在支持犹太人建国的同时，又在其势力范围内发动了以"犹太人反法西斯委员会案"为代表的一系列针对犹太人的政治诉讼案件，这就使得同情论很难站住脚了。另有一些学者认为，斯大林希望借此机会拉拢犹太人，把英国人逐出中东，进而达到入主中东的战略目的。[①] 还有一些学者则认为，苏联支持犹太人建国有三重目的："一是为了把英国人逐出中东；二是希望把以色列变成一个亲苏联的国家，进而与美国争夺中东和地中海的战略控制权；三是如果前两个目标受挫，那么就把以色列作为一个'不和的金苹果'抛向中东，以便为苏联干预中东事务提供机会。"[②] 另外，笔者利用最新解密的苏联和以色列外交档案撰写而成的3篇论文《对苏联支持以色列建国原因之再考察》[③]、《以色列建国过程中的苏联因素》[④] 和《冷战与苏联犹太政策的变化（1947—1953）》[⑤] 对苏联支持犹太人建国的原因进行了探讨。

西方学术界对于外交史的研究有一个基本特点，那就是强

[①] 参见车效梅《苏联对以色列建国政策透析》，《西亚非洲》2003年第4期；姜天明《美英苏在以色列建国问题上的政策及影响》，《西藏大学学报》（汉文版）2004年第2期；徐娅囡、吴建章《苏联支持以色列建国的动机分析》，《当代世界社会主义问题》2006年第4期。

[②] 宋永成：《苏联犹太人反法西斯委员会的悲剧》，陕西师范大学，博士学位论文，2008，第121页。

[③] 肖瑜：《对苏联支持以色列建国原因之再考察》，《学术研究》2011年第8期。

[④] 肖瑜：《以色列建国过程中的苏联因素》，《西亚非洲》2010年第8期。

[⑤] 肖瑜：《冷战与苏联犹太政策的变化（1947—1953）》，《中山大学学报》（社会科学版）2012年第2期。

调小国外交对大国政策的反作用。这样的方法论有助于研究者从更深的层次理解大国外交政策与小国国内政治的互动关系，但它往往在某种程度上忽视了大国在特定历史时期对历史进程具有决定性影响。犹太人之所以能够实现其建立民族国家的千年夙愿，与美国和苏联等大国的大力支持密不可分。对于以色列建国过程中的美国因素以及美以特殊关系的研究，长期以来国内外学术界涌现出了大量的专著和论文，因此笔者在这里不一一列举。关于苏联和东欧集团在犹太人建国过程中所起到的作用却往往被人忽视，这正是本书所重点考察的问题。

笔者认为，苏联在二战后初期这一特定历史时期内对犹太人建国起到了至关重要的作用。正是苏联的外交战略及其中东政策的变化决定了犹太人在巴勒斯坦地区建国这一历史进程的速度和程度。当然，不能否认犹太复国主义者在这一历史进程起到了决定性作用。然而，正如一位美国历史学家所言："如果没有斯大林的支持，以色列国至少不会在1948年出现。"① 这一结论应该是可以成立的。

本书作为历史研究的成果，有必要讨论一下本书所用的文献和史料。

兰克学派认为历史学最基本、最重要的方法就是"据事直书"②。通过对史料的批判如实地再现历史。能够还原历史

---

① 参见 Aron Lustinger, *Stalin and the Jews: The Red Book: The Tragedy of the Jewish Anti-Fascist Committee and the Soviet Jews*, New York: Enigma Books, 2003, p. 170。

② 〔英〕E. H. 卡尔：《历史是什么》，陈恒译，商务印书馆，2007，第3页。

的史料无非就是档案文件、文献记载和口述史料，其中最基本的还是档案文件。离开了档案文件，史学研究就成了空中楼阁。前文提到的《苏联-以色列外交关系档案选编（1941—1953）》和《近东冲突：俄罗斯联邦对外政策档案馆文件选编（1947—1956）》是本书使用的基本史料，除此之外，本书还利用了一些苏联和英美等国与巴勒斯坦问题和犹太人问题相关的档案文献。

（1）1994年，莫斯科科学出版社出版的由纳乌莫夫主编的档案集《一次不公正的审判——斯大林的最后一次枪决》[1]。这实际上是一本在对苏联"犹委会"领导人进行法庭审判时的速记文献。

（2）1996年，莫斯科国际关系出版社出版了由科斯迪尔琴科主编的档案集《苏联犹太人反法西斯委员会（1941—1948）》[2]。这部档案集详细描述了苏联"犹委会"从成立到最终覆灭的一些情况。

（3）罗纳德·海姆（Ronald Hyam）主编的《工党政府与大英帝国的终结（1945—1951）》[3]档案集，这部档案集中收录了许多二战后初期英国政府关于巴勒斯坦问题的文件，

---

[1] *Наумов В. П.* Неправедный Суд, Последний Сталинский Расстрел, Стенограмма Судебного Процесса Над Членами Еврейского Антифашиского Комитета. М: Наука. 1994.

[2] *Костырченко Г. В.* Еврейский Антифашистский Комитет в СССР, 1941 - 1948. Москва: Международные Отношения. 1996.

[3] Ronald Hyam, *The Labour Government and the End of Empire*, 1945 - 1951, London: HMSO, 1992.

包括内阁备忘录和决议以及外交部、殖民部、国防部等多个部门的备忘录。

(4) 保罗·普雷斯顿 (Paul Preston) 和迈克尔·帕契基 (Michael Partridge) 主编的《英国外交事务文件》① 部分收录了英国外交部有关巴勒斯坦问题的备忘录和研究报告、英国驻中东地区的外交使节发回外交部的评估报告以及英国外交官与中东国家领导人的会谈记录和往来信件以及电报等。

(5)《美国外交文件 (1945—1949)》② 收录了美国外交部和美国中央情报局关于巴勒斯坦问题的评估报告以及美国驻中东地区的外交人员就巴勒斯坦问题发给华盛顿的信件和电报等。

这些档案文件与苏联和以色列解密档案相互佐证,为学界更加深入地研究这一课题提供了便利条件。

结合选题设计和学术史的回顾评述,本书所要研究的主要问题如下。

(1) 为什么苏联对待犹太复国主义运动的态度前后发生了翻天覆地的变化?

在对待犹太复国主义运动这个问题上,苏联领导人的态度经历了以下三个阶段:在苏德战争爆发之前,苏联领导人一直强烈敌视犹太复国主义运动;在苏德战争期间,斯大林

---

① Paul Preston and Michael Partridge (eds.), *British Documents on Foreign Affairs (BDFA): Reports and Papers from the Foreign Office Confidential*, Maryland: University Publications of America, 1999.

② *Foreign Relations of the United States (FRUS), 1945–1949*, Washington D.C.: GPO, 1969–1977.

对待犹太复国主义运动的态度有所好转,但并未从根本上改变其敌视政策;1947~1949年,苏联领导人不遗余力地支持犹太复国主义运动,保证了以色列国的建立和巩固。1949年以后,以色列在外交取向上开始倒向美国,苏以关系逐步恶化,最后走向彻底决裂。笔者将在书中对各个历史时期苏联对犹太复国主义政策的变化进行分析,力求回答这一问题。

(2)在冷战的大背景下斯大林支持犹太人建国的真实目的究竟是什么?苏联巴勒斯坦政策的变化与其冷战战略形成的关系是什么?

二战后初期,对于巴勒斯坦的未来和前途命运问题,苏联官方的说法一直是强调建立一个独立、统一和民主的巴勒斯坦国。面对欧洲日趋严峻的犹太难民问题,苏联的态度是:犹太难民问题不能靠移民巴勒斯坦来解决。只有在彻底根除法西斯主义、实现欧洲民主化的同时给犹太人一个正常的生活条件,才能最终解决这个问题。[①] 由于犹太人口数量在巴勒斯坦地区处于绝对劣势。苏联的态度显然不符合犹太复国主义者的愿望。然而,从1947年4月28日开始,苏联在巴勒斯坦问题上的态度发生了180度的转变。这究竟是为什么?法国学者拉克尔在自己的论著中并未提及,本书试图通过多国原始档案文献的相互对比印证,来解答这一问题。

[①] АВП РФ. Ф. 0118. Оп. 2. П. 2. Д. 8. Л. 107 – 109. // Советско‐Израильские Отношения. Сб. док. 1941–1953гг. Т. I. С. 193–195.

(3) 苏联在以色列建国过程中究竟起了什么作用？

苏联集团对犹太人建国的支持不仅仅体现在联合国第181号（二）决议表决中的那5张赞成票，还体现在政治、经济、军事等各个方面。长期以来史学界对这一问题关注不够。笔者试图通过自己的研究对此问题做出回答。

(4) 为什么斯大林在支持犹太人建国的同时又在国内发动了大规模的国家反犹运动？

美国著名犹太思想家和哲学家汉娜·阿伦特（Hannah Arendt）在自己的著作《极权主义的起源》一书中把斯大林主义和纳粹主义归为有史以来极权主义的两种真正形式。[①] 指出反犹主义与斯大林主义和纳粹主义具有某种内在的联系。

笔者认为斯大林的反犹主义既不像希特勒那样，与民族的、种族的问题密切相关，也不像俄国那样与宗教矛盾密切相关。斯大林的反犹主义主要是政治性的，是为其政策服务的。从二战前苏联敌视犹太复国主义运动到二战后支持犹太人建国，无一不是如此。苏联从来就没有单纯为反对犹太人而存在的反犹主义。如果犹太人效忠斯大林，效忠布尔什维克，那他们就有可能成为苏联统治集团的一分子，如果犹太人或犹太组织站在苏联当局的对立面，或者威胁到了苏联当局的利益，那么苏联方面是要坚决对其进行镇压的。笔者将对苏联各个时期的犹太政策进行分析，加以论证自己的观点。

---

① 参见〔美〕汉娜·阿伦特《极权主义的起源》，林骧华译，生活·读书·新知三联书店，2008，第454~459页。

（5）二战后苏联和以色列的关系从蜜月走向对抗的真实原因是什么？

从1949年下半年起，以色列就开始倒向西方，苏以关系开始从蜜月逐渐走向对抗，苏联在1953年2月宣布中断与以色列的外交关系。苏以交恶的原因涉及以色列与东西方两大阵营的关系，二战后苏联的反犹政策以及苏联对阿拉伯国家政策等。究竟是哪些因素最终导致苏以交恶则是本书着重要解决的问题。

最后谈谈本书的章节结构及主要内容。

本书的正文部分共分为五章。加上绪论和结语一共七个部分，绪论部分主要介绍了本书的选题价值和国内外学术史概况以及本书所关注的主要问题。

第一章追溯了沙皇俄国时期犹太人的历史状况和1941年6月苏德战争爆发前苏联政府对犹太人的政策。在本章中，笔者力求通过考察苏联的犹太政策来揭示二战前苏联敌视犹太复国主义运动的原因。笔者想澄清这样一个概念，就是苏联的反犹太主义（Anti-Semitism）和反犹太复国主义（Anti-Zionism）的区别。至少在20世纪30年代里，斯大林主义还没有表现出与反犹太主义同一含义的特征。斯大林对犹太教和犹太文化的批判，实质上与对其他宗教和文化的压制没有区别。苏联领导人在各种场合都拒绝承认排犹主义或歧视犹太人问题仍存在于苏联社会，强调苏联宪法保障各民族一律平等，而他们所反对的只是犹太复国主义运动。

第二章是本书的核心章节，笔者打算以二战后斯大林大国合作政策的演变过程为背景来探讨苏联支持犹太人建国政策的逐步形成，着重分析斯大林的外交战略与苏联巴勒斯坦政策转变的内在联系。二战战后初期（1945～1947年），斯大林的愿望是维持与西方盟国在战时结成的伙伴关系，通过与西方国家的合作巩固和发展苏联在雅尔塔和波茨坦体系中所获得的政治权益。这一时期发生了三件影响苏联与西方关系的重大事件：希腊危机、土耳其危机和伊朗危机，使得苏联与西方的关系由热变冷，并逐渐走向冷战。因此，研究斯大林的外交战略对于考察苏联支持犹太人建国政策的最终形成以及冷战起源等问题都是具有重要的学术价值。

第三章主要讲述在以色列建国前后，苏联和东欧集团对犹太复国主义运动的支持。苏联和东欧集团对犹太复国主义运动的支持体现在政治、经济、军事、外交等各个方面。特别是1947年底，美国的巴勒斯坦政策发生严重倒退的时候，苏联在联合国始终与以色列的立场保持一致。不仅如此，1948年5月，即第一次中东战争爆发后，苏联通过捷克斯洛伐克等国为以色列提供了数量可观的武器装备。在苏联的默许下，大批东欧犹太人不断涌入巴勒斯坦地区，保证了以色列的人口数量和军队动员能力。在很大程度上，以色列正是依靠这些武器装备和来自东欧的犹太移民才打赢了这场战争。

第四章将展开论述苏联政府如何处理巴勒斯坦的"俄国财产"问题与耶路撒冷国际化问题。1947年，《巴勒斯坦将来处理（分治计划）问题的第181（二）号决议》规定了耶路撒冷为一个国际化的自由市，它既不属于阿拉伯人，也不属于犹太人。苏联当时也投了赞成票。但是，第一次中东战争后，以色列想把耶路撒冷作为国家的首都，而苏联政府却继续支持耶路撒冷国际化，于是双方的意见出现分歧。1949年底耶路撒冷问题被重新提交联合国大会讨论。以色列反对按照1947年联合国大会《巴勒斯坦将来处理（分治计划）问题的第181（二）号决议》实现耶路撒冷国际化，但苏联坚持这一原则。而以色列政府则以巴勒斯坦的"俄国财产"问题作为筹码，要挟苏联改变立场。1949年底1950年初，苏联的立场出现多次反复：支持耶路撒冷国际化——有意改变立场——1949年12月投票支持耶路撒冷国际化——1950年4月17日宣布不再支持耶路撒冷国际化。在这个过程中，苏联需要考虑中东地区的各种政治力量，其中包括以色列、外约旦、其他阿拉伯国家、英国和美国。这一节重点论述苏联在1949年底1950年初对于耶路撒冷问题的立场经历"先维护后放弃"的过程。笔者认为耶路撒冷国际化问题是苏以关系从蜜月走向对抗的重要转折点。

第五章探讨的是苏联为什么在支持以色列建国的同时又在国内发动大规模的国家反犹运动的原因。第二次世界大战使苏联犹太人沉睡已久的民族意识得到了觉醒。二战结束后，斯大林支持犹太复国运动的中东政策又极大地激发了苏联犹太人的民族主义情绪。这种民族主义情绪在斯大林看来是非常有害的，它与苏联的官方意识形态从根本上是相违背的。

因此，战后斯大林在国内发动反犹运动只是时间早晚的问题。战后初期，斯大林之所以没有立即发动反犹运动，一方面是因为斯大林仍希望维持与西方盟国在战时结成的伙伴关系；另一方面是苏联支持犹太人建国的政治需要。但是，冷战的爆发使得苏联的对内对外政策都发生了根本性的转变。为了与西方进行对抗，斯大林在国内也加强了管控。在斯大林看来，犹太人是苏维埃政权潜在的敌人，是不值得信任的，所以要坚决予以镇压。由此可见，苏联支持犹太人建国的对外政策与其迫害犹太人的对内政策实际上是相辅相成的，并无矛盾之处，其根本出发点就是维护苏联的利益。

第一章 1945年之前的苏联犹太政策

第一节 俄国革命和社会主义建设时期的犹太人

犹太人是一个古老独特的民族，它拥有悠久的历史文化和坚定的宗教信仰。犹太人散居在世界各地，他们很难融入当地社会，因此反犹主义是世界上许多国家都普遍存在的一个现象。

沙皇俄国本身就具有浓厚的反犹主义传统，这种传统也一直延续到了苏联时代。十月革命胜利以后，如何制定新的犹太民族政策以解决现实社会中的反犹问题就成了摆在苏维埃政权面前的一个难题。

长期以来，由于相关档案文献迟迟未能解密，学术界对苏联犹太民族政策的研究几乎是一片空白。有限的成果也只是建立在一些苏联官方的公开出版物以及移居到西方去的苏联犹太人回忆录的基础之上①，而这往往带有一定的意识形态色彩和个人偏见。

近年来，随着苏联历史档案的不断解密②，俄罗斯和西方学术界陆续出现了一些研究苏联犹太人的论文和专著。③但这些著作往往过于突出表现斯大林时期苏联政府对犹太人的迫害，认为斯大林主义继承了沙皇俄国的反犹主义传统，斯大林主义中暗含着反犹主义的因素，甚至把斯大林主义等同于纳粹主义等。笔者并不认同这些观点。斯大林也许并不喜欢犹太人，但是作为一个有担当的大国领导人，他不应以个人好恶行事。事实上，以列宁和斯大林为首的苏联领导人为解决苏联社会中存在的反犹主义问题，曾做出大量的努力。

---

① Robert Conquest, *Power and Policy in the U.S.S.R.: The Struggle for Stalin's Succession, 1945 - 1960*, New York: St. Martin's Press; Борщаговский А. М. Записки Баловня Судьбы, Москва: Советский Писатель; Александрович М. Я помню... Москва: Прогресс － Академия, 1992; Шейнис З. С. Провокация века, Москва: Независимое изд－во ПИК, 1992; Маркиш Э. Столь Долгое Возвращение... Тель-Авив, Редисловие, 1989.

② Наумов В. П. Неправедный Суд, Последний Сталинский Расстрел, Стенограмма Судебного Процесса над Членами Еврейского Антифашиского Комитета, Москва: Наука, 1994; Костырченко Г. Еврейский Антифашистский Ромитет в СССР 1941–1948. Москва: Международные Отношения, 1996.

③ Ваксберг А. М. Сталин Против Евреев// Детектив и политика, 1992, №3. С. 150 - 208; Борщаговский А. М. Обвиняется Кровь, Москва: Прогресс － Культура, 1994; Костырченко Г. В. В Плену у Красного Фараона, Политические Пречледования Евреев в СССР в Последнее Сталинское Десятилетие, Москва: Международные Отношения, 1994; Костырченко Г. В. Тайная Политика Сталина, Власть и Антисемитизм, Москва: Международные Отношения, 2001; Брент Д., Наумов. В. Последнее Дело Сталина, Москва: Издельство Проспект, 2004.

中国学界对二战之前的苏联犹太问题的研究还在起步阶段，笔者尚未找到相关专著。①

那么，反犹主义是否真的是斯大林主义的一个基本特征？本章试图利用近年来已经解密的苏联档案文献，以二战之前苏联的犹太民族政策为切入点对此问题加以阐述。

末代沙皇尼古拉二世对犹太人的残酷迫害使得俄国犹太人的遭遇已经悲惨到了难以生存的地步。19 世纪 90 年代，随着社会民主运动和工人运动在俄国的兴起，大批犹太人投入到俄国的革命运动中去，他们坚信，只有推翻沙皇专制政权，才能实现俄国犹太人的彻底解放。据苏联著名历史学家 M. 波克罗夫斯基（М. Покровский）的估算，当时在所有革命政党的组织者当中，犹太人所占比例达到 1/4 到 1/3。②

列宁极力倡导"宗教信仰自由，所有民族一律平等"③，强烈谴责反犹主义运动，故而得到了不少俄国犹太人的拥护。许多犹太人参加了列宁领导的布尔什维克，并在党领导层中占据了重要地位。1917 年 8 月，在俄共（布）选举产生的 21 名中

---

① 张建华：《简论苏联的犹太人问题》，《当代世界与社会主义》2003 年第 2 期；高麦爱：《斯大林时期苏联对犹太人的政策》，《淮阴师范学院学报》（哲学社会科学版）2003 年第 3 期；唐裕生：《前苏联的反犹政策与犹太移民潮》，《世界民族》1995 年第 1 期；刘心华：《苏联境内犹太人问题探讨》，《问题与研究》1986 年第 7 期。

② Покровский М. Евреи, История по Брокгаузу и Бухарину. Москва - С - Петербург, 2003. С. 238, 转引自郭宇春：《俄国犹太人研究（18 世纪末—1917 年）》，吉林大学，博士学位论文，2007，第 166 页。

③ 〔苏〕列宁：《社会民主党纲领草案及其说明（1895 年和 1896 年）》，《列宁全集》第 2 卷，人民出版社，1984，第 71 页。

央委员会委员中，犹太人就占5名，分别是Л. Д. 托洛茨基（Л. Д. Троцкий）、Г. Е. 季诺维也夫（Г. Е. Зиновьев）、Г. Я. 索科利尼科夫（Г. Я. Сокольников）、Я. М. 斯维尔德洛夫（Я. М. Свердлов）、Я. С. 乌里茨基（Я. С. Ульцкий）。[①] 他们在十月革命中发挥了非常重要的领导作用。

俄国十月革命胜利之后，犹太人的社会地位得到很大提高。1917年11月，苏俄政府通过了《俄国各族人民权利宣言》，正式废除了沙皇政府制定的一系列迫害和歧视犹太人的政策。犹太人的宗教信仰和语言习俗都得到了官方的正式承认，他们在历史上第一次和其他民族一样享有了平等的政治地位和自由发展的权利。[②]

1918年8月，新政府公布了关于犹太学校的第一个苏维埃布告。20世纪20年代是苏联文化的发展时期。到1931年，从4年制的初级学校到师范学院和中等技术学院的犹太人学校共1100所，学生13万人。莫斯科的"东方劳动者共产主义大学"还设有"犹太系"。1919年，犹太人在莫斯科成立了第一家犹太大剧院。苏维埃政府对它特别关心，随着明斯克的犹太戏剧学院、基辅戏剧学院犹太系以及明斯克犹太大剧院的成立，犹太人的戏剧艺术繁荣起来了。截至1934年，

[①] 据统计，1917年1月，布尔什维克党员总数是23600人。在1917年之前加入布尔什维克的犹太人共958人，1917年加入布尔什维克的犹太人总共是1175人，参见Thomas E. Sawyer, *The Jewish Minority in the Soviet Union*, New York: Avalon Publishing, 1979, pp. 111-112。

[②] 参见中国人民大学科学社会主义系编《国际共产主义运动史文献史料选编》第4卷，中国人民大学出版社，1982，第127~128页。

苏联一共有18个常设的犹太剧院。20世纪30年代，只占苏联总人口2%的犹太人，在文化部门和医学部门中的比例却达到了16%；此外犹太学生占全国学生比例的14%；在科研领域中，有13%的科学家是犹太人。①

此外，苏维埃政府从犹太人中招募了大量的文职人员和外交使团人员，以至于在当时的苏维埃政府中几乎找不到一个没有犹太人的委员会。②另外在当时的556名党政军高级领导人中，有448名是犹太人，占总数的80%以上。③

不仅如此，犹太人在科技、医学、文学、音乐、艺术和文化教育等领域，涌现出了一大批杰出人物，为苏联的发展做出了重大贡献。俄罗斯历史学家梅德韦杰夫评论道："犹太人在革命年代、国内战争时期和苏维埃政权的最初10年所起的巨大作用是人尽皆知的。"④苏联著名文学家高尔基指出："犹太人的解放是我们革命最美好的成果之一，给予犹太人同俄国人平等的权利，让我们从思想上抹去了可耻和血污的痕迹。"⑤

如上所述，与反犹主义活动猖獗的欧洲其他国家相比，苏联犹太人在国家社会生活中的地位还是相当高的。

---

① Zev Katz, Rosemarie Rogers, Frederic T. Harned, *Handbook of Major Soviet Nationalities*, New York: Free Press, 1975, pp. 358, 376–377.
② 郭宇春：《犹太人与俄国革命运动》，《黑龙江社会科学》2007年第5期。
③ 唐裕生：《前苏联的反犹政策与犹太移民潮》，《世界民族》1995年第1期。
④〔俄〕罗伊·梅德韦杰夫：《让历史来审判——论斯大林和斯大林主义》下册，何宏江等译，东方出版社，2005，第996页。
⑤ 徐新、凌继尧主编《犹太百科全书》，上海人民出版社，1993，第450页。

尽管犹太人在苏联革命和建设中处于很重要的地位，但是犹太人能否构成一个民族长期以来在苏联是一个争论不休的话题。在犹太人问题上，列宁认同马克思主义理论家卡尔·考茨基（Karl Kautsky）的观点，认为犹太人已经不再是一个民族了，犹太人已经既没有地域，又没有共同的语言。[①]斯大林在《马克思主义与民族问题》一书中对该观点做了进一步的概括，他认为"民族是人们在历史上形成的一个有共同语言、共同地域、共同经济生活以及表现于共同文化上的共同心理素质的稳定的共同体"[②]。根据斯大林的定义，尽管犹太人具有共同的"民族性格"，但是他们在经济上彼此隔离，生活在不同的地域，操着不同的语言等，那么就不能说他们是一个民族。斯大林说："例如俄国的、加里西亚的、美国的、格鲁吉亚的和高加索山区的犹太人就是如此，在我们看来，他们并不是统一的民族……如果他们中间还有什么共同的东西，那就是宗教、共同的起源和民族性格的某些残余。"[③] 由此可见，布尔什维克领导人在理论上并不承认犹太人是一个民族，但是实际操作中，又不得不把犹太人看作是

[①] 参见〔苏联〕列宁《崩得在党内的地位》，《列宁全集》第8卷，中共中央马克思恩格斯列宁斯大林著作编译局编译，人民出版社，1986，第67~68页。

[②] 〔苏联〕斯大林：《马克思主义与民族问题》，《斯大林选集》上卷，中共中央马克思恩格斯列宁斯大林著作编译局编译，人民出版社，1979，第64页。

[③] 〔苏联〕斯大林：《马克思主义与民族问题》，《斯大林选集》上卷，中共中央马克思恩格斯列宁斯大林著作编译局编译，第64、66页。

一个民族，以便处理有关事务。① 1921年3月，在俄共（布）第十次代表大会通过的决议中，称犹太人为其境内少数民族之一。②

这样看来，苏联政府在制定犹太民族政策方面经常会有自相矛盾之处。另外还有若干实际困难，令其无法用处理境内其他少数民族的方式来处理犹太人问题，原因如下。

（1）十月革命胜利以后，沙皇时期的犹太人定居区被彻底废除了，犹太人散布到苏联境内的各个地区，但是在每个加盟共和国都不超过100万人。因此，根本无法像其他民族那样按照"民族自决"原则来组成加盟共和国。所以尽管苏联的犹太人口多达300万③，甚至比一些加盟共和国的人数还要多，但是苏联政府仍不允许他们建立自己的自治共和国或加盟共和国。

（2）犹太人在苏联境内未能形成一个固定区域以便行政管理。1928年3月，为了解决在沙皇时期就存在的犹太定居区的犹太居民的工作问题，苏联政府在远东的比罗比詹

---

① 1932年12月27日，苏共中央执行委员会和人民委员会颁布了"苏联身份证规则"。依据该规则，自1933年起，公民身份证必须注明个人所属的民族，因此苏联犹太人的身份证上清楚写着"犹太族"。参见 R. Beermann, "Russian and Soviet Passport Laws," *Bulletin of Soviet Jewish Affairs*, No. 2, 1968, pp. 61-62。
② William Korey, "The Legal Position of Soviet Jewry," in Lionel Kochan (ed.), *The Jews in Soviet Russia Since 1917*, Oxford: Oxford University Press, 1972, p. 76.
③ COPY: WA, Appendix, *Documents on Israeli-Soviet Relations 1941－1953* (*DISR*), Part I, p. 26.

（Биробиджан）建立了犹太垦殖区，希望借助犹太人的力量开发远东。同时也希望借此获得西方犹太人在财力、物力上的支持。① 1934年5月，苏联政府又宣布比罗比詹为犹太自治州。但是由于20世纪30年代中期，苏联工业化运动的蓬勃发展，有一技之长的犹太人更愿意留在内地发展而不愿意到荒凉的远东去。

（3）犹太人的生活方式对土地并无附着力，流动性很大。绝大多数苏联犹太人从事贸易、工业或在城镇机构工作。他们由于生活的需要，散布在各大城市，自然无法像其他民族一样集中管理。②

综上所述，犹太人在苏联社会中处于及其尴尬的地位。他们具有少数民族的特性，但却无法按照民族自决的原则建立自己的加盟共和国或自治共和国。

对于犹太人问题，列宁曾引用卡尔·考茨基的话说："要消除对异族居民的仇视，只有使异族居民不再是异己的，而和全体居民融合在一起。这是解决犹太人问题的唯一可行的办法。"③ 十月革命胜利后，苏联政府在制定犹太政策之时，主要强调的是同化。这种政策的初衷是为了解决沙皇俄国遗留下来的反犹主义问题，因此并不能说此时的苏联政府采取了排斥或歧视犹太人的政策。

---

① 〔美〕泽夫·卡茨主编《苏联主要民族手册》，费孝通等译，人民出版社，1982，第362页。
② 刘心华：《苏联境内犹太人问题探讨》，《问题与研究》1986年第7期。
③ 〔苏联〕列宁：《崩德在党内的地位》，《列宁全集》第8卷，第70页。

事实上在十月革命胜利后，布尔什维克领导人在任何场合都拒绝承认苏联社会存在反犹主义问题。1931年，斯大林在答复"犹太电讯社"关于反犹主义的提问时指出："民族的和种族的沙文主义，是野蛮残暴时期所特有的仇视人类性情的残余。反犹主义只能对剥削者有利……因此，作为坚定不移的国际主义者的共产党员们，要成为反犹太主义的毫不妥协和不共戴天的敌人。在苏联，反犹太主义作为强烈敌视苏维埃制度的一种现象，会受到最严厉的批判。根据苏维埃的法律，狂热的反犹太主义分子会受到死刑的处罚。"① 如前所述，苏联犹太人地位大为提高和布尔什维克领导人的努力是分不开的。

许多学者认为苏维埃政权在十月革命后依然执行的是反犹主义政策。② 一般来说理由有以下两点。

首先，从1918年起，苏维埃政府就开始封闭犹太会堂和宗教机构，限制犹太人的宗教生活，禁止公开讲授犹太教义。这个理由是不成立的，因为布尔什维克革命本身就是一场世俗化的运动，反对一切宗教行为。封闭犹太会堂这一事件本身不能被看作是纯粹针对犹太人和犹太教的反犹主义行为。布尔什维克当局对犹太教和犹太文化的批判，实质上与对其他宗教文化的批判没有区别。

---

① Шварц С. Антисемитизм в Советском Союзе. Нью‑Йорк: Издательство им. Чехова, 1952, С. 100.
② Костырченко Г. В. Еврейский Антифашистский Комитет в СССР, 1941‑1948. С. 8, Ваксберг А. И, Сталин против евреев, Детектив и политика, 1992, №3 С. 150‑208.

其次，20世纪20年代至30年代，苏联党内斗争日趋严重，斯大林最主要的政治对手托洛茨基、季诺维也夫都是犹太人。因此，很多学者认为斯大林在与党内反对派进行的斗争实际上是一场针对犹太人的战争。① 这种说法也不能完全成立，因为当时的苏联党政机关中有许多要员是犹太人，其中既有斯大林的反对派托洛茨基、季诺维也夫等，也有忠于斯大林的Л. М. 卡冈诺维奇（Л. М. Каганович）、М. М. 李维诺夫（М. М. Литвинов）、Л. З. 麦赫利斯（Л. З. Мехлис）、Л. П. 贝利亚（Л. П. Берия）等，像 В. М. 莫洛托夫（В. М. Молотов）、М. И. 加里宁（М. И. Калинин）、К. Е. 伏罗希洛夫（К. Е. Ворошилов）、А. А. 安德烈耶夫（А. А. Андреев）这些关键人物以及斯大林多年的私人秘书娶的都是犹太人。马林科夫的女婿也是犹太人，斯大林的秘书室里也有两个犹太人。② 俄罗斯历史学家爱德华·拉津斯基也说："斯大林当然不喜欢犹太人，但是他从来不以个人的好恶行事。"③

很多学者在著作中列举了犹太人在苏联遭受迫害的种种事实，希望能以此证明斯大林主义与反犹主义具有某种

---

① Aron J. Katsenelinboigen, *The Soviet Union: Empire, Nation, and System*, New Brunswick & London: Transaction Pubishers, 1990, p.169.
② 〔美〕泽夫·卡茨主编《苏联主要民族手册》，费孝通等译，第362页；Костырченко Г. В. Еврейский Антифашистский Комитет в СССР, 1941-1948. С.131.
③ 〔俄〕爱德华·拉津斯基：《斯大林秘闻——原苏联秘密档案最新披露》，李惠生等译，新华出版社，1997，第658页。

共性。① 他们的证据是确凿的，但是笔者不大同意由此得出的结论，原因是沙俄时期所遗留下来的反犹主义传统一直根深蒂固。尽管以列宁和斯大林为首的党和国家领导人进行了大量的努力，但是要消除这种陋习的影响并不是一件容易的事情。因此，苏维埃政权成立以后，苏联依然长期存在着严重的反犹主义情绪，其原因如下。

（1）在许多俄国人眼里，犹太人是以一种贪婪、守财、狡黠、多虑的高利贷者和投机商人的形象出现，尽管苏维埃政权在政策上批判反犹主义，但普通民众对犹太人仍有很强的抵触情绪。

（2）在十月革命期间，犹太人在布尔什维克的领导层中占有极大的比例。革命胜利以后，政府部门的很多重要岗位都被犹太人所占据。在经济建设时期，由于苏联犹太人受教育程度普遍较高，他们在求职或者就业方面比其他人更容易获得机会。因此，在一些人眼里，犹太人占用了他们本该拥有的资源，自然遭人嫉恨了。

但是这种反犹主义情绪多半存在于普通民众之中，并没有任何直接证据证明当时苏联领导层中出现了某种反犹主义迹象，也不能说明苏联当局开始实行了反犹主义政策。因此，学者们把苏联社会中实际存在的反犹主义问题归结在苏联领

---

① Lionel Kochan, *The Jews in Soviet Russia Since 1917*, New York：Institute of Jewish Affairs, 1978, pp. 47, 303.〔俄〕罗伊·梅德韦杰夫：《让历史来审判——论斯大林和斯大林主义》下册，何宏江等译，第965页；〔俄〕帕维尔·苏多普拉托夫：《情报机关与克里姆林宫》，魏小明等译，东方出版社，2000，第330页。

导人头上，是很不客观的。

事实上，苏联的社会主义建设需要犹太人。"一五计划"开始后，需要大批有文化的和熟练的簿记员、管理员、商业工作者、官员、宣传工作者、工程师、教员和科学家。当时苏联人口中文盲占绝大多数，因此，受教育程度较高的犹太人能更快地适应了这些工作岗位。随着大小工厂的建立，犹太产业工人的数目也不断地扩增，事实上他们比俄罗斯农民更符合工厂岗位要求。犹太人适应城市生活，他们具有高度的领悟力，很能驾轻就熟地操纵复杂的机器。到了1933年，犹太人从事重工业的人数比从事其他职业的人数高出很多，小买卖已不再是他们的收入来源。因此，犹太人从某种程度上说已经变成了苏联工业生产的重要劳动力。

正如"犹委会"领导人、苏联人民演员 C. M. 米霍埃尔斯指出："在这个国家里……几千年来犹太人第一次感到自己同其他各民族平等相处，亲密无间。……种田的犹太人开上了拖拉机，工厂里的犹太人操起了机床，高等学府也向犹太人敞开了大门。他们有的参了军，有的下了矿井，有的进了实验室。在苏联各民族的大家庭里，犹太民族拥有了自己应有的地位。在真正的兄弟友情之中，苏联各族人民携手并肩创造自己的未来，打造自己的幸福。"①

一些学者在研究苏联犹太政策之时往往把反犹太主义和

---

① Костырченко Г. В. Еврейский Антифашистский Комитет в СССР. 1941 - 1948. C. 37-38.

反犹太复国主义的概念混为一谈。① 事实上，在苏联的政策表述上，这两者是分得很清楚的。苏联政府一直强调苏联宪法保障各民族一律平等②，它所反对的只是犹太复国主义。

犹太复国主义思想形成于19世纪末，它作为一种民族主义思潮，带有浓厚的宗教色彩。犹太复国主义者广泛运用国家、主权、社会、文化等现代概念提出的一套理论程序及行为规范，并通过多种方式向犹太人社团推广，从而成为一种现代意义上的意识形态，反映了世俗犹太文化的最高水平及最新形态。犹太复国主义运动激发了犹太人的民族主义意识，并激发犹太人回归巴勒斯坦的移民潮，从而为以色列国的诞生奠定必不可少的思想基础、文化基础和社会基础。

但是，布尔什维克主义从诞生之日起就与犹太复国主义思想格格不入。双方无论是在政治观点和意识形态上，还是在民族政策上，都存在重大分歧。在布尔什维克领导人看来，犹太复国主义运动具有民族主义和沙文主义的特点，是极其危险的。苏联反对犹太复国主义的原因有以下几点。

（1）犹太复国主义思想与苏联领导人所信奉的马列主义在意识形态上是根本对立的。犹太复国主义的思想大多源于犹太教。根据犹太教的教义：犹太人是上帝唯一的"选民"，

---

① 参见 Костырченко Г. В. Еврейский Антифашистский Комитет в СССР, 1941-1948. С. 8; Ваксберг А. И. Сталин против евреев. Детектив и политика. 1992. No 3. С. 150.
② 参见中国人民大学科学社会主义系编《国际共产主义运动史文献史料选编》第4卷，第127~128页。

散居于世界各地，只是暂时停留，他们的目标是等待救世主弥赛亚的来临，带领他们回到故土——巴勒斯坦。马列主义者则认为，国家不是永远存在的，当社会发展到一定阶段的时候，国家也就自然消亡了。

（2）犹太复国主义者和苏联政府关于解决反犹问题的方式有着根本不同的考虑。前者认为，解决反犹问题的关键是建立一个独立的犹太国；而后者认为，反犹问题是阶级矛盾与民族压迫的产物。只有消灭了剥削阶级，才能真正实现民族平等与民族团结，犹太问题也自然而然不复存在了。

（3）犹太复国主义者认为，犹太民族必须保持其民族文化和民族意识，反对其同化于当地民族。苏联政府在处理犹太人问题时强调的是同化，而这种同化政策与犹太复国主义思想从根本上来说是相悖的。

（4）犹太复国主义思想是作为对欧洲反犹主义的回应出现的。而在苏维埃政权建立之后，无论在公开场合还是私下里，苏联领导人都拒绝承认在苏联社会存在反犹主义或歧视犹太人的问题。因此，犹太复国主义思想在苏联的存在就显得很多余了。

（5）布尔什维克对犹太复国主义运动的敌视态度在某种程度上是多年以来苏联和英国关系不正常的体现。1917年11月英国发表的《贝尔福宣言》为犹太复国主义者在巴勒斯坦地区建立"犹太民族家园"提供了理论依据。此后，大批犹太人移民到巴勒斯坦，这里实际上成为犹太复国主义者的大本营。第一次世界大战结束后,包括英国在内的协约国武装干涉苏俄革命。在此后的20多年中,苏联和英国一直处于敌对状态。因此,苏联领导人直观地认为,由英国人支持的犹太复国主义者是英国在巴勒斯坦地区的代言人,换言之,是英国在这一地区的统治工具。于是,在苏联境内活动的犹太复国主义分子,就很有可能被当作反革命或英国间谍而处决。

综上所述,犹太复国主义思想在苏联的传播是绝对被禁止的,违者将受到严厉的法律制裁。[1] 但对于普通犹太人而言,只要他们拥护布尔什维克的政策,就能够被当局所包容、所接纳,甚至能进入到布尔什维克的高层领导机关中去。有充分证据表明,布尔什维克中的犹太人要比非犹太人党员更加反对犹太复国主义思想的理念,也更加认同苏联当局的同化政策。[2] 这种认同在笔者看来是发自内心的,是对共产主义理想的一种认同。

长期以来,国内外学术界均普遍认为反犹主义是斯大林主义的一个基本特征,但笔者并不认为二者一定有必然联系。二战之前,苏联政府在制定犹太民族政策上强调的是谴责反犹主义,反对犹太复国主义运动。如前所述,苏联敌视犹太复国主义运动是有一定历史原因和现实因素的。但是双方也存在共同点,那就是都希望最终解决现实社会中所存在的反犹主义问题。

---

[1] Shimon Redlich, *Propaganda and Nationalism in Wartime Russian: The Jewish Antifascist Committee in the USSR, 1941–1948*, Colorado: East European Quarterly, 1982, p. 13.

[2] COPY: CZA Z5/1377, *Documents on Israeli-Soviet Relations 1941–1953 (DISR)*, Part I, p. 63.

只不过布尔什维克领导人所采取的是同化政策，而犹太复国主义者则是要在巴勒斯坦地区建立一个民族国家。

在改善犹太人地位的问题上，苏联政府做了大量工作，并取得了一定的成绩，但是"冰冻三尺，非一日之寒"，苏联社会所存在的反犹主义问题也并不是马上就能解决的。苏联领导人在犹太民族理论方面的纠结也是其无法根除反犹主义问题的一个重要原因。此后，犹太人问题一直是苏联这个多民族国家里最尖锐的民族问题之一，特别是二战结束以后，犹太人在巴勒斯坦地区建国，极大地激发了苏联犹太人的民族主义情绪。

第二节　第二次世界大战期间的苏联犹太外交

1941年6月22日，德国入侵苏联，苏德战争正式爆发。战争初期，由于斯大林对德国的攻击准备不足，苏联红军在各条战线上都遭受了巨大的损失。到1941年7月3日，德军已经侵占了立陶宛全境、拉脱维亚的大部地区、白俄罗斯西部地区、乌克兰西部的部分地区。仅在苏德战争的前5个月里，苏联境内就有大约50万名犹太人惨遭纳粹杀害。[①]

纳粹军队的暴行激起了苏联人民的强烈愤慨，而面临灭顶之灾的苏联犹太人更是义无反顾地投身到反法西斯战争当中去。

---

① Nora Levin, Naomi Levine, *The Jews in the Soviet Union Since 1917*: *Paradox of Survival*, New York: New York University Press, 1990, p. 401.

1941 年 8 月 16 日，苏联著名的犹太演员米霍埃尔斯、著名犹太作家 Д. 贝尔格森（Д. Бергельсон）、犹太诗人 П. 马尔基什（П. Маркиш）、Л. 克维特科（Л. Квитко）以及犹太新闻记者 Ш. 爱泼斯坦（Ш. Эпштейн）等 8 位犹太文化名人联名致函苏联情报局（Советское Информационное Бюро）① 副局长 С. А. 洛佐夫斯基（С. А. Лозовский），提议"举办一次邀请美国、英国以及其他国家犹太人参加的犹太人大会"。这次大会的目的是"动员全世界犹太人的社会舆论投入同法西斯主义的斗争和积极支援苏联正在进行的伟大的卫国战争"②。

1941 年 8 月 24 日晚，第一次犹太人代表大会在莫斯科召开，有 1000 多位犹太各界名流参加。米霍埃尔斯被推选为大会主席。他率先向全世界犹太人做了慷慨激昂的演讲。随后，贝尔格森、马尔基什、著名作家 И. 爱伦堡（И. Эренбург）和爱泼斯坦等人先后做了发言。他们不仅愤怒地控诉了纳粹分子对欧洲各国犹太人特别是苏联犹太人正在进行的惨绝人寰的血腥大屠杀，而且一致呼吁全世界的犹太人投身到反对法西斯暴徒的神圣战争中来，"并积极支援正在英勇抗击德国法西斯的苏联人民"③。许多来自苏联党政机关、文化科学机

---

① 苏联情报局是 1941 年 6 月 24 日成立的，由苏联外交人民委员部领导，负责掌管战时苏联官方的情报交流和海外宣传工作。
② 关于在莫斯科举办世界犹太人代表大会的建议，可参考 РЦХИДНИ. Ф. 17. Оп. 125. Д. 35. Л. 64-65. // Костырченко Г. В. Еврейский Антифашистский Комитет в СССР, 1941-1948. С. 35-36。
③ Эренбург И. Братья - евреи Всего Мира,《Известия》, 26 августа, 1941г. // Костырченко Г. В. Еврейский Антифашисткий Комитет в СССР 1941-1948, С. 38.

构以及部队的重要人士出席了这次会议。大会通过了《告世界犹太兄弟书》。苏联官方不仅对当天的会议进行了国际直播，而且在次日的《真理报》刊登了所有发言者的演讲稿，并且对会议情况进行了详细报道。①

1942年4月，根据苏联情报局的提议，并报经联共（布）中央委员会的批准，苏联成立了"犹委会"。这是苏联在二战时成立的一系列反法西斯委员会②的其中之一。战争期间，"犹委会"尽管组织上并不隶属于苏联情报局，但是苏联情报局却在实际上对"犹委会"的工作进行领导。苏联成立"犹委会"的目的非常明确，就是在西方国家的犹太人当中为苏联争取援助，动员全世界的犹太人来支援苏联的卫国战争。该委员会成立后，立即进行了卓有成效的活动，成功地组织了第二次犹太人代表大会，并向全世界做了电台转播。在苏联情报局的领导下，"犹委会"采取包括创办希伯来文报纸、向国外寄送材料、组织犹太人代表大会等形式，以大量事实向世界揭露纳粹惨无人道的罪行；报道了苏联红军同德国法西斯浴血奋战的英雄事迹；并通过和欧洲、北美的犹太人组织（其中也包括犹太复国主义组织）进行联系，为苏联政府争取了大量的国际援助。"犹委会"的建立标志着苏联政府对国际犹太复国主义运动的敌视态度开始发生改变。

苏德战争爆发之后，反法西斯各大国就已经在考虑二战

---

① Братья-евреи всего мира. *Правда*, 25 августа, 1941 г.
② 这些委员会有全斯拉夫人反法西斯委员会、"犹委会"、苏联妇女反法西斯委员会、苏联青年反法西斯委员会、苏联学者反法西斯委员会。

后世界安排的问题了。1941年8月14日，英国首相丘吉尔和美国总统罗斯福发表了《大西洋宪章》(The Atlantic Charter)，宪章共8条，主要内容是："两国不追求领土或其他方面的扩张；反对未经有关民族自由意志所同意的领土变更；尊重各民族自由选择其政府形式的权利，恢复被剥夺权利的国家；努力促使一切国家取得世界贸易和原料的平等待遇；促成一切国家在经济方面最全面的合作；在彻底摧毁纳粹暴政后确立和平，以使各国人民都能在其疆土之内安居乐业，使全体人类自由生活，无所恐惧，不虞匮乏；一切人类可以横渡公海大洋，不受阻碍；放弃使用武力，在永久的普遍安全制度建立之前解除侵略国的武装，以减轻爱好和平的人民对于军备的沉重负担等。"①

根据《大西洋宪章》所规定的基本原则，苏联将失去1939~1940年在欧洲建立东方战线时候所获得的土地。② 斯大林对丘吉尔和罗斯福未同自己商量就发表了这样的宣言感到非常恼火，却又无可奈何。

1941年12月英国外交大臣罗伯特·艾登（Robert Eden）访问苏联，斯大林明确地向艾登提出了自己的要求：①恢复

---

① 世界知识出版社编《国际条约集（1934-1944）》，世界知识出版社，1961，第337~338页。
② 关于苏联建立"东方战线"的过程，可参见张盛发《斯大林与冷战》，中国社会科学出版社，2000，第40~41页；还有林军《俄罗斯外交史稿》，世界知识出版社，2002，第239~244页。

1941年苏德战争爆发之前的边界；②要求战后同芬兰和罗马尼亚结成军事同盟，有权在上述两国建立自己的陆、海、空军基地。作为交换条件斯大林给英方的好处是：建议英国同比利时和荷兰建立军事同盟，并建立军事基地以及在挪威和丹麦建立海军基地。针对英国提议的二战后在欧洲成立某种联邦的思想，斯大林说："苏联不反对在欧洲建立某种国家联邦。"① 艾登对斯大林如此详尽而坦率地陈述了他对战后欧洲问题的想法表示感谢，对于斯大林所提的意见总体上表示赞同，但是有关恢复苏联1941年以前边界的建议，艾登以事未先和自己的同僚以及美国盟友进行商议为由而予以拒绝。② 此后几天的谈判依然围绕这个问题进行，但由于双方坚持各自的意见而毫无进展，最终仅发表了一份内容简单的会谈公报。

1941年12月26日，也就是斯大林同来访的艾登会谈结束后不久，苏联副外交人民委员洛佐夫斯基向斯大林和莫洛托夫提交了一份关于筹备欧洲国家战后体制安排方案委员会的报告，提出了应当着手准备战后和平的理由。洛佐夫斯基

---

① АВПРФ. Ф. 048. Оп. 48. П. 431. Д. 10. Л. 34 – 50. // СССР и Германский Вопрос. 1941-1949. Документы из Архива Внешней Политики Российской Федерации. Т. 1: 22 июня 1941 г. - 8 мая 1945 г. Сост. Г. П. Кынин, Й. Лауфер. Москва: Международные Отношения, 1996. С. 124-135.

② АВПРФ. Ф. 048. Оп. 48. П. 431. Д. 10. Л. 34 – 50. // СССР и Германский Вопрос. 1941-1949. Документы из Архива Внешней Политики Российской Федерации. Т. 1: 22 июня 1941 г. - 8 мая 1945 г. Сост. Г. П. Кынин, Й. Лауфер. С. 124-135.

在报告中所提出的建议很快就得到了采纳。① 一个月之后，也就是 1942 年 1 月 28 日，联共（布）中央政治局决定成立由外交人民委员莫洛托夫任主席的外交资料筹备委员会。确定委员会的任务是搜集和整理国外有关战后安排的现有协定、相关计划和方案，特别是直接涉及苏联的方案和计划等。1943 年 9 月 4 日，联共（布）中央政治局会议决定成立由李维诺夫任主席的和约与战后安排委员会和以伏罗希洛夫为主席的停战问题委员会。

1942 年 5 月 19 日，莫洛托夫前往伦敦就《苏英合作互助条约》问题继续进行谈判，莫洛托夫此行另一个任务是敦促英、美尽快开辟第二战场。5 月 21 日，莫洛托夫在同丘吉尔和艾登举行的第一次会谈中就明确表示："恢复苏德战争之前的苏联边界对我们来说是最低要求。在这个问题上我们是不能让步的……此外，由于这场战争是德国人强加在我们头上的，所以，仅仅恢复以前的边界是不够的。我们要求苏联的西北和西南边界的安全能够在未来得到最低限度的保障。"在谈到苏联同波兰边界问题时莫洛托夫说："苏联政府声明，它将尽一切努力同波兰政府在互惠的基础上友好地达成协议。"②

---

① АПРФ, Ф. 013. Оп. 4 - а. П. 11, Д. 4. Л. 1 - 3. // СССР и Германский Вопрос. 1941-1949. Документы из Архива Внешней Политики Российской Федерации. Т. 1: 22 июня 1941 г. - 8 мая 1945 г. Сост. Г. П. Кынин, Й. Лауфер. С. 143-144.

② Визит В. М. Молотова в Лондоне в мае 1942 г. Ржешевский О. А. Переговоры с У. Черчиллем, А. Иденом и Переписка с И. В. Сталиным. // Новая и Новейшая История. 1997. №6. С. 125-129.

同 1941 年 12 月时相比，莫洛托夫此时不仅提出了要求承认苏联 1941 年以前边界的问题，还提出了要求西方盟友向苏联提供最低程度的安全保障。

从当天晚上开始，莫洛托夫同艾登就上述问题进行了激烈交锋。5 月 23 日，艾登向莫洛托夫提交了新的条约草案。艾登表示："新条约与旧条约之间的唯一区别就在于，一方面，它把使英国和苏联在谈判中遇到的困难问题搁置起来；另一方面，英国人建议签订一个为期 20 年的互助条约，借助这个条约他们打算把在莫斯科达成协议的东西确定下来，也就是无论是战时还是战后，两国都将共同行事。这不排除以后就英国和苏联感兴趣的其他问题签订协定的可能性。"①

当天，莫洛托夫和 И. М. 迈斯基（И. М. Майский）把新条约草案的内容报告给莫斯科，在附言中说："我们认为，这一条约是不能接受的，因为它是一个苏联不需要的空洞宣言。"② 但是，斯大林在 5 月 24 日给莫洛托夫的电报中驳斥了他的意见，斯大林指出："我们并不认为它是一个空洞的宣言，我们认定它是一个重要的文件。条约草案中没有关于边界安全的问题，但这或许不错，因为我们有了行动自由。

---

① Визит В. М. Молотова в Лондон в мае 1942 г. Переговоры с У. Черичллем, А. Иденом и переписка с И. В. Сталиным. // Новая и новейшая история. 1998. №1. С. 164-169.

② Визит В. М. Молотова в Лондон в мае 1942 г. Переговоры с У. Черичллем, А. Иденом и переписка с И. В. Сталиным. // Новая и новейшая история. 1998. № 1. С. 172-173.

边界问题，或者确切地说保障我们国家某些地段边界的安全问题，将通过武力解决。"① 显然，深谋远虑的斯大林看出了问题的实质所在，后来的事实证明，苏军进驻东欧获取了比此时要求大得多的利益。5月26日，莫洛托夫同艾登签订了苏英关于战时同盟和战后合作的条约。

　　要求西方盟友承认1941年时苏联的边界，也就是承认苏联同德国"密谋"在欧洲侵夺的领土，这是苏联在战争中追求的基本目标。针对英国对苏联要求的抵制态度，斯大林做出了暂时搁置分歧，未来以武力解决的决定。如果说斯大林在1942年5月做出这个决定时仅仅是一个良好愿望的话，那么，至于能否实现这一愿望则要取决于战争形势的好坏。到了1943年初，随着斯大林格勒战役的胜利，这种打算有了现实的可能性。不过，即使苏联以武力解决了边界安全问题，还存在新攫取的领土能否得到国际法意义上承认的问题。斯大林清楚地意识到，只有同西方合作才能确保这些用武力获取的果实。

　　1943年5月共产国际的解散可以被看作是斯大林追求二战后大国合作意愿的一个重要表现。俄国十月革命后，列宁从帝国主义总危机理论出发推行世界革命战略。在布尔什维克领导层看来，俄国革命只有作为世界革命成功的一部分才能得到保障，反之，俄国革命就有成为第二个巴黎公社的危

---

① Визит В. М. Молотова в Лондон в мае 1942 г. Переговоры с У. Чериллем, А. Иденом и переписка с И. В. Сталиным.// Новая и новейшая история. 1998. № 1. С. 172-173.

险。正是基于这种考虑，列宁缔造了共产国际（第三国际）。因此，共产国际的成立既有推行世界革命的目的，又有确保俄国革命果实的动机。斯大林掌管国家政权后，提出了"一国社会主义"理论，对苏联国家安全来讲，世界革命已不是迫在眉睫的事情，共产国际就逐步成为斯大林推行对外政策的工具。在20世纪30年代末错综复杂的国际关系中，共产国际为适应苏联对外政策的变化而不断更改路线方针，这给各国共产党的指导思想带来极大混乱，此时的共产国际已经成为苏联推行对外政策的负担。在苏德战争爆发前夕，斯大林就萌发了解散共产国际的想法，由于苏德战争的突然爆发，共产国际被赋予了在法西斯占领领土上开展游击运动的使命，配合苏军对德作战的任务。因而，共产国际又获得了新的生命力。问题在于，斯大林为什么在斯大林格勒战役获胜后，苏德战场的战局明显出现好转的时候突然做出解散共产国际的决定？考虑到随后即将召开讨论战后安排和加速对德作战问题的德黑兰会议，并结合苏联外交人民委员部起草的关于战后安排问题的报告来看，显然斯大林是在为战后国际安排做准备工作。正如沈志华教授说："这说明莫斯科的考虑绝不仅仅着眼于战争的胜负，其中还蕴含着斯大林为战后国际安排和苏联外交政策奠定基础的长远打算。"[1]

斯大林向西方表示诚意的另一举措是派遣苏联"犹委会"

---

[1] 沈志华：《共产党情报局的建立及其目标——兼论冷战格局形成的概念界定》，《中国社会科学》2002年第3期。

代表出访美国。

早在"犹委会"成立不久,西方犹太人组织就希望能邀请"犹委会"代表团出国访问。1942年8月,英国犹太人自治联合会(The Anglo-Jewish Association)和巴勒斯坦胜利联盟①为了开展为红军募集1000辆坦克和500架轰炸机的运动,曾主动邀请苏联"犹委会"派代表团出席它们于同年8月下旬分别在伦敦和巴勒斯坦举行的犹太人代表会议。8月18日,"犹委会"责任书记爱泼斯坦专门为此致函A. C. 谢尔巴科夫(А. С. Щербаков)、Г. Ф. 亚历山德罗夫(Г. Ф. Александров)和洛佐夫斯基,建议"犹委会"派代表团参加这两次会议,②但是没有得到批准。1942年,美国犹太人作家、艺术家与科学家委员会(The American Committee of Jewish Writers, Artists and Scientists)和俄国战争救济犹太委员会(The American Committee for Russian War Relief)曾多次到苏联驻美大使馆和

---

① "胜利联盟"是巴勒斯坦犹太人旨在支援苏联的反法西斯战争而成立的一个民间组织。战争期间,胜利联盟通过募捐等活动为苏联政府提供了大量的援助。胜利联盟成立一年之后,成员就发展到了2万多人,在巴勒斯坦地区有了100个分部。胜利联盟不仅仅是一个亲苏组织,它的成员中包括了各种犹太复国主义组织和犹太社会主义组织的代表,也有一些犹太共产党员和知识分子参与其中。胜利联盟并不为莫斯科所控制,因此苏联政府对它的活动和宗旨也有所怀疑,但是苏联方面不能不承认胜利联盟为苏联反法西斯战争的胜利做出了相当大的贡献。参见 Russian State Archive of Social-Political History(RGASPI), f. 17, o. 125, d. 86, l. 27, 转引自 Laurent Rucker, *Moscow's Surprise: The Soviet-Israeli Alliance of 1947-1949*, Cold War International History Project Working Paper, No. 46, p. 3。

② Костырченко Г. В. Еврейский антифашистский комитет в СССР 1941-1948, Документирования История, Москва: Международные отношения, С. 204.

总领事馆询问是否能派苏联犹太人代表团赴美访问。后来这两个美国犹太人组织又直接与"犹委会"进行联系甚至在电报中列出了他们请求派出的代表团成员名单。1943年初，美国犹太人作家、艺术家与科学家委员会名誉主席、著名的物理学家阿尔伯特·爱因斯坦（Albert Einstein）与苏联驻美大使李维诺夫会晤时，再次建议苏联方面派遣代表团赴美访问，同时向"犹委会"发来了由其亲自签名的邀请函。[1] 谢尔巴科夫认为在斯大林格勒战役结束之前派出"犹委会"代表团是不妥当的，因此婉拒了西方犹太人组织的邀请。[2] 直到1943年2月底3月初，"犹委会"代表团出国访问一事才被苏联政府正式提上议事日程。

苏联成立"犹委会"的主要目的就是通过该委员会与世界上一些犹太人组织进行合作，为苏联的反法西斯战争争取国际援助。但是为什么直到斯大林格勒战役取得决定性胜利，战争形势已经发生好转的情况下，苏联政府反而要派"犹委会"代表团访美呢？一些学者认为尽管当时战争形势已经好转，但是苏联国内的经济形势依然很严峻。"如果没有大量的金钱、武器、粮食、衣服和药品的输入，这个遭受战争破坏

---

[1] Shimon Redlich, Kirill Mikhailovich Anderson, I. Altman, *War, Holocaust and Stalinism: A Documented Study of the Jewish Anti-Fascist Committee in the USSR*, London: Psychology Press, 1995, p. 218.

[2] Наумов В. П. Неправедный Суд: Последний Сталинский Расстрел. Стенограмма Судебного Процесса над Членами Еврейского Антифашистского Комитета. Москва: Наука, 1994. C. 169.

和掠夺的国家就可能难以为继。"① 在这种形势下苏联仍然非常需要盟国的援助。② 这些学者之所以得出这个结论主要是依据前"犹委会"领导人 И. С. 费费尔（И. С. Фефер）1952 年 5 月在法庭上的证词，费费尔说："在他和米霍埃尔斯赴美前夕，谢尔巴科夫和洛佐夫斯基曾指示他们同犹太资产阶级组织建立联系，争取金钱和物质上的援助以满足战争需要。"③

还有一些学者认为苏联政府此举是为了平息"埃里希-阿尔特事件"④（дело Г. Эрлиха и В. Альтера）对苏联外交所造成的重大冲击。⑤

这些说法都有一定道理，但是笔者认为苏联政府此举最重要的目的就是向西方（特别是美国）展示苏联渴望与其合作的诚意。此外苏联"犹委会"代表团还肩负着一项重要使命，那就是向国外有影响的犹太复国主义组织试探它们对苏联将要在克里木半岛（一般指克里米亚半岛）建立犹太人自治共和国的

---

① Arkadi Vaksberg, Antonina Bouis, *Stalin Against the Jews*, New York: Knopf, 1994, p. 108.
② 宋永成:《苏联犹太人反法西斯委员会的悲剧》，第 56 页。
③ *Наумов В. П. Неправедный Суд: Последний Сталинский Расстрел. Стенограмма Судебного Процесса над Членами Еврейского Антифашистского Комитета.* С. 24.
④ 埃里希和阿尔特是两位波兰犹太工人运动领袖，1941 年 10 月，他们便向贝利亚和斯大林提出了建立犹太人反希特勒委员会的建议，但是在他们提出建议后不久就突然被捕，苏联政府没有宣布任何拘捕他们的原因。1952 年 5 月 16 日，埃里希在古比雪夫监狱自杀；1943 年 2 月 17 日，阿尔特被苏联内务人民委员部秘密处决。Костырченко Г. В. Еврейский антифашистский комитет в СССР 1941-1948, С. 24, 26.
⑤ 宋永成:《苏联犹太人反法西斯委员会的悲剧》，第 56~57 页。

反应，并希望美国方面给予未来的克里木犹太人自治共和国物质上的援助。①

1943年6月17日，苏联"犹委会"代表团代表米霍埃尔斯和费费尔飞抵美国。他们受到了美国各界犹太名流的热烈欢迎。从6月17日~10月20日，米霍埃尔斯和费费尔在美国各地进行了紧张而又热烈的宣传活动。他们参观访问了华盛顿、纽约、费城、芝加哥、匹兹堡、底特律、波士顿、洛杉矶、旧金山等15座美国大城市，会见了美国政界、科技界、文化界、艺术界的一大批社会名流，与美国犹太人作家、艺术家与科学家委员会、俄国战争救济犹太委员会、世界犹太人代表大会、美国犹太人联合分配委员会等许多主流犹太组织的代表进行了会谈，接受了无数家新闻媒体的采访，在美国媒体和许多大型群众集会上发表了多次演讲。他们不仅向美国的民众尤其是犹太人宣传苏联人民的反法西斯战争，而且与许多犹太名流和主要的犹太组织达成谅解，建立了密切的合作关系。除此之外，苏联"犹委会"代表团还肩负着两项更重要的使命。

第一，向美国方面抛出在克里木建立犹太人自治共和国

---

① 在克里木建立犹太人自治共和国的想法在20年代就产生了。1943年在米霍埃尔斯和费费尔动身前往美国之前，这一想法又复苏了。根据Г.В.科斯迪尔琴科的证实："……1943年夏天米霍埃尔斯和费费尔抵达了美国之后，得到了莫洛托夫对于就在纳粹分子被从克里木赶出之后从物质上支持犹太人迁居到克里木一事同美国犹太复国主义者进行谈判的批准。" Костырченко Г.В. В Плену у Красного Фараона, Политические Пречледования Евреев в СССР в Последнее Сталинское Десятилетие. С. 429.

计划。

代表团按照莫洛托夫的指示与美国犹太人联合分配委员会领导人讨论了苏联战后将在克里木成立一个犹太人自治共和国的问题。希望美国的犹太人组织给予未来的犹太人自治共和国一定的物质援助。这个共和国不仅是作为苏联犹太人居住的地方,而且也作为来自整个欧洲的犹太难民居住的地方。美国政府拒绝给犹太难民办理签证,英国人也千方百计地阻挠犹太人来到巴勒斯坦。因此,此时除了苏联之外,遭到纳粹杀戮的欧洲犹太人并没有其他可供避难的地方。[1] 斯大林希望通过在克里木建立犹太人自治共和国的方式在战后获得西方的经济援助。1941年6月纳粹德国入侵给苏联的国民经济造成了严重破坏,克里木半岛也不例外。为了重建被战争破坏的经济,苏联政府抛出"克里木方案",目的就是通过向西方犹太人示好的政策预先取得美国社会的支持,以援助苏联犹太人的名义获得大量资金,用来发展苏联的冶金和煤炭工业。斯大林想通过这种方式从西方筹集100亿美元的资金。[2]

但遗憾的是,二战结束之后,随着国际形势的重大变化,苏联与英美之间的关系已经出现了裂痕。出于对国家安全的考虑,斯大林不得不谨慎地对待在克里木建立犹太族苏维埃

---

[1] Медведев Ж. А. Сталин и "Дело Врачей", Новые Материалы// Вопросы Истории. 2003. No 1. C. 93.

[2] 〔俄〕帕维尔·苏多普拉托夫:《情报机关与克里姆林宫》,魏小明等译,第335页。

社会主义共和国的问题。后来赫鲁晓夫在回忆录中说："如果在克里木建立一个犹太共和国，那么，在美国闹得很凶的犹太复国主义运动就会在苏联取得立足点，万一战争爆发，克里木就会成为美国在苏联南方的基地。"① 于是，1946年6月25日，苏联取消了筹备已久的克里木计划。

第二，为苏联搜集原子弹情报，加速原子弹研制进程。

"犹委会"代表团的出访加强了苏联与美国犹太科学家的感情联系，对苏联获取原子弹研制情报做出了巨大贡献。时任苏联内务人民委员部第四局局长的 П. А. 苏多普拉托夫（П. А. Судоплатов）中将在回忆录里说："在接近爱因斯坦周围学者专家圈的情报活动中，米霍埃尔斯和费费尔同样发挥了重要的作用。"事实上，"如果不是这些'友人'的帮助，斯大林根本不可能如此迅速、完整地获得有关'曼哈顿原子弹计划'的机密情报。"苏联之所以能够在1949年8月造出自己的第一颗原子弹，比美国预计的时间至少提前了18个月，甚至3~10年，靠的就是西方科学家提供的情报。②

"犹委会"代表团对西方国家的访问大大加强了国外犹太人和苏联犹太人之间的民族认同感，与美国、英国、加拿大等西方国家的犹太人组织建立了稳定的联系。在西方舆论界中形成了占主导地位的亲苏氛围，有效地遏制和孤立了西方

---

① 〔苏联〕尼·谢·赫鲁晓夫：《赫鲁晓夫回忆录》，张岱云等译，东方出版社，1988，第372页。
② 参见宋永成《二战期间苏联犹太人反法西斯委员会代表团的盟国之行评析》，《世界历史》2012年第1期。

的反苏势力。无论在苏联国内还是国外，人们都把这次访问看成是一次巨大的成功。著名科学家阿尔伯特·爱因斯坦在给"犹委会"代表的一封信里写道："你们加强了我们与苏联犹太同胞的联系……也对苏美之间建立一个真诚合作的良好氛围做出了贡献。"① 而爱因斯坦所说的这种真诚合作的良好氛围正是斯大林所追求的。

在1943年11月召开的德黑兰会议上，斯大林追求边界、势力范围和确保苏联在战后世界政治格局中地位的目标基本都得到了实现。

对于斯大林提出的恢复苏德战争之前的苏联边界问题，罗斯福和丘吉尔表示认可。由于苏联红军在战场上进展迅速，英美领导人这么做只不过是对既成事实的默认而已。1941年末1942年初，在苏英同盟条约谈判期间，斯大林就已经提出了这些要求，当时英国方面对此百般阻挠，如今的胜利充分证明了斯大林当初做出的"搁置分歧，未来以武力解决"决策的前瞻性和正确性。斯大林清楚地懂得，要想让西方盟友在二战后兑现这些承诺：一方面需要苏军对上述地区有效的占领；另一方面只有通过维持大国合作才能确保那些通过战争获取的果实。

---

① Shimon Redlich, Kirill Mikhailovich Anderson, I. Altman, *War, Holocaust and Stalinism: A Documented Study of the Jewish Anti-Fascist Committee in the USSR*, p. 114.

第三节　战争期间苏联政府与国际犹太复国主义者的往来与合作

1917年11月《贝尔福宣言》发表之后，英国根据《贝尔福宣言》和国际联盟的委任统治训令，在巴勒斯坦确立了委任统治制度。英国巴勒斯坦委任统治当局在早期一直采取的是"扶犹排阿"的政策，支持犹太人在当地的移民和定居活动。

但是到了1938年，情况发生了变化，巴勒斯坦的阿拉伯人发动了反对英国殖民统治的武装斗争。这给纳粹德国和意大利向中东地区渗透提供了可乘之机。两国利用巴勒斯坦问题，蓄意挑动阿拉伯人反对英国统治的斗争，并宣传德意才是阿拉伯人真正的朋友。1939年3月，德国撕毁《慕尼黑协定》，吞并了整个捷克斯洛伐克，欧洲上空笼罩着战争的阴云。面对即将爆发的大战，英国必须加强对中东地区的控制并保持该地区的稳定，但当时英国能部署在中东地区的兵力却很有限，因此很需要阿拉伯人的合作和支持。为争取阿拉伯人在大战中同英国人合作，英国就不得不考虑牺牲犹太人的利益来达到自己的目的，因为无论如何英国人都不担心犹太人会倒向纳粹德国。

1939年5月17日，英国殖民大臣马尔科姆·麦克唐纳

(Malcolm MacDonald)发表了《关于巴勒斯坦问题白皮书》(以下简称《1939年白皮书》)。其主要内容如下。

(1)英国政府明确宣布"把巴勒斯坦变成一个犹太国家并不是它政策的一部分,它认为这种政策违反了委任统治书所规定的对阿拉伯人的义务,违反了它从前对阿拉伯人的保证"。

(2)在五年后英国政府即认为它对"犹太民族家园"的义务已经实现,英国的目标是在十年内建立独立的巴勒斯坦国家,新国家将与英国签订保护条约以便保证它在这一地区的利益。但《1939年白皮书》也规定巴勒斯坦独立的前提是在十年过渡期内阿犹关系得到改善,否则独立将被推迟。

(3)在移民问题上,《1939年白皮书》推翻了以"经济吸纳能力"决定移民数量的做法,规定从1939年4月起的5年内总共允许7.5万名犹太人进入巴勒斯坦地区,此后进一步移民必须经过阿拉伯人同意,如果阿拉伯人反对,将不再允许犹太人迁入。非法移民人数将从移民配额中扣除。

(4)过渡时期内,给予英国驻巴勒斯坦高级专员一切权力来限制和禁止土地转让,对于犹太人购买土地给予严格限制。[①]

英国《1939年白皮书》是对《贝尔福宣言》的全面修

---

① Charles L. Geddes(ed),A Documentary History of the Arab-Israeli Conflict,New York: Praeger, 1991, pp.185-199.

正,是英国巴勒斯坦政策的重大改变,这标志着英国已经放弃了对犹太复国主义运动的支持。《1939年白皮书》中对于犹太移民数量和犹太人获得土地的限制将使犹太人在巴勒斯坦永远处于一种少数民族的地位,这对于犹太复国主义运动来说是一个沉重的打击。

在《1939年白皮书》发表的第二天,即5月18日,巴勒斯坦犹太代办处(The Palestinian Jewish Agency)向国际联盟递交了抗议书,并发表了如下声明:

> 委任统治当局在刚发表的《1939年白皮书》里出台了新的巴勒斯坦政策,否定了犹太民族在他们祖先的土地上重建民族家园的权利。……犹太人认为,这是纯粹的背信弃义以及对阿拉伯恐怖主义的投降。……三代犹太先驱者已经显示了他们在建立民族国家方面的强大的力量,而且从今天起,我们要以同样的力量来捍卫犹太移民、捍卫犹太家园、捍卫犹太人的自由![1]

1939年8月,第21届世界犹太复国主义者代表大会在日内瓦召开。会议号召犹太人与《1939年白皮书》作斗争。但是在不久以后,第二次世界大战就爆发了。

在战争初期,希特勒的闪电战几乎横扫了整个西欧。

---

[1] Walter Laqueur and Barry Rubin (edited), *The Israel-Arab Reader: A Documentary History of the Middle East Conflict*, New York: Penguin Books, 2008, pp. 44-49.

1940年6月，法国投降，英军被迫退出欧洲大陆，战争形势对于英国来说不容乐观。此时的中东成为大英帝国的一个至关重要的补给训练基地。然而直到1942年秋英军在北非战场上的阿拉曼战役中取胜之前，英国在中东的地位一直都受到德、意军队的威胁。英国此时在中东地区的首要任务就是确保巴勒斯坦局势不至于影响到战争全局，所以尽管纳粹德国对欧洲犹太人迫害和屠杀不断升级，但英国为取悦阿拉伯人依然严格地执行了《1939年白皮书》的移民政策，这引起了犹太人的极大愤怒。

在战争的形势下，巴勒斯坦的犹太社团应该采取什么样的政策？这在犹太复国主义者内部引起了激烈的争议，经过反复的讨论与协调，大多数人认为，大敌当前，犹太人应该以克制的态度对待托管当局，要继续保持与英国政府的合作。于是，巴勒斯坦犹太代办处发表声明说："目前，犹太人所关心的事情是保卫民族家园以及大英帝国的胜利。我们虽然竭力反对《1939年白皮书》，但我们没有把矛头指向英国。我们认为纳粹德国强加给英国的战争同时也是强加给犹太人的战争。我们将在许可的范围内给英国军队和英国人民一切力所能及的支持。"① 大卫·本-古里安（David Ben-Gurion）以巴勒斯坦犹太代办处执行主席的身份号召犹太人："就像没有《1939年白皮书》一样与大英帝国并肩打击希特勒；就像没

---

① David Ben-Gurion, *Israel: A Personal History*, translated by Nechemia Meyers and Uzy Nystar, New York: Funk & Wagnalls, 1971, pp. 53-54.

有战争一样与《1939年白皮书》斗争到底。"①

但是巴勒斯坦犹太社团的领袖们也清楚地看到，想再依靠大英帝国来实现犹太复国主义的理想几乎是不可能了，因此必须在国际社会寻求更广泛的支持，而拥有大量犹太人口的苏联正是国际犹太复国主义者所要争取的重点对象之一。

1939年9月1日，德军入侵波兰，9月3日，英法对德宣战。面对德国咄咄逼人的态势以及英法奉行绥靖政策的不利局面之下，苏联为了保证西部边界的安全，着手采取了一系列军事外交行动。1939~1940年，苏联兼并了波兰东部的西乌克兰和白俄罗斯地区，罗马尼亚的比萨拉比亚、北布科维纳以及波罗的海三国（爱沙尼亚、拉脱维亚和立陶宛），扩大了西部疆域，建立了一条从波罗的海到黑海的所谓的"东方战线"。

在新占领的领土上生活着200万名犹太人，其中包括德占波兰、罗马尼亚和捷克斯洛伐克的30万名犹太难民。② 犹太复国主义运动领袖对于这些犹太人的命运非常关心。从1941年起，他们开始就这个问题和苏联方面进行接触。

1941年1月，世界犹太复国主义运动组织主席哈伊姆·魏茨曼（Chaim Weizmann）在伦敦会面了迈斯基。令人感到

---

① David Ben-Gurion, *Israel: A Personal History*, translated by Nechemia Meyers and Uzy Nystar, p. 54.

② Laurent Rucker, *Moscow's Surprise: The Soviet-Israeli Alliance of 1947-1949*, Cold War International History Project Working Paper, No. 46, p. 2.

意外的是，双方的对话竟是从一桩生意谈起，见面伊始，魏茨曼就极力向苏联大使推销巴勒斯坦的柑橘，并建议苏联用皮货来进行交换，这对于双方都有利，迈斯基表示会将此事报告给莫斯科。但是迈斯基同时也注意到魏茨曼对这桩生意的结果并不抱太大希望，因为按照惯例，苏联是不从国外进口水果的，显然魏茨曼此行的主要目的并不是谈生意。果然，接下来魏茨曼话锋一转，谈到了犹太民族的地位和前途问题。他指出："目前世界上的犹太人大约有 1700 万人，其中有 1000 万人生活在美国、英国和苏联等国，这些犹太人处于相对较好的条件下，至少不会受到肉体消灭的威胁。他所担心的是那些生活在东南欧、德国、奥地利、捷克斯洛伐克和波兰的犹太人。如果纳粹取得战争的胜利，他们将都会被消灭。如果英国获胜，他们也不会得到多少好处。英国人不喜欢犹太人，以巴勒斯坦地区为例，英国委任统治当局认为阿拉伯人比较听话，而犹太人是一群令人生厌的人，所以英国人的胜利对于犹太民族来说也并非是福音。为了最终解决这个问题，魏茨曼提出了一个大胆的建议，那就是把巴勒斯坦的 100 万名阿拉伯人迁徙到伊拉克去，然后再从波兰和其他国家向巴勒斯坦移入 500 万名犹太人。"迈斯基被这个近乎疯狂的建议惊呆了，随即提出了自己的疑问："巴勒斯坦目前的阿拉伯居民只有 100 万人，就算把这些阿拉伯人全部迁走，那里又如何能容得下 500 万名犹太人？"

尽管这次会谈双方并未就任何实际问题达成协议，但这是到目前为止笔者在档案材料中所能看到世界犹太复国主义运动领袖与苏联外交官的第一次直接对话。这次会见表明当英国人拒绝犹太人在巴勒斯坦地区建国的请求之后，犹太复国主义者开始寻求新的支持者，而且魏茨曼向莫斯科传递了一个明确的信号，那就是苏联犹太人并不在犹太复国主义者的考虑争取范围之内。这充分显示了世界犹太复国主义运动组织希望与莫斯科进行合作的诚意，而接下来爆发的苏德战争也使得苏联逐渐改变了对犹太复国主义运动的态度。

苏德战争爆发后不久，刚从美国回到伦敦的魏茨曼又一次拜访了迈斯基。他此行的目的是希望以世界犹太复国主义大会的名义对在莫斯科召开的第一次犹太人代表大会和对《告全世界犹太人书》做出回应。但是考虑到过去苏联政府对国际犹太复国主义运动的敌对态度，魏茨曼想就此事征求一下迈斯基的意见。迈斯基的回答是肯定的："我找不出任何理由来反对你们发这样的电报。"但是迈斯基同时希望魏茨曼能号召其他犹太人团体也对《告全世界犹太人书》做出回应。魏茨曼说："英国很多犹太团体已经采取行动对来自苏联的呼吁做出回应。在英国，犹太人没有得到任何机会表达自己对战争的看法。在巴勒斯坦，英国人尽量阻止犹太人建立自己的武装，英国军队里只有一个犹太师。但是在这场战争中，犹太人的声音第一次从苏联传出，这让他感到非常高兴。"

魏茨曼向迈斯基提到了他的美国之行，他说："最近的6~7个星期，美国公众对战争的兴趣正在减弱。美国人大概是这么考虑的，俄国人很善战，他们和英国人一起能够消灭希特勒，而美国人过多的卷入战争没有意义。"① 魏茨曼认为这种情绪是非常轻率和不能容忍的。他认为，如果能让美国犹太人受到相应的刺激，他们就会狂热地反对希特勒。这也就是他要致电响应苏联犹太人的原因。②

1941年9月8日，魏茨曼代表巴勒斯坦犹太代办处对《告全世界犹太人书》做出公开回应。其主要内容如下：

我们收到了你们的全世界犹太人团结起来与希特勒和他所做的一切作斗争的呼声。我们将在这个号召下彻底团结起来。从一开始，希特勒就选择了犹太人作为自己的牺牲品。在一个又一个被奴役的国家里，每一次他都变本加厉地推行自己的铁腕政策。法西斯分子要在全世界推行他们的政策。现在他们已经踏上了苏联的国土，对于你们所遭受的苦难，我们从内心深处感到痛心。然而，我们又为苏联红军的英勇战斗而感到骄傲。这种信念从未丧失，甚至在最黑暗的时候。那些沦陷区的犹太人当之无愧的肩负起了抗击纳粹的使命。那些自由的犹太人，也在和侵略者进行战斗。巴勒斯坦犹太社团的50万名犹太人都在为这场战争中贡献自己的力量。其中有

---

① АВП РФ. Ф. 059. Оп. 1. П. 352. Д. 2404. Л. 158 – 159. // Советско-Израильские Отношения. Сб. док. 1941–1953гг. Т. I. С. 20-21.

② АВП РФ. Ф. 059. Оп. 1. П. 352. Д. 2404. Л. 158 – 159. // Советско-Израильские Отношения. Сб. док. 1941–1953гг. Т. I. С. 20-21.

10万名犹太人参军,在犹太军事组织中或者在英国海军或空军中服役。他们在黎巴嫩、阿比尼西亚(今埃塞俄比亚)、希腊、克里特岛和叙利亚进行忘我的斗争。还有几千人渴望参军。一旦有一天,敌人胆敢进犯巴勒斯坦,我们会和你们一样进行英勇斗争的。

……

致你们兄弟般的问候,请给予自己的同胞以信任,全世界的犹太人都不会背叛自己的事业。①

1941年10月9日,当德军逼近莫斯科的时候,巴勒斯坦犹太代办处执行委员会主席本-古里安在伦敦会面了迈斯基。

本-古里安首先介绍了他所领导的巴勒斯坦犹太总工会,他表示这是一个世界性的犹太复国主义组织,最近8年一直领导犹太工会运动。本-古里安说:"在巴勒斯坦的50万名犹太居民当中有12.5万人是犹太总工会的成员。工会是巴勒斯坦犹太社团的领导力量。差不多所有犹太复国主义组织建立的居民点,都存在工会组织,工会组织是按照公共生活原则建立起来的。虽然按照经济学的观点,这是共产主义性质的居民点,但是工会运动目前还不具有共产主义特征。"②他还指出:"我们对苏联非常关心,原因首先是我们想在力

---

① COPY:BG ARCHIVES, *Documents on Israeli-Soviet Relations 1941 - 1953* (*DISR*), Part I, pp. 10-11.
② COPY:BG ARCHIVES, *Documents on Israeli-Soviet Relations 1941 - 1953* (*DISR*), Part I, pp. 11-12.

所能及的情况下帮助你们打败德国人；其次是我们想消除你们对巴勒斯坦犹太人的某些偏见。阿拉伯恐怖分子在战前的暴动中攻击我们，尽管领导他们的不是阿拉伯工人运动或其他阿拉伯人民的进步组织。但是他们却得到了莫斯科在道义上的支持。我不想再提已经发生过的事，但是目前苏联对未来巴勒斯坦的态度是我很在意的，因为在战争结束后，苏联至少将是主宰世界命运的三个大国之一。"① 本-古里安继续说："当前莫斯科最关心的是战局，我们希望能派遣由2~3个人组成的代表团到莫斯科去。（一）明确一下我们可以用什么样的方法援助苏联。（二）确认一下，莫斯科方面是否清楚巴勒斯坦的工会运动在犹太民族和整个工会运动中所扮演的角色。"② 迈斯基说："您帮了我们很大的忙，但是如果能让美国人明白援助苏联的重要性就太好了，我们需要尽可能多的坦克、飞机和大炮。"③ 本-古里安回答道："这些我们都能办到，也许还能帮你们更大的忙。我在美国工会运动中有很多不少朋友，其中一些人和美国政府的关系非常近。他们会给你们帮助的。"④

关于和犹太复国主义领袖的这几次谈话，迈斯基都详细

---

① COPY: BG ARCHIVES, *Documents on Israeli-Soviet Relations 1941-1953* (*DISR*), Part I, p. 12.
② COPY: BG ARCHIVES, *Documents on Israeli-Soviet Relations 1941-1953* (*DISR*), Part I, p. 12.
③ COPY: BG ARCHIVES, *Documents on Israeli-Soviet Relations 1941-1953* (*DISR*), Part I, p. 13.
④ COPY: BG ARCHIVES, *Documents on Israeli-Soviet Relations 1941-1953* (*DISR*), Part I, p. 13.

地报告给了莫斯科。这几份报告很可能直接影响到二战后苏联对犹太复国主义运动态度的转变。

对于国际犹太复国主义者来说，能否在巴勒斯坦地区建国，苏联的立场至关重要。获得拥有数百万犹太人口的苏联的支持对于世界犹太复国主义运动来说具有重要意义。这一时期犹太复国主义运动领袖们继续加强与苏联外交人员的接触。笔者认为，犹太复国主义者的目标有三个：①希望莫斯科能够同意滞留在苏联境内的波兰犹太人移民巴勒斯坦地区。②希望苏联方面释放被关押的犹太复国主义分子。③让苏联领导人相信在巴勒斯坦地区建立犹太国是符合苏联利益的。①

犹太复国主义运动领袖们除了和苏联驻英国大使迈斯基进行接触之外，也在尽一切可能与苏联驻中东地区的外交使团进行联系。在英国驻土耳其大使的帮助下，1942年1月，巴勒斯坦犹太代办处驻开罗代表伊利亚·爱泼斯坦（Elia Epstein）拜会了苏联驻土耳其大使 C. A. 维诺格拉多夫（С. А. Виноградов）。爱泼斯坦向苏联大使提出了三点请求：

---

① 早在1947年7月17日，两位巴勒斯坦犹太代办处的代表罗纳尔德·E. 诺伊曼（Ronald E. Neumann）与莫里斯·L. 别尔茨维克（Maurice L. Perlzweig）就与苏联驻美大使 К. А. 乌曼斯基（К. А. Уманский）对这几个问题进行交涉过。乌曼斯基表示，那些在苏联境内的波兰犹太人现在已经成为苏联公民，而且绝大部分人对自己的现状感到满意，他们并不愿意移民巴勒斯坦。对于目前被关押的犹太复国主义分子，乌曼斯基表示，苏联方面之所以逮捕他们是因为他们进行了反苏活动，而不是因为他们是犹太复国主义者。对于未来巴勒斯坦的地位问题，乌曼斯基的回答却很含糊，说未来巴勒斯坦的地位当然要由一次国际会议来决定。苏联将作为代表出席这次会议。参见 COPY：CZA S25/486，*Documents on Israeli-Soviet Relations 1941-1953*（*DISR*），Part I，pp. 5-7。

①由巴勒斯坦犹太代办处派遣一个野战医院编制的医生携带药品到苏德前线去。②由巴勒斯坦犹太代办处派遣1~2名代表常驻莫斯科以便处理目前苏联境内犹太难民的移民申请问题。③请求苏联政府释放关押在苏联监狱中的犹太复国主义分子。① 事后，爱泼斯坦在写给巴勒斯坦犹太代办处政治部主任摩西·夏里特（Moshe Sharett）的报告中指出苏联大使对犹太问题表现得非常无知。爱泼斯坦说："我对是否能收到莫斯科的正面答复深表怀疑。在与维诺格拉多夫的谈话中，我明白了，大使对外交决策上的影响是微不足道的，他们的任务仅仅是直接向苏联当局汇报，我希望他们能够打破僵局，这样有助于我们解决问题。"同时爱泼斯坦还认为与苏联外交官接触，向他们解释我们的目标也是十分必要的，"即便这种对话暂时无法引起他们对我们事业的兴趣"②。

1942年3月2日，魏茨曼寄给迈斯基一份有关纳粹对犹太人进行大屠杀的备忘录。与此同时在给迈斯基的信中，魏茨曼满怀深情地写道："苏联的经济理论已经体现在了犹太复国主义组织的国家建设构想中。集体所有制（而不是贪财的私营企业）是犹太经济组织的主要原则。……犹太复国主义运动从来没有认为和苏联的社会思想有不可调和的矛盾。我们和苏联一样在发展计划经济，这是落后国家实现现代化建设的必然途

---

① COPY: CZA S25/486, *Documents on Israeli-Soviet Relations 1941–1953* (*DISR*), Part I, p. 21.
② COPY: CZA S25/486, *Documents on Israeli-Soviet Relations 1941–1953* (*DISR*), Part I, p. 21.

径。……很大一部分犹太复国主义者与苏联有着亲密的、私人的联系。他们对苏联人有着强烈的好感,对苏联人民在反抗纳粹和保卫人类和平方面的英雄事迹心存感激和给予肯定。"①

在备忘录中,魏茨曼对目前欧洲日趋严重的犹太难民问题表示忧虑,他指出:

> 反犹主义现在已经成为希特勒凝聚法西斯势力的重要武器,而中欧和东欧各国的反犹主义传统则又进一步推动了纳粹屠杀犹太人的嚣张气焰。由于纳粹的大屠杀,欧洲的犹太人数量将会大大减少。即便如此,在二战后,中欧和东欧各国也还将面临更严重的反犹主义问题。对于劫后余生的欧洲犹太人来说,移民巴勒斯坦地区是他们最好的选择。……目前犹太民族与巴勒斯坦地区的联系已经得到了国际社会的广泛承认。……巴勒斯坦已经成为大多数犹太人想要移民的地区,已经成为犹太人想要建立自己民族国家的唯一地区。1918~1941年,巴勒斯坦地区的犹太人从6万人增加到了50余万人,从占当地居民人口的1/10增加到了目前的1/3,当地犹太居民的比例比世界上任何一个国家都要高。巴勒斯坦的经济并不发达,而在那里犹太人将建设属于自己的经济生活。……目前,犹太人在巴勒斯坦地区已经得到了260万公顷土地中的150万公顷。

---

① COPY: WA, *Documents on Israeli-Soviet Relations 1941-1953* (*DISR*), Part I, p. 25.

在这里居住着 50 余万名犹太人。巴勒斯坦地区的阿拉伯居民同样也在这场轰轰烈烈的经济改革中得到了巨大的好处。近 20 年阿拉伯人的数目增加了 2 倍。巴勒斯坦地区这么好的条件足够 200 万~300 万名犹太人生活 15~20 年的。犹太人除了巴勒斯坦地区再也没有别的选择。这个世界上也没有别的国家能有这么大的领土接纳 200 万~300 万犹太人,能够在自己的疆域里组织这样的犹太居民点。美国不行,大英帝国的自治领也不行,南美也没有这样的国家。据我所知,苏联曾建议在热带国家或者北极建立犹太移民点,但是这个计划从未实施过。

我们不能允许过去的隔阂和误会成为苏联和犹太复国主义运动之间发展新关系的障碍。尽管我们对苏联反对犹太复国主义组织的种种政策有所不满,然而我们却从未敌视过苏联政府……①

魏茨曼试图让苏联人相信,二战后对于东欧幸存下来的犹太人来说,移民巴勒斯坦地区是他们唯一的机会。过去的误会不应该成为苏联和犹太复国主义组织之间建立良好关系的障碍,他希望苏联领导人能够关注犹太复国主义运动,关注犹太人问题。

犹太复国主义者的策略被证明是有效的。1942 年 8 月,苏

---

① COPY: WA, *Documents on Israeli-Soviet Relations 1941–1953*(*DISR*), Part I, pp. 26–28.

联驻土耳其大使馆一秘 С.С. 米哈伊洛夫（С. С. Михайлов）和使馆的新闻专员 Н.Г. 佩特连科（Н. Г. Петренко）应邀到巴勒斯坦参加胜利联盟成立大会。这是苏联外交人员第一次正式访问巴勒斯坦地区。他们会见了"伊舒夫"（Yishuv）① 的领导人、英国高级专员以及耶路撒冷和伯利恒的阿拉伯人代表。两名苏联外交官对于巴勒斯坦犹太人所取得的成绩赞叹不已。但是，他们对苏联在巴勒斯坦问题上的立场这一敏感问题却只字未提。即便如此，犹太复国主义领袖对苏联人的这次访问依然感到满意。犹太民族社会委员会主席伊扎克·本-兹维（Yitzhak Ben-Zvi）说："我们与苏联人的交往有了一个新的开始，苏联代表第一次看到了成千上万的巴勒斯坦犹太人在工作和战斗。"②

从 1943 年开始，犹太复国主义者与苏联政府之间的来往有了进一步的加强。

1943 年 5 月 27 日，世界犹太复国主义大会创始人纳胡姆·古尔德曼（Nahum Goldmann）通过捷克斯洛伐克流亡政府总统爱德华·贝奈斯（Edvard Beneš）给莫斯科方面递交了一份苏联与犹太复国主义者关系备忘录。备忘录中谈到了苏联敌视犹太复国主义者的两点历史原因：（1）在某种程度上，这反映了苏联内部意识形态问题的斗争，沙俄时期在俄国犹太人的生活中影响最大的是犹太复国主义和布尔什维克主义，

---

① 伊舒夫在希伯来语中的原意为"居住""定居"，后来引申为犹太社团。
② COPY：CZA J89/125, *Documents on Israeli-Soviet Relations 1941-1953* (*DISR*), Part I, pp. 41-42.

犹太复国主义者认为最终解决犹太问题是要在巴勒斯坦地区建立犹太国家，而布尔什维克主义者则认为解决犹太问题的办法是世界革命。(2) 苏联方面始终认为巴勒斯坦的犹太复国主义者是英国在近东地区统治的工具，是大英帝国在这个地区的代言人。①

古尔德曼在备忘录中指出，这两点历史原因现在都已经消除了。因为"苏联已经存在了20年，苏联犹太复国主义者与布尔什维克之间的争执早已成为了过往云烟。苏联的新一代犹太人不懂得这些，其他民族的人则根本不会考虑这些因素。在当前，苏联和英国已经不是敌人，而是战时的盟友了。苏联和犹太复国主义对抗的这两个历史原因已经消除了，它们将开始新的相互关系"②。所以苏联和犹太复国主义者之间完全应该达成谅解。此外，古尔德曼在备忘录中还分析了苏联和犹太复国主义者之间建立相互关系并保持友谊的必要性。他说："尽管目前无论从道义上还是现实政治上苏联都还没有对犹太人在巴勒斯坦地区建国表示支持。"③但是他对苏联支持犹太复国主义事业充满信心："在意识形态领域中，苏联一贯坚持民族自决原则。支持被压迫民族的解放斗争是苏联最重要的意识形态之一。这几十年来，犹太

---

① COPY：CZA Z5/1377, *Documents on Israeli-Soviet Relations 1941–1953* (*DISR*), Part I, pp. 61–62.
② COPY：CZA Z5/1377, *Documents on Israeli-Soviet Relations 1941–1953* (*DISR*), Part I, p. 62.
③ COPY：CZA Z5/1377, *Documents on Israeli-Soviet Relations 1941–1953* (*DISR*), Part I, p. 62.

民族所遭受的磨难比以往任何时候都要严重。……犹太人应该像其他民族那样来建设自己的生活。对于那些失去容身之处和毫无生活保障的欧洲犹太人来说，移民巴勒斯坦是最好的出路。俄国（苏联）没有奉行孤立主义政策的传统，它一定会对欧洲的犹太人问题感兴趣的。在巴勒斯坦地区，只有犹太人坚定不移地为反对轴心国贡献着自己的力量。……尽管绝大多数巴勒斯坦地区的犹太人都不是共产主义者，但是他们深受共产主义社会组织形式的影响，希望按照公正和平等的原则建立新的社会。巴勒斯坦地区的集体居民点以及其他形式的劳动组织，大都是建立在合作制和生产资料公有制的基础之上的。巴勒斯坦地区的第一批移民和建设者有相当大一部分是来自俄国（苏联）和东欧的犹太人。他们对苏联政府怀有天然的好感。实际上，无论在理论上还是在现实中苏联政权和犹太人在巴勒斯坦地区建国并不存在内在的矛盾。相反，这对双方都是有好处的。战争结束后，在巴勒斯坦地区建立犹太国家是解决欧洲犹太问题的唯一现实的方案。这将是对犹太人在几千年来所遭受的不公正待遇的最好的补偿。"[1]

在备忘录的最后，古尔德曼强调说："苏联领导人认为犹太复国主义运动是反苏的运动，这是完全错误的。无论是犹太复国主义的意识形态还是复国主义组织所执行的政策都不

---

[1] COPY: CZA Z5/1377, *Documents on Israeli-Soviet Relations 1941–1953* (*DISR*), Part I, p. 64.

具有任何对抗性。犹太复国主义运动完全是进步的运动，它自然而然的把轴心国当作自己不共戴天的敌人并支持那些与纳粹分子作斗争的力量，除此之外，巴勒斯坦地区的犹太人如此强烈的希望建立一种好的社会秩序，他们走得比苏联更远，所进行的是比苏联规模更大的一种社会试验，尽管这些试验者的做法并不能完全被承认。犹太复国主义者真心希望他们能和苏联政府建立良好的关系。"①

而在这时，苏联方面似乎对犹太复国主义者的努力也开始有了一些积极的回应。1943年9月12日，魏茨曼在伦敦与迈斯基又进行了一次会谈。迈斯基告诉魏茨曼说："苏联人理解犹太复国主义者的目标，并确信将和你们站在一起。但俄（苏联）仍有些担心，因为巴勒斯坦的面积太小了。"②

这次会谈之后，迈斯基从伦敦返回莫斯科的途中，在埃及停留并访问了巴勒斯坦地区。他和妻子在圣地停留了两天，拜望了英国驻巴勒斯坦地区高级专员哈罗德·麦克米查尔（Harold McMichael）。随后在本-古里安的陪同下参观了位于耶路撒冷附近的两个基布兹（kibbutzim）③。在与本-古里安的谈话中，迈斯基说："犹太问题是二战后必须解决的问题，有人告诉我，巴勒斯坦没有足够的空间，我必须要了解事实真

---

① COPY：CZA Z5/1377, Documents on Israeli-Soviet Relations 1941-1953 (DISR), Part I, p. 65.
② MINUTES：WA, Documents on Israeli-Soviet Relations 1941-1953 (DISR), Part I, p. 68.
③ 基布兹是犹太人建立的具有共产主义色彩的集体农庄。

相，了解巴勒斯坦的潜力究竟如何。"① 迈斯基对于"基布兹"具有浓厚的兴趣。这让本-古里安感到振奋。本-古里安在给巴勒斯坦犹太代办处的报告中写道："我几乎不敢相信这是真的，另外一个国家（指苏联）开始对我们的问题感兴趣。"②

但是直到二战结束，苏联官方既没有对犹太人在巴勒斯坦问题上作出任何承诺，也没有答应他们所提出的任何条件。二战时期，苏联人的策略主要是利用"犹委会"来打犹太人这张外交牌——通过该委员会向西方国家索要援助。1943年5月，苏联政府派遣"犹委会"领导人米霍埃尔斯和费费尔访美时，曾严格地规定了他们的权限和在一系列重要问题上的立场。这个代表团的主要目的是"促使苏联犹太人和美国犹太人联合起来反对法西斯德国及其仆从国并在美国发起援助苏联红军的运动"③。巴勒斯坦仍处于英国的委任统治之下，而英国反对在巴勒斯坦建立犹太国的计划，因此"犹委会"代表团被禁止在建立犹太国问题上发表任何意见。④ 由此可见，苏联在对德作战期间尽量不破坏与盟友的关系。既然英

---

① MINUTES: WA, *Documents on Israeli-Soviet Relations 1941–1953* (*DISR*), Part I, p. 68.

② MINUTES: CZA S100/40, *Documents on Israeli-Soviet Relations 1941–1953* (*DISR*), Part I, p. 71.

③ АВП РФ. Ф. 07. Оп. 4. П. 29. Д. 30. Л. 3–5.// Советско-Израильские Отношения. Сб. док. 1941–1953гг. Т. I. С. 75.

④ АВП РФ. Ф. 07. Оп. 4. П. 29. Д. 30. Л. 3–5.// Советско-Израильские Отношения. Сб. док. 1941–1953гг. Т. I. С. 75.

国是盟友,那它对其委任统治地的"主权"就是不容置疑的。苏联人认为,"犹太复国主义组织千方百计和他们取得联系的目的,是为了取得苏联对其在巴勒斯坦建国计划的支持,而在二战时期,苏联方面认为对巴勒斯坦的犹太人作出任何承诺对自己都是没有好处的"[1]。

1943年7月,古尔德曼和魏茨曼先后邀请出访美国的米霍埃尔斯和费费尔访问巴勒斯坦,1943年8月初,犹太总工会在美国的代表梅罗姆·梅里姆斯基亲自拜望米霍埃尔斯,邀请他和费费尔在返回苏联的途中访问巴勒斯坦。尽管米霍埃尔斯对与"伊休夫"的代表直接会面非常激动,对巴勒斯坦犹太人怀有深情,但是,由于没有得到苏联政府的批准,他不得不表示无论是他本人还是"犹委会"都无权做出这个重大决定。他建议梅里姆斯基向苏联发一个正式邀请,并与苏联驻美大使馆联系。当"犹委会"代表团在英国访问时,胜利联盟也向"犹委会"发出邀请,希望米霍埃尔斯和费费尔能访问巴勒斯坦。但是,"犹委会"以急召米霍埃尔斯回国参加委员会改组为名婉拒了这一邀请。米霍埃尔斯和费费尔回国途中在开罗中途停留时,一个记者追问他们有无可能访问巴勒斯坦,他们推脱道:"我们很高兴能前往巴勒斯坦访问……但是我们没有收到这方面的邀请。"[2]

---

[1] АВП РФ. Ф. 0118. Оп. 7. П. 4. Д. 5. Л. 26-28. // Советско-Израильские Отношения. Сб. док. 1941-1953гг. Т. I. С. 109.

[2] Shimon Redlich, *Propaganda and Nationalism in Wartime Russian: The Jewish Antifascist Committee in USSR, 1941-1948*, Boulder: Colorado, 1982, pp. 146-147.

总之，在苏德战争期间，苏联对待犹太复国主义者的态度非常暧昧。一方面利用"犹委会"与包括犹太复国主义组织在内的国际犹太人团体进行合作，为苏联政府争取国际援助；另一方面，为了不得罪英国，又不愿意对犹太复国主义组织明确表示支持。

第二章 二战后苏联支持犹太复国主义者建国政策的形成

第一节 战后初期苏联的大国合作战略

第二次世界大战的胜利从根本上改变了苏联在国际舞台上的地位。斯大林、罗斯福和丘吉尔在战争期间进行的一系列会晤使得西方国家从事实上承认了苏联的大国地位。斯大林开始以胜利者的姿态成为英美政治上的强有力的伙伴。与此同时，战争使得苏联在人口和物质上都遭受了极大损失，苏联并没有表现出与其国际地位相符的经济实力。一个躺在废墟上的国家是不能和西方国家在军事技术领域相抗衡的。因此，面对越来越难以琢磨的国际政治局势，这就要求苏联领导人明确其两极格局下的战略方针。

长期以来，各国学者对于战后初期苏联外交政策进行了广泛的探讨。总的来说，存在两种互相对立的观点：一种观点认为斯大林具有野心勃勃的侵略计划，追求控制和扩大其势力范围；另一种观点认为斯大林所采取的只是温和的、谨慎的和防御性的政治对策。然而，在苏联解体以前，上述两种观点的代表——无论是传统学派①还是修正学派②，都很少能接触到苏联的档案材料，其结论主要是依据对苏联领导人公开言论及其行为进行分析，并在此基础上做出的推断。20世纪90年代以来，随着苏联档案逐步对外开放，研究者开始从不同的角度对这一问题进行重新审视。有人认为这一时期斯大林的外交行为是古怪的和反复无常的，苏联的对外政策没有明确的目标，是无所作为的；斯大林的远东政策与欧洲

---

① 关于"传统学派"可参见 Authur Schlesinger, Jr., "Origins of the Cold War," *Foreign Affairs*, Vol. 46, No. 1, 1967, pp. 22-52; Jerald A. Combs, *American Diplomatic History: Two Centuries of Changing Interpretations*, California: University of California Press, 1983, pp. 220-234; Geir Lundestad, "Moralism, Presentism, Exceptionalism, Provincialism, and Other Extravagances in American Writings on the Early Cold War Years," *Diplomatic History*, Vol. 13, No. 4, 1989, pp. 527-546。亦可参见尹良武《冷战史学管窥》，载中国留美历史学会编，《当代欧美史学评析》，人民出版社，1990，第347~355页。

② 关于"修正学派"的一般性概述，可参见 Jerald A. Combs, *American Diplomatic History: Two Centuries of Changing Interpretations*, pp. 235-257; Bradford Perkins, "The Tragedy of American Diplomacy: Twenty-Five Years After," *Reviews in American History*, Vol. 12, No. 1, 1984, pp. 1-18; Anders Stephanson, "The United States," in David Reynolds (ed.), *The Origins of the Cold War in Europe: International Perspectives*, New Haven, CT: Yale University Press, 1994, pp. 30-35。典型的修正派著作包括 Gabriel Kolko, *The Politics of War: The World and United States Foreign Policy, 1943-1945*, New York: Random House, 1968; Joyce and Gabriel Kolko, *The Limits of Power, The World and United States Foreign Policy, 1945-1954*, New York: Harper and Row, 1968; Thomas G. Paterson, *Meeting the Communist Threat: Truman to Reagan*, Oxford: Oxford University Press, 1988; Bruce Cumings, *The Origins of the Korean War*, Vol. 2, Princeton, N. J.: Princeton University Press, 1990。

政策一样，都是"盲目的""毫无内在联系的"①。也有人认为，斯大林对外政策的目标是保护其既得利益和势力范围，他并不想煽动世界革命，不愿直接与西方对抗。②还有人认为，二战后初期，苏联对外战略的基础是建立在可能爆发新的世界大战的估计上的，总体上是一种积极防御战略，冷战开始后才迅速转变为阵营对抗战略。③笔者认为，这些说法都不能全面或准确地反映出二战后初期苏联对外政策的战略目标，特别是没有勾勒出这一时期斯大林对外政策变化的轨迹，从而难以正确地理解苏联对外政策的实质。

了解战后苏联的目标是什么，这对理解盟国在二战结束前的外交和搞清冷战本身的起源都至关重要。俄罗斯方面迄今为止仍未公开有关苏联战后计划、意图等方面的档案，尤其是能直接反映苏联领导层对西方盟友的真实想法，及将来与西方盟友的关系会怎样的文件非常稀缺，所以这场争论很难有定论。

---

① 〔英〕罗伯特·康奎斯特：《斯大林——国家的破坏者》，伦敦1991年，第271页；〔美〕R.C.拉克：《1938—1945年斯大林对西方的企图：冷战的起源》，斯坦福1995年，第166页；〔美〕奥德·韦斯塔德：《冷战与革命：苏美对抗和中国内战的起源》，纽约1993年，第118页，转引自沈志华、张盛发《从大国合作到集团对抗——论战后斯大林对外政策的转变（根据俄国档案的新材料）》，《东欧中亚研究》1996年第6期。

② 〔俄〕弗拉季斯拉夫·祖博克：《斯大林在远东的目标：从雅尔塔到1950年的中苏条约》，提交香港"冷战在亚洲"国际学术研讨会（1996年1月）的论文，转引自沈志华、张盛发《从大国合作到集团对抗——论战后斯大林对外政策的转变（根据俄国档案的新材料）》，《东欧中亚研究》1996年第6期。

③ 郑羽：《阵营对抗：冷战开始后斯大林的对外战略》，《东欧中亚研究》1992年第2期。

直到现在，史学界有关该领域所得出的结论和判断仍是通过苏联外交辞令和在战争期间的外交往来文书、备忘录以及偶然找到的一些非官方的苏联政府内部通告演绎、推导出来的。

对于斯大林来说，维护苏联国家安全是苏联对外政策的首要目标，而确定有利于苏联的边界、建立苏联势力范围和确保苏联在欧洲和世界政治格局中的优势地位，则是实现这一目标的有效手段，也是苏联考虑战后安排问题的基本出发点。

为此，联共（布）中央政治局在二战时曾多次开会讨论战后和平与安排的问题。苏联外交人民委员部以及有关机构也在这方面提出了各种设想和计划。在这些设想和计划当中，由苏联三位著名的外交家兼西方问题专家迈斯基、葛罗米柯和李维诺夫在1944年1月至1945年夏写的报告最引人注目。李维诺夫作为莫洛托夫的副手，任外交人民委员部战后秩序与和平条约筹备特别委员会主席；迈斯基是外交人民委员部副委员，负责赔偿规划；葛罗米柯任苏联驻美大使，领导苏联在联合国谈判的准备工作。尽管他们的报告所关注的角度和内容不尽相同，但主题却一样，都把眼光定位于未来苏联与西方大国之间的关系上。

迈斯基的报告

迈斯基的报告是1944年1月10日由他亲自向莫洛托夫递交的，他在报告中设计了未来"30~50年"苏联外交政策的战略原则。迈斯基写道:"在今后 30~50 年必须保证苏联在欧洲和亚洲地区的和平和安全。在最近 10 年当中,苏联的首要任务是医治战争创伤。"迈斯基反复强调苏联和西方国家特别是英美保持友好关系的必要性。他指出:"如果近期欧洲不爆发无产阶级革命,那就没有理由认为苏联和英美之间的关系会恶化。无论是从自己战后经济恢复的需要出发,还是从维护和平的目标出发,苏联都希望同美国和英国维持良好的关系,因为要达到上述目的同这两个国家的合作是必不可少的。无论美国还是英国,同苏联都没有(也不见得会有)领土和经济争端,美国的帝国主义扩张基本上不涉及苏联。相反,美国在实行自己的帝国主义计划时会希望苏联至少保持中立。"随后,迈斯基具体论述了苏联外交应遵循的基本方针:一是领土方面的要求,苏联的边界应以 1941 年边界为基础进行局部的调整;二是制定各种措施防止法西斯国家东山再起;三是与苏联利益相关的周边国家国内体制应该建立在按照"人民阵线"主张提出的广泛民主原则的基础之上。同时他指出"要在这些国家建立真正的民主制度,恐怕不得不从外部,即首先是由苏联、美国和英国施加种种影响",强调苏联在"不干涉别国内部事务"面前不应当有所犹豫而止步不前。①

迈斯基预见到了苏联在中东地区进行"经济、文化和政

---

① АВПРФ. Ф. 6. Оп. 6. Д. 14. П. 145. Л. 1-41. // СССР и Германский Вопрос. 1941 - 1949. Документы из Архива Внешней Политики Российской Федерации. Т. 1: 22 июня 1941 г. - 8 мая 1945 г. Сост. Г. П. Кынин, Й. Лауфер. С. 333-360.

治影响力"扩张的"新机遇",但是他警告苏联政府要在中东地区谨慎行事,避免同英国和美国发生冲突。在迈斯基看来,殖民地将会成为英美竞争的重要角逐场,在这些地区美国会努力"通过经济手段排挤英国"。所以,即使苏联在这些殖民地没有经济利益,对它来讲也将会是一个重要问题,"我们尽快在这方面做好准备"[1]。

迈斯基指出,大英帝国是一个处于缓慢衰退中的"保守帝国主义"国家。战后对其利益的主要威胁将来自于新兴的帝国主义国家——美国,后者将挑战英国在其殖民地和世界贸易中的特权地位。"英美之间的矛盾将渲染战后时期的世界形势。"英国的外交将会考虑"用美国牌来对付苏联,用苏联牌来对付美国",但最终"全球地位斗争的利益将会把英国推向苏联这一边"。迈斯基坚持认为苏联"可能的和可行的外交政策"的基础应当是"加强同美国和英国之间的友谊"[2]。

迈斯基认为,作为世界上最大的殖民帝国,英国认为没有必要改变现有的秩序。美国则相反,它迄今为止只拥有极少的殖民地,美国想要通过"委任统治"的方式寻求进入英国、法国、荷兰、比利时、葡萄牙殖民地的道路。它期望凭

---

[1] АВПРФ. Ф. 6. Оп. 6. Д. 14. П. 145. Л. 1–41. // СССР и Германский Вопрос. 1941 – 1949. Документы из Архива Внешней Политики Российской Федерации. Т. 1: 22 июня 1941 г. – 8 мая 1945 г. Сост. Г. П. Кынин, Й. Лауфер. С. 27.

[2] АВПРФ. Ф. 6. Оп. 6. Д. 14. П. 145. Л. 3, 4–5, 8–9, 23–26, 34–40. // СССР и Германский Вопрос. 1941–1949. Документы из Архива Внешней Политики Российской Федерации. Т. 1: 22 июня 1941 г. – 8 мая 1945 г. Сост. Г. П. Кынин, Й. Лауфер. С. 333–360.

借自己强大的经济实力能够很快成为"委任统治地"的真正主人。英美在殖民地问题上正酝酿着巨大的冲突,而这些冲突的结局在很大程度上将取决于苏联的态度。

迈斯基甚至强烈认为如果战时的合作能够继续,经济强国美国将能够对苏联进行巨大的援助。他认为,战后苏联的首要任务是经济重建,因此对美国的经济援助会"极为感兴趣"(相对而言,对英国感兴趣的程度就没那么高),迈斯基把西方的经济援助列为苏联经济重建的第三个主要支柱,仅次于国内资源和战争赔款。[①]

葛罗米柯的报告

葛罗米柯的"关于苏美关系问题的报告"(1944 年 7 月 14 日)看上去更像一份个人汇报。他认为二战后美国很有可能"会乐于同苏联在经济和政治上开展合作",而且这种合作将会在很大程度上决定战后国际关系的性质。为了证明自己的观点,葛罗米柯对美国目前的对外政策进行了详细分析,内容如下。

(1)美国已经走出孤立主义,将保持积极参与世界范围的国际事务;由于罗斯福的政策得到民众的大力支持,而且从长远来看,即使 1948 年后美国防御战略可能出现变化,但

---

① АВПРФ. Ф. 6. Оп. 6. Д. 14. П. 145. Л. 27 – 29. // СССР и Германский Вопрос. 1941-1949. Документы из Архива Внешней Политики Российской Федерации. Т. 1: 22 июня 1941 г. – 8 мая 1945 г. Сост. Г. П. Кынин. Й. Лауфер. С. 333-360.

"因合作而带给美国的根本利益"依然存在，因此这种参与对苏联也许仍会有利。

（2）美国很愿意看到战后德国在经济上和军事上的弱化。除了在安全方面的考虑之外，还因为美国金融资本家不希望德国成为美国在欧洲的强劲对手。

（3）美国和苏联在经济上存在互补性：美国人需要寻找新的市场和原材料；而苏联则需要寻求技术援助、技术转让和科研合作。[①]

葛罗米柯递交这份报告之时，盟军已经在诺曼底登陆开辟了欧洲第二战场。在苏联与英美关系正处于蜜月期这一大背景之下，葛罗米柯的这份报告对美国战后基本利益进行了良性的解读。他认为苏联在战后依然有机会与美国保持合作关系，这对于双方都是有利的。

李维诺夫的报告

李维诺夫曾就战后安排问题先后向莫洛托夫递交过三份报告：《关于苏英之间合作的基础（1944年11月15日）》、《关于同美国的关系（1945年1月10日）》和《关于战后划分势力范围的问题（1945年1月11日）》。

这三份报告几乎是在同一时期内完成的，而且组成了一

[①] АВПРФ. Ф. 6. Оп. 6. Д. 603. П. 45. Л. 15 – 26. // Vladimir O. Pechatnov, *The Big Three after World War II: New Documents on Soviet Thinking about Post War Relations with the United States and Great Britain*, CWIHP Working Paper, No. 13, 1995, p. 6.

个相当完整的对三大国将来关系分析的主体。

有关对美国和英国的报告在设计上非常相似。每一份都全面、客观地从历史角度分析了该国同苏联的关系，随后还有从个人角度分析的汇总和对策。

就苏美关系而言，李维诺夫从双方地缘政治利益、美国对苏联区域一体化的长远打算入手，强调苏美关系传统以来积极的一面。他赞同并引用了美国总统富兰克林·罗斯福（Franklin Roosevelt）的主要外交政策顾问本杰明·韦尔斯（Bejamin Welles）的观点："在所有大国中，苏联与我们的利益冲突是最小的。"但是，在战后一系列问题的冲击下，这一积极历史关系的规范性还会存在吗？回答这一问题时，李维诺夫从苏联战时外交政策最关心的部分——1941年苏联西部边界问题——出发来思考。他并不认为苏联回到以前的边界对华盛顿方面而言是一个大问题，因为后者对这个区域兴趣不大。美国总统罗斯福是一位现实主义者，所以他会对此作出恰当的反应。刚开始他会"在意识形态问题上"提出异议，而"最终还是会向事实屈服，承认我们所希望的边界"，对巴尔干地区的问题也一样。[①]

李维诺夫认为，战后美国肯定会寻求新的市场，而同时苏联在重建方面的潜力很大，因此双方可能会出现新的共同

[①] АВПРФ. Ф. 6. Оп. 7. Д. 173. П. 17. Л. 47，转引自 Vladimir O. Pechatnov, *The Big Three after World War Ⅱ: New Documents on Soviet Thinking about Post War Relations with the United States and Great Britain*, CWIHP Working Paper, No. 13, 1995, p. 10.

利益区，这也许会构成"苏美关系中的新的经济基础"。而双方的另一个合作基础大概会是殖民地问题。在这些问题上，苏联"甚至可能支持美国（反对殖民）的期望"，而"这要看苏联与英国关系究竟如何了"①。

作为美国问题专家，李维诺夫指出苏美双方拉近关系的主要阻力有二：美国国内的社会舆论；美国宪法反对与他国结成长期政治同盟的传统。这里他又一次十分尖锐地指出："美国和英国在世界范围内的经济竞争必然会使双方关系紧张，美国人将会意识到和我们尽可能保持良好关系的必要性，因此我们也不必急于联合其中一方对付另一方。"

在结尾，李维诺夫个性鲜明地强调美国社会舆论至关重要。他清楚地看到它在美国外交政策制定过程中具有的独特性，并指出："毋庸置疑，我们对美国国内民意的影响必定会对两国政府的紧张关系及其性质产生积极或消极的作用。如果没有公众的同情，任何合作与和解的行为都无法产生理想的结果。"②

李维诺夫的第二份报告非常生动地对苏英关系的历史进行了全面概括。总体上看，与苏美关系比起来，他认为这种

---

① АВПРФ. Ф. 6. Оп. 7. Д. 173. П. 17. Л. 50，转引自 Vladimir O. Pechatnov, *The Big Three after World War Ⅱ: New Documents on Soviet Thinking about Post War Relations with the United States and Great Britain*, CWIHP Working Paper, No. 13, 1995, p. 11。

② АВПРФ. Ф. 6. Оп. 7. Д. 173. П. 17. Л. 52，转引自 Vladimir O. Pechatnov, *The Big Three after World War Ⅱ: New Documents on Soviet Thinking about Post War Relations with the United States and Great Britain*, CWIHP Working Paper, No. 13, 1995, p. 12。

关系对苏联而言是更亲密、更重要的（尽管历史上消极面更多一些）。因为原先的一些冲突（宣传、俄国债务）已不复存在，而其他矛盾也已不再那么突出了：英苏可以借用双方对伊朗条约的模式合作性地化解两国在伊朗和阿富汗的竞争；而在土耳其海峡问题上，英国也不会拒绝适度修改《蒙特勒公约》（The Montreux Convention）。在李维诺夫看来，英苏之间的主要矛盾不过是"在战后时代继承了过去欧洲大国均势的模式。随着苏联实力增长、德国被打败、法国和意大利被削弱，苏联将成为欧洲唯一的陆上强国，这可能会激化这个矛盾"。但李维诺夫认为问题本身就包含了解决办法："这个问题会有力地驱使英国同我们达成协议。而只有在根据欧洲的地缘原则、和平划分安全范围这个基础之上，该协议才是可行的。"李维诺夫在报告中写道："以此为标准，我们最大的安全范围应包括芬兰、瑞典、波兰、匈牙利、捷克斯洛伐克、罗马尼亚和巴尔干地区的斯拉夫国家以及土耳其。英国的范围无疑应包括荷兰、比利时、法国、西班牙、葡萄牙和希腊……而挪威、丹麦、德国、奥地利和意大利应成为'中立地带'。"[①] 奇怪的是，在李维诺夫两个月后完成的下一份报告（《关于区域和势力范围问题》）中，他对这些国家的划分稍微做了修改：这次挪威归到了苏联的势力范围内，而英

[①] АВПРФ. Ф. 6. Оп. 6. Д. 149. П. 14. Л. 54, 转引自 Vladimir O. Pechatnov, *The Big Three after World War Ⅱ: New Documents on Soviet Thinking about Post War Relations with the United States and Great Britain*, CWIHP Working Paper, No. 13, 1995, p. 12.

国的势力范围延伸到了瑞典、丹麦和意大利。李维诺夫接着还建议："这六个国家（即挪威、土耳其、南斯拉夫、丹麦、意大利和瑞典）还有待于双方讨价还价和相互妥协。"①

在李维诺夫看来，在经济合作、共同抵御美国在远东的扩张，以及就近期而言满意地解决《租借法案》方面，两国都有着共同利益，有关英苏间协定的基本动机会因此而增加。他建议斯大林和莫洛托夫赶紧在战争结束前同英国达成"君子协定"，这是因为后者"早已开始匆忙地在为自己拼凑一个安全体系，而且似乎没和我们有什么合作。一旦这个所谓的西方区域成为既成事实，到那时英国在和我们谈判时的处境就会有利得多……"②

李维诺夫对战后世界设想的大概框架是由英国和苏联对欧洲实行战略共管，与美国保持稳定的关系。世界大国在全球范围内划分各自的安全地带。

对我们今天来说，三位苏联外交家的这些报告的重要性在于它使我们更广泛地窥探到苏联精英内部对外交政策以及他们对苏联战后在安全需求、国家利益和存在的弱点等方面的看法，从这个意义上说它们是很珍贵的资料。布尔什维克

---

① АВПРФ. Ф. 6. Оп. 7. Д. 173. П. 17. Л. 60，转引自 Vladimir O. Pechatnov, *The Big Three after World War* II: *New Documents on Soviet Thinking about Post War Relations with the United States and Great Britain*, CWIHP Working Paper, No. 13, 1995, p. 12。

② АВПРФ. Ф. 6. Оп. 7. Д. 173. П. 17. Л. 60，转引自 Vladimir O. Pechatnov, *The Big Three after World War* II: *New Documents on Soviet Thinking about Post War Relations with the United States and Great Britain*, CWIHP Working Paper, No. 13, 1995, p. 12。

的传统观点认为资本主义世界因帝国主义间的争斗而四分五裂,将被社会主义所取代等,虽然这些文章与布尔什维克的"旧思想"还保留着大量的连续性,但它们对资本主义西方做出的一些假设,并认为资本主义还有继续发展的空间等,这都已经与布尔什维克的传统思想有了很大的不同。

尽管这些报告由三位不同的外交家拟就,但是它们之间存在着很多共同点。

第一个共同点是苏联最基本的安全利益和对战后世界安排的关注。在当时的环境下,这对任何一个国家而言都是很自然的。由于俄-苏传统以来的不安全感都会受到大战的损伤而加剧,苏联显得格外关注安全问题。即使如此,三位作者都没有把安全作为是对全球霸权或"世界革命"的绝对论的解释(除迈斯基偶尔有这方面的倾向),他们仍有限地从现实政治角度提出了战略目标。1941年的边界、德国和日本战败、苏联周边的"友好政府"(尤其是在西部边界)——毫无疑问,眼下这些战略目标是苏联一切有关战后未来走向的出发点,对此无论是斯大林还是他的将领都没有丝毫隐瞒。

这些报告的第二个共同点更让人吃惊:他们一致认为要建立一个和平、稳定的战后世界秩序,苏、美、英三大国间的合作是新秩序唯一有效的基础,并且认为这种新秩序有助于保护苏联的利益。这当然是苏联在战争期间的官方立场,持这种观点的人主要是苏联"西化派",这些人出于职业原因,倾向与西方合作。"西化派"相信苏联最重要的安全利益不仅是同美国和英国和解，更重要的是要实现这些利益还需要苏、美、英三国之间的合作。相对传统的布尔什维克所持的西方威胁论观念而言，这种看法暗示着走向另一个极端：他们对西方的敌意即使没有完全消失，也已经变得相当温和，他们更多地视西方为解决问题的方案而非问题本身，至少有一段时期是这么认为的。反过来，这种反思只能被看成是在战争期间与英美合作逐渐产生的一个结果，他们渐渐把英美看成是法西斯主义和日本军国主义坚定的反对者，而且这两个国家承认苏联的安全利益，并且在经济上可以持续为苏联战后重建提供急需的援助。

综上所述，那么苏联和英美在战后继续保持合作关系的性质就成了关键问题。在这点上李维诺夫、迈斯基和葛罗米柯之间没有重大分歧：他们都在很大程度上把战后合作看成是基于在世界范围内划分势力范围的大国协调。他们认为这种"三警察"模式的合作能够保证苏联三个主要战略要求：继续打击德国和日本；继续使苏联参与世界事务的讨论；将苏联战后的边界和势力范围合法化。

苏联这些外交家（尤其是李维诺夫）也知道硬性划分势力范围将带来的危险，这可能会导致这些区域相互敌对，因此他们强调大国间继续保持合作和划分它们各自的势力范围是一个很重要的预防措施。

但任何一个战略三角要想达到稳定似乎还需要另一个关键的前提条件：三个中心大国要彼此分开并且是相对平等、

互相制衡，从而可以排除其中两个大国联合来对付第三个大国的风险或至少可以把这种风险降到最低。因此李维诺夫、迈斯基和葛罗米柯（尤其是李维诺夫和迈斯基）认为最后一个也是最重要的一个共同点：坚信英美间存在着显而易见的矛盾。他们在文中非常清晰地阐明了这个观点。

这些报告向我们展现苏联世界观的全景和面临的危险系数，苏联人把德日侵略的复活看成是主要的潜在危险，而认为英国（主要由于其实力不足）或美国（距离更遥远）都不可能在近期对苏联构成严重的威胁。考虑到"英美矛盾"，联合反苏的想法被认为是不现实的，这给苏联的战略决策提供了额外的回旋余地。虽然基于意识形态划分苏联和英美两大阵营的状况依然存在，但是双方在阻止新的战争和侵略上又有了新的共同利益，而这掩盖了原来的对抗，使之退而求其次——至少暂时是这样的。这种观点强调通过保持同盟性质上的合作，减少德日军国主义重新抬头带来的危险性。

通过对三位苏联外交家报告的分析，不难看出在战后初期，苏联希望维持与西方盟国在战时结成的伙伴关系。通过与西方国家的合作巩固和发展苏联在雅尔塔和波茨坦体系中所获得的政治权益。大国合作是战后初期苏联对外政策的主要基调，原因有以下三点。

第一，第二次世界大战的结果使苏联在政治和军事上成为一个世界大国，然而，由于战争的巨大破坏性和造成的损失，苏联的经济恢复和发展面临的困难重重。这自然就需要苏联与美国等西方国家保持一定的合作关系，以求得国内经济建设有一个和平的外部环境。就苏联的经济实力而言，当时也无法与以美国为首的西方国家抗衡。

第二，雅尔塔体系是斯大林与罗斯福和丘吉尔共同缔造的，它使苏联的国际地位和国家安全利益得到保障，总的来说，斯大林对于雅尔塔体系是满意的。无论就其形式还是内容来说，这一体系的构筑都符合苏联传统的以空间换取时间的国家安全战略。从芬兰经波罗的海三国到东欧，从近东经蒙古、中国东北和朝鲜半岛北部到南千岛群岛（北方四岛），苏联通过战争和雅尔塔体系获得的政治权益，实现了长期以来追求建立广阔的环苏联安全缓冲带这一战略目标，而这一目标的实现是与西方盟国建立合作和协调关系的结果。因此，斯大林首先需要与西方资本主义世界实现和平共处，唯有如此，才能以最小的代价保证苏联的既得利益。

第三，只有同英美继续保持合作，才能源源不断地从西方国家那里获得援助用以苏联的战后重建。西方国家，特别是美国的经济援助对于苏联的经济建设来说至关重要，前文笔者提到，迈斯基曾把来自美国的经济援助作为苏联战后经济重建的三大支柱之一。

总之，只有采取合作的方针才能维持雅尔塔体系的存续，维持雅尔塔体系就能保证苏联的既得利益。在这方面，斯大林原则上是遵守与西方划定的势力范围界限，最典型的例子就是苏联对希腊革命和中国革命的消极态度。

在西方的史学研究中,谈到杜鲁门主义的产生时,往往把希腊问题与土耳其和伊朗事件相提并论。其实,从斯大林对外政策的出发点来看,这两者在实质上有很大区别。如果说苏联在土耳其和伊朗问题上表现出一种积极姿态,那么对于希腊问题则明显采取了保守和消极的方针。根据1944年10月斯大林与丘吉尔达成划分两国在巴尔干的势力范围的《百分比协定》时,作为讨价还价的筹码,斯大林把希腊划给了英国。[1] 对于斯大林来说,正是希腊之"失",才有东欧之"得"。这个交易充分说明,在斯大林对外政策的轻重缓急的序列中,苏联的国家安全利益是摆在第一位的,至于革命,如果无助于保证苏联的根本利益,则是不会纳入苏联对外政策考虑之中。结果,当1945年2月12日签订要求希腊解放军予以遣散的《瓦尔基扎协定》(The Treaty of Varkiza)时,斯大林在雅尔塔三大国首脑的聚会上表示,"对英国在希腊的政策是完全信任的,无意进行干预"[2]。

在中国问题上,斯大林战后的远东战略主要有两点:把外蒙古从中国的版图中独立出来,形成广阔的安全地带;恢

---

[1] 〔英〕温斯顿·丘吉尔:《第二次世界大战回忆录》第6卷,第2分册,福建师范大学外语系翻译组译,商务印书馆,1975,第337~338页。关于英苏《百分比协定》一事,尽管丘吉尔回忆录中已经承认,但是苏联方面却一直矢口否认。而近年来苏联解密档案的新证据却证明了的确存在这样一个协议。参见 АПРФ. Ф. 45. Оп. 1. Д. 283. Л. 3-16. // *Наринский М. М. И. В. Сталин и М. Торез, 1944-1947гг. Новые Материалы, Новая и Новейшая История. 1996. No1. Л. 18-30.*

[2] 《战后世界历史长编》编委会编《战后世界历史长编》第一编第二册,上海人民出版社,1976,第265页。

复沙皇俄国时期在满洲的势力范围,以确保苏联在太平洋的出海口和不冻港。苏联的这一要求通过《雅尔塔协定》和与中华民国政府签订的《中苏友好同盟条约》中得到保证,而斯大林对美国的回报是支持蒋介石的国民党政府和劝阻中国共产党的革命活动。①

纵观斯大林在战后初年的所有外交举措,对于苏联奉行的是与西方大国合作的对外政策方针应该是没有疑问的。然而,这种合作中已经隐含着分裂的因素。除了在国家利益上存在着根本的对立和冲突以外,还有以下的原因。

首先,由于不同的意识形态、价值观念和社会制度,苏联与西方大国本来就是敌对的。战争期间结成的同盟关系是建立在共同反对法西斯侵略特定的历史条件下,战争结束、共同的敌人消失后,这种同盟关系也就完成了历史使命,失去了其存在的基础。

其次,虽然罗斯福与斯大林同样主张战后实行大国合作主宰世界的政策,但罗斯福的本意是通过几个大国掌管联合国这样的国际性组织,在协调大国之间关系的基础上安排国际事务,以求世界的和平与稳定。至于美国的利益,罗斯福相信凭借美国的经济实力和门户开放政策就可以得到保证。但其他西方大国首脑(譬如丘吉尔)却没有罗斯福那样的政治实力和新的思维,罗斯福可以对斯大林进行容忍和忽略,

---

① 关于这个观点的详细论述,请参见沈志华《苏联出兵中国东北:目标和结果》,《历史研究》1994年第5期。

他的继任者和其他西方领导人却未必会继续容忍和忽略，所以在某种程度上，罗斯福的去世已经预示了大国合作的黯淡前景。

最后，与罗斯福合作政策的内涵不同，斯大林主张的大国合作，本质上是因循历史上由主要战胜国瓜分世界势力范围的传统做法，试图以雅尔塔体系取代凡尔赛体系而重建以美苏两国为主宰的世界新秩序。几十年来，苏联一直处于资本主义世界的包围之中，在国际事务上受到压抑和歧视的"孤岛"心态以及大俄罗斯主义的复仇心理，使战后的斯大林产生了一种优越感：作为主要战胜国之一，苏联从此可以参与主宰世界命运的决策了。因此，尽管奉行大国合作的政策，但在《雅尔塔协定》和《波茨坦协定》尚未顾及的地方，苏联还是不时地表现出一种跃跃欲试的扩张行迹。这集中体现在了伊朗和土耳其问题上。

伊朗和土耳其均属于中东地区，历史上，这一地区一直是沙皇俄国与西方列强进行角逐的场所。19世纪以来，控制土耳其两海峡以及南下波斯湾取得一个重要的不冻港，一直是沙俄对外政策的既定方针。1917年十月革命后，由于新生的苏维埃政权处于资本主义国家的重重包围而自顾不暇，无力再争夺这些战略要地，于是苏俄的势力几乎完全退出了中东地区。

二战结束后，作为战胜国之一的苏联重新开始关注中东地区。在斯大林的对外政策目标中，伊朗和土耳其均占有相当重要的地位，而这些均是雅尔塔体系尚未确定或有待调整其势力范围的地区。在伊朗问题上，苏联采取的是一种咄咄逼人的与西方对抗的一种姿态。斯大林拒绝从伊朗撤军，支持伊朗国内反对党，甚至陈兵边界对伊朗政府加以武力威胁。在土耳其问题上，斯大林试图以实力为基础，通过恫吓和讹诈手段，要求对1925年缔结的《苏土友好中立条约》进行重大修改。但是在英美两国的强大压力之下，苏联方面不得不选择退却和妥协。①

土耳其海峡危机和伊朗危机对于战后苏联与西方国家的关系以及国际局势的变化产生重大影响。通过对这两次危机的考察，可以得出如下结论。

第一，斯大林的行为就其本身来讲，虽然有扩大苏联在近东势力范围的动机，但他并不是要从根本上改变与西方合作的基本政策，所以面对英美的强硬态度，苏联采取了妥协和退却的方针。苏联从伊朗的撤军，同它从中国东北和朝鲜的撤军一样，表明斯大林的扩张企图是有限的，他仍然希望避免与西方，特别是美国产生直接的对立和冲突。

第二，英国在伊朗和土耳其危机时均得到美国的强有力支持。迈斯基、李维诺夫和葛罗米柯在各自的报告中所反复提到英美之间不可调和的矛盾在这两个地区均未得到体现。

---

① 有关伊朗危机的详细论述，参见 Егорова И. И. Иранский Кризис 1945-1946 гг.: по Рассекреченным Архивым Документам. // Новая и Новейшая История. 1994. №3. С. 24-42；有关土耳其危机的详细论述，参见 Улунян А. А. Греция и Турция: Взгляд из Аппарата ЦК КПСС. 1946-1958гг. // Сталин и Холодная Война. Москва: ИВН РАН. 1998. С. 36-45。

不仅如此，英美两国在远东、东欧以及德国问题上均保持了一致的立场。这显然是斯大林始料未及的。

第三，苏联的外交冒险加强了英美之间的协调与认同。这在客观上促成了西方国家的联合。苏联与西方本来就不牢固的合作关系出现了裂痕，双方开始猜疑、敌视和对立。如果说丘吉尔的"铁幕演说"更多地带有意识形态的色彩而没有在美国和其他西方国家引起强烈共鸣的话，那么凯南的"遏制理论"和杜鲁门主义的提出则表明苏联在近东的行为已经使西方大国感到自身利益受到侵犯，并由此引起了它们在对外政策，特别是对苏政策的调整。因此，可以认为土耳其和伊朗事件成为苏联与西方大国之间形成集团对抗局面的因素之一。

综上所述，我们不难看出，尽管斯大林主观上希望与西方继续保持合作关系，但是到了1947年，苏联和英美两国的关系已经开始由热变冷，英美两国在战后已经结成了特殊关系，这种特殊关系实际上是针对苏联的。显然，意识形态和战略期望等原因，苏联的决策层高估了英美间发生对抗的可能性，同时也高估了西方对苏联地缘上新一轮扩张所能承受的忍耐力，于是才有了斯大林在土耳其和伊朗问题上的政治冒险。

尽管英美两国在战后许多问题上都保持了一致的立场。但是，只有在巴勒斯坦地区，英国政府始终得不到美国盟友的任何支持，英美两国在巴勒斯坦问题的前景以及欧洲犹太难民的处置问题上存在着几乎不可调和的矛盾，这些矛盾也给了苏联重新离间英美关系和插手巴勒斯坦事务的机会。

第二节　英美在犹太人问题上的矛盾

在第二次世界大战之前，欧洲共有约 1000 万犹太人，由于纳粹的大屠杀，到 1946 年时，仅有约 400 万犹太人幸存下来。①

纳粹大屠杀在客观上促进了犹太复国主义运动的发展。它从精神上促进了犹太民族意识的觉醒，无论宗教观念和政治信仰是什么，约 600 万死难的同胞使得犹太人接受了这样一个认识，没有祖国的犹太人只能任人宰割，要避免这种灾难的重演，唯一的办法就是到巴勒斯坦去，去建立自己的民族国家。二战前，全世界犹太人中真正赞成犹太复国主义运动的只有少数人；而到了战后，大多数犹太人都在某种程度上成了犹太复国主义的信徒。

纳粹大屠杀产生的另外一个重要影响是激起了世界各国对犹太人和犹太复国主义运动的同情和支持。世界各国公众先是对大屠杀的事实感到震惊，进而对犹太民族的悲惨遭遇产生深切的同情。国际舆论普遍认为，幸存下来的犹太人应

---

① 〔以〕阿巴·埃班：《犹太史》，阎瑞松译，中国社会科学出版社，1986，第 416 页。

该有一个能使其安全得到保障的民族家园。公众的这种思想和感情很容易转变成对犹太复国主义运动和巴勒斯坦社团的同情和支持，进而影响本国政府战后对巴勒斯坦政策。

二战期间，犹太复国主义组织一直没有停止反对英国《1939年白皮书》。以本-古里安为首的新一代犹太复国主义领导人认为，英国已经从《贝尔福宣言》的立场上严重倒退，所以犹太复国主义运动不能再依靠英国来实现自己的政治目标。随着轴心国对巴勒斯坦地区威胁的逐渐消除，犹太复国主义者开始考虑和英国摊牌。1942年5月，犹太复国主义者在纽约比尔特莫尔饭店召开了一次会议，约有600人出席会议，与会者多数是美国犹太人，也有部分来自其他国家的犹太复国主义者。会上以魏茨曼为首的温和派提出要求废除《1939年白皮书》，主张对英国采取慎重的对策。但是以本-古里安为首的激进派则提出要求立刻结束英国对巴勒斯坦的委任统治，将巴勒斯坦建成一个犹太国家。双方经过激烈的辩论，最后激进派占了上风。会议通过了一个《比尔特莫尔纲领》（Biltmore Programme）。这一纲领比以前所提出的一切要求都更为激进，它号召实现《贝尔福宣言》的"原始目标"，重申犹太复国主义者对《1939年白皮书》的强烈反对，纲领要求承认巴勒斯坦犹太人在战争中所发挥的作用。《比尔特莫尔纲领》最重要的一部分内容是最后一段。

会议断言，如果犹太人无家可归的问题得不到圆满解决，二战胜利后新的世界秩序就不可能建立在和平、正义和平等的基础之上。会议强烈要求打开巴勒斯坦大门，赋予巴勒斯坦犹太代办处控制向巴勒斯坦地区移民和建立国家的必要特权，包括开发无人占用的和未耕种土地的特权；巴勒斯坦地区将作为一个犹太国而并入民主的新世界。①

《比尔特莫尔纲领》的通过，标志着犹太复国主义运动的领导权逐渐从主张温和渐进路线的魏茨曼手里转移到了代表激进派的本-古里安手中。随后，犹太复国主义者在美国开展了一系列游说和宣传活动，以争取美国政府和民众的支持。1944年3月9日，美国总统罗斯福发表声明，表示美国不赞同英国的白皮书政策，希望巴勒斯坦向犹太人敞开大门。② 随后，美国民主党和共和党在自己的竞选纲领中也呼吁英国向欧洲犹太难民开放巴勒斯坦，让巴勒斯坦成为一个自由而民主的犹太共和国。③

欧洲战事刚一结束，1945年5月27日，巴勒斯坦犹太代办处执委会就向英国政府提出了如下要求：①立即宣布将巴勒斯坦建成一个犹太国家；②授予巴勒斯坦犹太代办处一切必要的权利，以便吸引尽可能多的犹太人前来巴勒斯坦定居，并最大限度地开发本地区的一切资源，尤其是土地和劳动力资源；③提供国际贷款和其他援助，以促进巴勒斯坦地区的经济发展等。同时巴勒斯坦犹太代办处也向"联合国家国际

---

① Bernard Reich (ed.), *Arab-Israel Conflict and Conciliation: A Documentary History*, California: Greenwood Press, 1995, p.53.
② 国际关系研究所编《巴勒斯坦问题参考资料》，第22页。
③ 国际关系研究所编《巴勒斯坦问题参考资料》，第23页。

组织会议"提出了建立一个自由和民主的犹太共和国的计划。① 同年7月，一直较为亲犹的英国工党在大选中获胜，犹太复国主义者对工党上台寄予了很高的期望，指望英国的巴勒斯坦政策会因此有所改变，而且工党领袖艾德礼在竞选时也确实表示过，只有使犹太人在巴勒斯坦占人口的多数，犹太民族家园才有存在的意义。② 但是不久以后犹太人就失望了，实际情况表明，新的工党政府并不打算改变《1939年白皮书》的政策。③

英国国力在大战中被严重削弱，为了保持自己在中东的传统地位，对付苏联的扩张和美国的排挤，比战前更需要保持和加强同阿拉伯世界的关系。在英国的同意之下，阿拉伯国家于1945年3月成立了阿拉伯国家联盟。阿盟从一开始就把巴勒斯坦问题作为一个重要的问题来看待，认为在巴勒斯坦地区只能成立一个阿拉伯国家。因此，为了继续同阿拉伯国家保持友好关系，英国在巴勒斯坦问题上就只有一种选择，那就是继续坚持《1939年白皮书》的立场。即使是在感情上比较亲犹的工党政府也不可能改变这一事实。

由于英国政府不打算改变《1939年白皮书》的立场，巴勒斯坦犹太代办处领导人决定采取行动：一方面加大非法移

---

① Walter Laqueur, *The History of Zionism*, New York: Schocken Books, 1972, pp. 586-587.
② Alan Bullock, *Ernest Bevin: Foreign Secretary 1945-1951*, Oxford: Oxford University Press, 1985, pp. 165-166.
③ Alan Bullock, *Ernest Bevin: Foreign Secretary 1945-1951*, p. 171.

民的规模和速度，从事实上冲破《1939年白皮书》，使其成为一纸空文；另一方面，准备采取极端措施来摧毁英国的委任统治。

从1945年9月开始，犹太地下恐怖组织①在巴勒斯坦对英国发动了一系列"警告性打击"："哈加纳"（Haganah）的突击队"帕尔玛赫"（Palmach）击沉了三艘英国用于拦截犹太非法移民的小型军舰，"斯特恩帮"攻击了海法的炼油厂，杀死了一名工人。影响最大的是10月31日犹太人对巴勒斯坦铁路系统的袭击，这次进攻旨在"扰乱巴勒斯坦全境的铁路交通"，袭击造成了严重后果，巴勒斯坦铁路有50处被切断，另外还有10余名英国军警和铁路员工伤亡。②巴勒斯坦委任统治当局与犹太人的关系恶化到"犹如侵略军与充满敌意的占领区人民一样"③。英国不得不向巴勒斯坦地区增派军队，但这并没有起到什么作用，1945年，共有184名英国军人死在巴勒斯坦，还有371人受伤。④

1946年初，犹太地下武装反对英国委任统治的恐怖活动

---

① 犹太地下恐怖组织存在着众多的派别。"伊尔贡"（Irgun）成立于1936年，其宗旨是建立一个包括巴勒斯坦和外约旦的犹太国家，主张同时打击英国人和阿拉伯人。它对巴勒斯坦犹太代办处领导的哈加纳所采取相对克制的政策十分不满；"莱希"（Lehi）又称"斯特恩帮"，它在二战中从"伊尔贡"中分裂出来，是犹太地下恐怖组织中立场最为激进的一个派别。
② *Foreign Relations of the United States*（FRUS），1945, Vol. 8, p. 805.
③ Alan Bullock, *Ernest Bevin: Foreign Secretary 1945-1951*, p. 47.
④ Amikam Nachmani, *Great Power Discord in Palestine: The Anglo-American Committee of Inquiry into the Problems of European Jewry and Palestine 1945-46*, London: Routledge, 1987, p. 21.

进一步升级，流血冲突频繁发生。至此，犹太复国主义者实际上已经走上了同英国彻底决裂的道路。

从第一次世界大战结束时开始，美国政府一直认为巴勒斯坦问题属于大英帝国的内部问题。除了国会偶尔出于争取犹太人选票的需要而不得已做出的一些姿态之外，基本上不干涉巴勒斯坦事务。但是在二战结束之后，美国政府开始积极参与巴勒斯坦事务，而欧洲犹太难民问题成为美国介入该地区事务的最好借口。

欧洲犹太人首选的移居地是英美等西方国家，但是战后英美等国并不愿意接收大量犹太移民①，这样一来，在多数人看来巴勒斯坦已经成为欧洲无家可归的犹太难民的唯一去处。美国总统杜鲁门支持这些纳粹大屠杀的幸存者移居到巴勒斯坦去，而英国政府却担心这样做会引起阿拉伯国家的不满，因此坚决反对。

首先，杜鲁门总统之所以在巴勒斯坦问题上选择支持犹太人是迫于美国公众的压力。

犹太复国主义者在美国组成了规模庞大的游说集团，通过举办大量的犹太人和非犹太人的集会，呼吁美国政府支持犹太复国主义运动。这种集体行动在促进美国公众舆论同情犹太复国主义者，推动杜鲁门总统支持巴勒斯坦分治方案和承认以色列等方面发挥巨大的作用。

---

① 美国在整个战争期间总共只接收了7万名犹太移民，同一时期英国共接收了1万名犹太人。参见 Wasif F. Abboushi, *The Unmaking of Palestine*, Boulder, Colo.: Lynne Reinner, 1985, p. 151。

除此之外，一些国会议员、政府高官以及各界名流组建了美国巴勒斯坦委员会，成员有1.5万人以上，这其中包括17名州长、61名参议员、150名众议员，这一组织的成立本身就说明了犹太复国主义运动在美国的巨大影响。① 在犹太复国主义运动组织及其支持者的推动下，1945年7月2日，54名参议员和250名众议员共同签署了一封致杜鲁门总统的公开信，同一天，美国48名州长中的40人向杜鲁门总统写信，敦促总统在犹太难民问题上采取行动，支持向巴勒斯坦进行大规模移民和建立一个犹太民族国家。② 除此之外，美国的公众舆论也对犹太人的要求给予强有力的支持。③

其次，杜鲁门总统之所以支持犹太人的一个很重要的因素就是考虑到美国犹太人的选票。

在美国，犹太人拥有巨大的政治影响力。犹太人的选票在任何全国性选举中都是不容忽视的因素。在总统选举中，纽约州拥有47张选票，而当选总统所需要的票数是246张。在纽约州的1300万选民中有1/3是犹太人，因此不难理解为什么纽约州犹太人的政治选择往往能决定总统选举的结果。除了纽约州之外，宾夕法尼亚州和伊利诺伊州也拥有大量犹太选民，这两个州在总统选举中所占的选举人票数分别是36

---

① Aaron Klieman, Adrian L. Klieman (ed.), *Mobilizing for the War Effort, 1940*, New York: Routledge, 1991, p. 352.
② Aaron S. Klieman (ed.), *Palestine in Postwar United States and World Affairs*, New York: Routledge, 1991, pp. 251-252, 255.
③ Eytan Gilboa, *American Public Opinion toward Israel and the Arab-Israeli Conflict*, Lexington Mass.: Lexington Books, 1987, p. 16.

张和27张。因此犹太复国主义者有充分的理由认为,如果杜鲁门总统违背他们的意愿,那将会使民主党在各种选举中丧失大量所必需的选票。① 此外,犹太人也是民主党政治捐款的一个重要来源。②

而相对于犹太人来说,阿拉伯人在美国并没有倡导自己主张和代表自己利益的组织。因此,这些有利于犹太人的因素在杜鲁门总统对巴勒斯坦问题决策上发挥了重要作用。

英美两国就巴勒斯坦问题和欧洲犹太难民问题进行了多次磋商均未能达成一致。随后在万般无奈之下,英国外交大臣欧内斯特·贝文(Ernest Bevin)在1947年2月18日宣布把巴勒斯坦问题交给联合国处理。③

这让犹太复国主义者感到了一丝不安。因为把巴勒斯坦问题交给联合国完全是前景难料的事情。1947年3月,犹太代办处官员爱泼斯坦在一封信中认为:

> 我担心现在联合国的构成使分治获得2/3多数票的可能性很小,首先联合国55个成员国中有8个实际上组成了一个伊斯兰集团——5个阿拉伯国家、土耳其、伊朗和阿富汗,英国及其自治领再加上荷兰、希腊、比利时也

---

① Paul Preston and Michael Partridge (eds.), *British Documents on Foreign Affairs (BDFA): Reports and Papers from the Foreign Office Confidential*, Part IV, Series B, Vol. 2, p. 524.
② Margaret Truman, *Harry S. Truman*, New York: Morrow, 1974, p. 421.
③ 参见全克林《英国与阿-犹冲突(1945-1949)》,世界知识出版社,2009,第42~100页。

必须被算作是可能投反对票的国家,如果再把拉丁美洲国家、苏联及其卫星国以及印度、埃塞俄比亚、利比里亚等亚非国家算在内,则分治方案几乎没有希望获得通过。①

阿拉伯人对英国人把巴勒斯坦问题交给联合国却毫不担心,他们相信苏联集团将最终支持他们。②

第三节　莫斯科来电与苏联巴勒斯坦政策的转变

在1945年2月举行的关于战后世界安排的雅尔塔会议上,巴勒斯坦问题并没有被列入会议议程。然而,苏联官方已经开始研究战后苏联的巴勒斯坦政策。1945年7月,和约与战后安排委员会主席李维诺夫向苏联政府递交了关于巴勒斯坦问题的一个报告。李维诺夫在报告中详细讲述了巴勒斯坦的地缘政治情况,并分析了当地阿拉伯人与犹太人冲突的原因。李维诺夫在报告中认为,回到"祖先的国度"是犹太人自古以来的愿望。犹太人所期待的弥赛亚降临的概念总是和他们返回巴勒斯坦联系在一起,这种重返巴勒斯坦的运动同时也

---

① William R. Louis, *The British Empire in the Middle East, 1945–1951: Arab Nationalism, the United States, and Postwar Imperialism*, Oxford: Oxford University Press, 1984, p. 489.

② *British Documents on the End of Empire* (*BDEE*), Series A, Vol. 2, Part I, p. 67.

带有宗教神秘主义的色彩。很多传统犹太人都渴望在晚年返回巴勒斯坦，如果实现了这个理想，他们在阴间的生活就会过得很好。很多民族主义的犹太学者希望在巴勒斯坦建立一个犹太人的精神中心。19世纪末，反犹主义在俄国、德国、奥匈帝国、罗马尼亚得到了发展。在俄国南部对犹太人的洗劫使得犹太人迁往巴勒斯坦的行动有了一定的现实性。犹太手艺人和一些小资产阶级分子为了避难也开始利用富有的犹太人的慈善事业寻找迁往巴勒斯坦的途径。尽管在1917年英国人颁布了《贝尔福宣言》。但是后来英国人解释说，建立犹太民族之家并不意味着支持犹太人在巴勒斯坦建国。犹太人对于这样的解释当然不能同意，坚持要英国政府许诺他们成立犹太国，在这个国家里，他们应该成为完全的主人。在巴勒斯坦地区，犹太人不应该成为少数民族，于是他们大规模向巴勒斯坦移民。1919年，巴勒斯坦有63.5万阿拉伯人和5.8万犹太人，到了1939年3月末，巴勒斯坦的犹太人已经激增到42.2万人。二战结束后，英国人依然根据《1939年白皮书》坚持执行限制犹太人移民巴勒斯坦的政策。这就意味着犹太人在巴勒斯坦将永远处于少数民族的地位，这对于犹太人实现建国的梦想是大为不利的。因此，战后巴勒斯坦的犹太人和英国殖民当局冲突不断。李维诺夫在报告的结论部分指出："由于苏联方面既不受阿拉伯人影响，也不受犹太人影响，因此，在有效的解决方案出台之前，苏联政府应提出对巴勒斯坦进行托管，来代替英国的委任统治政策。如果这个要求被英美拒绝，苏联政府可以要求苏、美、英三国对巴勒斯坦进行集体托管。"①但是这个提议被英国和美国拒绝了，英美两国是绝不可能把巴勒斯坦这么重要的战略地区交给苏联或让苏联参与托管的。在 1945 年 9 月 11 日至 10 月 2 日举行的莫斯科外长会议上，莫洛托夫向英国外交大臣贝文提出建议："希望英国从巴勒斯坦撤军，作为交换条件，苏联从伊朗北部撤军。这个提议同样也遭到了贝文的拒绝。"②

苏联方面对巴勒斯坦地区提出的托管要求实际上是在试探英美两国的底线和对苏联扩张势力范围的承受能力，而伦敦方面是无论如何也不希望苏联介入巴勒斯坦问题的，因为这将给苏联重新进入中东地区打开了方便之门。但是鉴于英美特殊关系的存在，英国无法拒绝美国参与巴勒斯坦问题的解决，而正如前文所述，英美在这个问题上存在着严重分歧。

当英美联合调查委员会刚成立的时候，苏联驻黎巴嫩公使 Д. С. 索罗德（Д. С. Солод）就给苏联外交人民委员部近东局局长 И. В. 萨梅洛夫斯基（И. В. Самыловский）写了一封信。就巴勒斯坦局势和英美成立联合调查委员会的事情提出了自己的看法。索罗德在信中指出："巴勒斯坦问题是英美矛盾在地中海沿岸的集中点。美国要开采沙特阿拉伯的石油，因此地中海东南沿岸的稳定和通往阿拉伯的输油管非常重要。

---

① АВП РФ. Ф. 07. Оп. 12а. П. 42. Д. 5. Л. 1, 30 – 38. // Советско-Израильские Отношения. Сб. док. 1941–1953гг. Т. I. С. 121–122.

② COPY：CZA S25/486, *Documents on Israeli-Soviet Relations 1941 – 1953* (*DISR*), Part I, p. 118.

在美国人看来，埃及和巴勒斯坦距离沙特阿拉伯和地中海沿岸的世界干线是最近的，是建造这个输油管道终端最理想的地点，但是美国不希望这个输油管道终端设在英国的势力范围内。埃及和英国签有保护条约，因此美国无论是直接或间接向埃及渗透都不可避免会和英国发生冲突；尽管巴勒斯坦地区目前仍处在英国的控制之下，但由于当地的犹太人问题没有处理好，这给了美国绝好的机会，在巴勒斯坦无论是建立犹太民族之家还是建立犹太国都有利于美国从经济上和政治上取代大英帝国在该地区的特权。英美联合调查委员会的成立意味着为了达到上述目的美国人开始独立提出解决巴勒斯坦犹太人问题的方案。"①

在信的最后，索罗德建议苏联应该积极参与巴勒斯坦问题的解决："因为欧洲的犹太难民不只是存在于英美占区，在苏占区也有大量犹太难民。巴勒斯坦不仅是大英帝国的海上交通线，也是苏联与其他港口相连接的海上通道。"②

在英美联合调查委员会提交报告之后，苏联在犹太难民问题上不再保持沉默。苏联外交人民委员部近东司司长 В. Г. 捷卡诺佐夫（В. Г. Деканозов）给苏联外交人民委员部副部长 Я. А. 维辛斯基（Я. А. Вышинский）的一份报告中认为，苏联继续在巴勒斯坦问题上保持沉默是危险的，这种沉默会被美国、

---

① АВП РФ. Ф. 0118. Оп. 2. П. 2. Д. 6. Л. 6-10. // Советско-Израильские Отношения. Сб. док. 1941-1953гг. Т. I. С. 138-141.

② АВП РФ. Ф. 0118. Оп. 2. П. 2. Д. 6. Л. 6-10. // Советско-Израильские Отношения. Сб. док. 1941-1953гг. Т. I. С. 141.

英国、阿拉伯人和犹太人看作是对《英美调查委员会报告》的一种妥协。对这个问题他提出了4点意见。

（1）没有联合国参与而组建的英美联合调查委员会无权讨论和解决巴勒斯坦问题。

（2）欧洲的犹太问题不能靠移民巴勒斯坦来解决。只有在彻底根除法西斯主义、实现欧洲民主化的同时给犹太人一个正常的生活条件，这样才能从根本上解决犹太问题。

（3）英国必须结束在巴勒斯坦的委任统治，从巴勒斯坦撤军。

（4）在建立民主和独立的巴勒斯坦国的条件成熟之前，巴勒斯坦应该由联合国托管。最后，捷卡诺佐夫建议："我们不应该在联合国讨论的时候提出该问题，这个问题应该由阿拉伯国家提出，然后我们表示赞成。"[①]

如果苏联方面采纳了捷卡诺佐夫的4点建议，那么对于渴望在巴勒斯坦地区建立自己民族国家的犹太复国主义者来说就是极其不利的。如果只是建立一个单一的巴勒斯坦国的话，那么在当地人口处于劣势的犹太人将无法在未来的巴勒斯坦国中处于领导地位，也就无法实现建立自己民族国家的梦想。如果不允许欧洲犹太难民移民巴勒斯坦的话，那将会使犹太人在当地永远处于少数民族的地位。

1946年9月，苏联驻美大使 Н. В. 诺维科夫（Н. В.

[①] АВП РФ, ф. 0118, оп. 2, п. 2, д. 6, л. 6－10, Советско－израильские отношения, Том Ⅰ, С. 138-141.

Новиков）在华盛顿给莫洛托夫发了一封题为《战后美国对外政策》的长电报。① 这篇报告详细分析了战后美国对外政策的各个方面以及美国在全球的扩张行为，并着重提到了中东和巴勒斯坦问题。

1. 诺维科夫首先在电报中强调了英美在近东和地中海地区存在严重的矛盾，而这个矛盾的焦点就是巴勒斯坦

诺维科夫认为二战后，大英帝国面临着严重的政治和经济危机，其统治基础已经动摇，特别是在印度、埃及和巴勒斯坦这些地区。美国和英国尽管在远东地区的政策保持一致，但是在近东地区，两国存在着很深的矛盾。

如果说美英在远东地区立场保持一致的话，那么双方在近东和地中海地区远远未能达成协议。双方之所以存在分歧，这是因为如果英国在地中海地区对美国做出让步的话，那对整个大英帝国而言，将会产生严重的后果。

在向近东的扩张中，美国最大的和最难以对付的竞争对手便是英国。它们之间的激烈竞争是妨碍英国和美国就划分近东势力范围达成谅解的主要因素，而这种可能的划分是要直接以损害大英帝国在该地区的利益为代价的。

地中海和近东地区是一个容易受到攻击的地区，这一地区不仅战略地位十分重要，而且有丰富的自然资源，特别是

---

① АВП РФ. Ф. 06. Оп. 8. П. 45. Д. 759. Л. 21-39. 这份解密文件最早发表在俄文杂志《国际生活》（Международная жизнь, 1990, No. 11, C. 148-154.）上面。不久后，美国杂志《外交史》（*Diplomatic History*, Vol. 15, No. 4, 1991, pp. 527-537.）刊出了英文本。

石油资源极大地吸引了美国人。因此美国对于支持英国在近东地区的统治完全不感兴趣，美国更愿意由自己来直接控制地中海和近东地区这一战略要地。

巴勒斯坦是表明美英近东政策存在着尖锐矛盾的一个缩影。美国一直在那里表现出很大的主动性，频频向英国发难。如美国要求允许来自欧洲的10万名犹太人进入巴勒斯坦，美国赞同犹太复国主义者的事业而公开表示出对巴勒斯坦的兴趣，实际上只是表明美国资本试图干预巴勒斯坦事务并进行经济渗透而已。

美国资本加紧了对近东国家的经济，特别是对其石油工业的渗透。在所有拥有石油资源的近东国家（伊拉克、巴林、科威特、埃及和沙特阿拉伯），美国都获得了石油开采特许权，美国资本只是在1927年才首次打入近东国家的石油工业，但现在却控制了近东已探明石油储藏量的42%，这还不包括伊朗。在全部已探明的268亿桶石油中，110亿桶以上的开采特许权是属于美国的。美国的石油公司竭力想要在各个国家（常是一些大国，如沙特阿拉伯）进一步攫取石油开采特许权。因而，它们计划修建一条贯通阿拉伯地区的石油管道，以便把美国在沙特阿拉伯和地中海东南岸国家开采的石油输往巴勒斯坦和埃及的港口。

美国海军舰队在东地中海非常频繁的活动也反映了英美在近东地区关系的不稳定性。这种活动不可避免地会同英帝国的基本利益相冲突。美国舰队的这些活动同美国在近东的石油和其他经济利益无疑是密切相关的。

无论如何都应当记住，诸如美国战舰"密苏里"号访问黑海海峡和美国舰队访问希腊，以及美国外交活动显示其在博斯普鲁斯海峡和达达尼尔海峡问题上表现出来的兴趣，都是有其双重含义的。一方面，它表明，美国已决定加强在地中海地区的影响以维护其在近东国家中的利益，并且已选择海军作为推行这一政策的工具；另一方面，这些事件也是在对苏联进行政治和军事示威。美国在近东地位的加强将意味着对苏联南部地区构成新的威胁。①

2. 诺维科夫在电报中详细说明了英美之间的复杂关系

他认为英美之间是一种合作和竞争的关系。一方面，美国把英国视为最大的潜在对手；另一方面，英国又最可能成为美国的盟友。把全球的一些地区划分为美国和英国的势力范围，将能创造一种机会，即使不能预防它们之间的竞争至少也能够减少这种竞争。同时，这种划分有助于它们的经济和政治合作。

英国需要美国的贷款来重建其因战争而崩溃的经济。为了得到贷款，英国被迫做出了重大的让步。英国可通过美国的贷款来恢复经济，而这笔贷款同时也为美国资本向大英帝国的渗透打开了大门。所谓英镑集团在当时一段时间内一直处于相对较小的范围里，现在这一范围已经扩展，它为美国

---

① АВП РФ. Ф. 06. Оп. 8. П. 45. Д. 759. Л. 21-39. // Международная Жизнь. 1990. №11. С. 151.

同英国自治领、印度和其他英镑集团国家（埃及、伊拉克和巴勒斯坦）的贸易，提供了机会。

美国显然是赞同与英国结成军事同盟的，但是事情尚未发展到这一步。因此，诺维科夫认为英国前首相丘吉尔在"富尔顿"号召缔结英美军事同盟以建立对世界的共同统治的演讲，并没有正式得到杜鲁门或贝尔纳斯的正式支持。

即便美国现在尚未走到同英国建立军事同盟的地步，但在实际上，它们在军事问题上仍然保持着紧密的联系。二战结束已一年有余，设在华盛顿的英美联合司令部还继续存在。英美军事领导人也经常保持着私人联系。当时，英国陆军元帅伯纳德·劳·蒙哥马利（Bernard Law Montgomery）到美国旅行，便是这种联系的证明。具有独特意味的是，作为同美国军事领导人会谈的结果，蒙哥马利元帅宣布英军将根据美国的模式进行改建。两国海军之间也进行着合作。因此，只要注意到英国海军参加了当时由美国在地中海举行的军事演习以及美国海军在北海举行的军事演习就足够了。

虽然在一些非常重要的问题上双方暂时达成了协议，但是英美现在的关系仍然受到内部矛盾很大的侵蚀，它们是不能长期维持下去的。

对英国而言，美国的经济援助隐藏着危险。首先，英国在接受贷款时，发现自己正处于对美国某种财政依附的状态之中，要摆脱这种状态并不是容易的。其次，美国贷款可能会造成严重的政治后果，那就是英帝国的附属国很有可能转向美国。例如加拿大日益摆脱英国的影响，投向了美国的怀抱。随着美国在远东地区地位的巩固，澳大利亚和新西兰也逐渐开始投靠美国。在近东那些力图摆脱英帝国束缚的阿拉伯国家里，其统治集团内部也有一批人倾向于同美国打交道。近东很有可能成为英美矛盾的焦点。①

尽管目前尚未发现斯大林如何看待这份电报的文献，不过，诺维科夫在电报中讲述的对美国外交政策的估计和分析，是奉莫洛托夫之命而作，且在莫斯科受到极大重视。由此可以判断，在审视了电报关于巴勒斯坦问题的讨论之后，斯大林完全有理由认为苏联重返中东地区的机会来临了。

苏联在巴勒斯坦问题上的策略显然吸取了处理土耳其和伊朗危机时的教训，而采取了较为灵活的策略——那就是要求英国把巴勒斯坦问题交给联合国来处理。鉴于苏联在联合国安理会中的地位，只要英国人把巴勒斯坦问题交给联合国，苏联就有了介入该问题的机会。同时，斯大林也就有了介入中东地区其他问题的机会。斯大林当然不希望巴勒斯坦变成第二个外约旦②，由于他无力直接阻止这类条约的签署，于是希望能以一种间接的方式介入巴勒斯坦问题。斯大林的策略无疑是高明的，他想使苏联在中东地区具有巨大的影响力而又不付出任何代价。

---

① 详见 *Институт Всеобщей Истории РАН*. Сталин и холодная война. Москва：ИВИ РАН. 1998. С. 6-7.
② 1946年3月22日，外约旦同英国签订《伦敦条约》，废除了英国的委任统治，英国承认外约旦的独立，但保留在政治、经济和军事上的特权。

苏联开始对巴勒斯坦问题进行关注的同时，犹太复国主义组织也在竭尽全力与苏联进行接触，希望得到苏联的支持。1946年5月21日，巴勒斯坦犹太代办处代表古尔德曼通过即将访苏的墨西哥社会活动家文森特·托雷多（Vicente Toledano）向苏联转交了一份备忘录。备忘录中写道：

> 多年以来，巴勒斯坦犹太代办处一直希望和苏联领导人进行会谈。我们曾多次提议派代表到莫斯科去。但是一直没有收到答复。于是就有这样一个印象，我们仅想和英美两国讨论这个问题，而把苏联排除在外，这实际上是一种误解。
>
> 犹太复国主义是一个国际性的问题，我们希望能得到所有国家和人民的支持。由于苏联和5个阿拉伯国家都有外交关系，这就使得阿拉伯国家能够通过大使或者公使向苏联政府表达自己的意见。我们没有政府，也没有正式的代表在莫斯科，我们就得不到这样的机会，所以苏联人了解阿拉伯人的观点，不了解犹太人的态度。在不远的将来，巴勒斯坦问题很有可能要交给联合国来解决，所以我们应该让苏联政府得到有关这一问题的所有实际材料和犹太人对巴勒斯坦问题的意见和决定。阿拉伯人的媒体经常宣传说苏联支持阿拉伯人，在大部分犹太人心目中也认为苏联是支持阿拉伯人的，但我不相信这是事实。因此，我们希望能和苏联政府代表就巴勒

斯坦问题在莫斯科进行协商，或者和莫洛托夫先生在任何一个由你们选择的地方来进行协商。巴勒斯坦犹太代办处和犹太人民有权向苏联政府叙述我们的立场和观点。①

尽管这时苏联政府的态度对于犹太复国主义运动来说并不算有利，但个别的犹太政治家对最终获得苏联的支持还是表示了乐观。

1946年6月28日，巴勒斯坦犹太代办处政治部阿拉伯方面的负责人艾利亚胡·萨松（Eliahu Sasson）在给巴勒斯坦犹太代办处驻华盛顿代表伊利亚·爱泼斯坦的信中指出：

> 尽管苏联对巴勒斯坦问题的态度到目前为止尚不明朗，但是我们从中还是能看出一些端倪的。与有争议的其他地区（黎巴嫩、意大利、希腊和土耳其）相比，苏联的意见更倾向于把巴勒斯坦问题国际化。
>
> 大英帝国在组建联合调查委员会的问题上邀请了美国参加而把苏联排斥在外，这是斯大林难以接受的。苏联感到愤怒的另外一个原因是英国人通过和外约旦重新签署条约而把外约旦变成了英国控制整个阿拉伯地区的军事基地，在斯大林看来外约旦已经成为英国进攻苏联

---

① COPY: CZA Z6/11/17, *Documents on Israeli-Soviet Relations 1941-1953* (*DISR*), Part I, pp. 129-130.

南大门的跳板。由于没有机会阻止这种条约的签订,苏联目前正试图用某种方式间接介入巴勒斯坦问题的解决。

如果巴勒斯坦问题始终得不到解决,英国人最终还是要把这个问题交给某个有苏联参与的国际会议上去讨论的。那时,苏联就有了介入巴勒斯坦问题的官方授权,同时苏联也可以介入中东地区的其他问题。由此可见,苏联是作为英美联合调查委员会的对立面存在的。苏联给所有在阿拉伯世界的共产主义组织、所有的外交代表、所有阿拉伯世界的共产党人的指示是,对阿拉伯的政治家们施加压力,需要把巴勒斯坦问题和其他地区性问题交给安理会或者联合国大会去解决。

苏联希望自己能成为中东地区具有影响力的国家而不打算付出任何代价。苏联人认为,英国的调解政策是不会成功的。这种政策将使英国人付出他们所收获十成中的九成为代价。举个例子,为了保证其通往印度的交通线,保证其中东地区石油的份额和军事基地,英国人必须给阿拉伯人付出高额的代价:从叙利亚和黎巴嫩撤军,从埃及离开,然后就是约旦的独立、与伊拉克的重新签约、与犹太人的冲突、允许美国资本深入巴勒斯坦,与法国的冲突等,苏联不准备付出这些代价,它只想收获,苏联想要由自己来左右这些事件的发展……①

---

① COPY: CZA S25/485, *Documents on Israeli-Soviet Relations 1941 – 1953* (*DISR*), Part I, pp. 135–136.

在信的最后，萨松乐观地写道："我好像觉得这幅图案越来越清晰。巴勒斯坦问题将由联合国大会或者联合国安理会来决定。我们不用担心苏联人会站在我们的对立面；恰恰相反，他们会对我们采取友善的态度。这并不是因为苏联人喜欢犹太人而厌恶阿拉伯人，而是从和英国人进行较量的角度出发。如果有人会失败的话，这肯定是阿拉伯人和英国人。"[1]

1946年2月，英国为解决巴勒斯坦问题而召开的伦敦圆桌会议宣告失败，整个巴勒斯坦地区的秩序陷入一片混乱之中，英国继续在巴勒斯坦统治下去极为困难，在束手无策的情况下，英国内阁经过辩论认为阿犹之间的冲突已不可调和，于是在1946年2月18日，英国外交大臣贝文在下院宣布："英国政府本身根据委任统治条款无权把国家授予阿拉伯人或者犹太人，甚至也无权把国家交予他们分别管理。在这种情况下，我们已经决定既不能接受阿拉伯人或犹太人的计划，也不能强制执行我们自己的决议，因此，唯一可行的途径就是把问题交给联合国。我们想把英国政府过去25年来在巴勒斯坦执行委任统治的经过摆在联合国的面前。我们将说明，委任统治已证明在事实上是行不通的……我们请求联合国考虑我们的报告并提出解决的办法，而我们本身则不打算提出任何特别的解决办法。"[2] 同一天英国内阁还确定了撤出印度的日期。

---

[1] COPY: CZA S25/485, *Documents on Israeli-Soviet Relations 1941 – 1953* (*DISR*), Part I, pp. 136-137.

[2] Paul Preston and Michael Partridge (eds.), *British Documents on Foreign Affairs* (*BDFA*): *Reports and Papers from the Foreign Office Confidential*, Part IV, Series B, Vol. 2, p. 186.

1947年4月2日，英国政府授权其常驻联合国代表亚历山大·卡多根（Alexander Cadogan）正式向联合国秘书长赖伊提出了英国的要求：将巴勒斯坦问题列入9月举行的联合国大会的议事日程，英国将根据《国际联盟关于将巴勒斯坦交给英国统治的委任统治训令》向联合国大会报告对巴勒斯坦的管理情况并将要求联合国根据《联合国宪章》第10条的规定对巴勒斯坦的未来政府提出建议。①

对于英国人的这一举动，苏联外交人员很快就做出了分析。1947年3月6日，苏联外交顾问 Б. Е. 什泰恩（Б. Е. Штейн）在给维辛斯基的报告中指出英国决定把巴勒斯坦问题交给联合国来解决是出于以下原因。

（1）英国人和阿犹双方的谈判都陷入了死胡同，提出让两个民族都接受的方案已经是不太可能了。

（2）维持巴勒斯坦的现状需要大量的军队和物资，目前这对于英国人来说是比较困难的。

（3）1946年英国和外约旦签署了条约，使得英国有可能把其近东地区的主要战略基地由巴勒斯坦转移到外约旦。

（4）迫于美国方面的压力。什泰恩认为，"英国人把巴勒斯坦问题交给联合国绝不意味着放弃巴勒斯坦，也不意味着它要将自己的军队从巴勒斯坦撤离。这只是一个十分灵活的外交手腕，因为贝文推断联合国的任何一个有关巴勒斯坦问

---

① Charles Geddes (ed.), *A Documentary History of the Arab-Israeli Conflict*, pp. 246–247.

题的决议都绝不是很快就能实现的。英国人认为自己依然是巴勒斯坦的统治者，任何一个有关巴勒斯坦问题的解决方案没有英国人的同意都是不可能通过的。英国殖民大臣柯里奇·琼斯更是直截了当地说：'英国人并不打算放弃委任统治。'他们只是保留了自己在巴勒斯坦的地位以及军队的同时，把责任抛给了联合国，为自己赢得了时间"。

在该报告中，什泰恩还分析了美国对巴勒斯坦问题的态度："巴勒斯坦对于美国来说是很重要的，它不仅具有战略意义，还具有经济利益。英国人留在巴勒斯坦对美国就意味着通向沙特阿拉伯的石油管道终端控制在英国人手中；占有巴勒斯坦，就意味着美国在地中海地区有了一个真正意义上的基地。众所周知，美国在地中海地区还没有基地。"[1]

关于苏联在巴勒斯坦问题上的态度，什泰恩指出："在未来联合国的讨论中，苏联应该坚决主张结束英国在巴勒斯坦的委任统治。"[2]

1947年4月12日，苏联外交部近东局局长 М. А. 马克西莫夫（М. А. Максимов）对未来苏联在联合国就巴勒斯坦问题进行讨论时的立场提出了以下几点意见。

（1）英国在巴勒斯坦的委任统治必须结束。

（2）英国军队必须从巴勒斯坦撤离。

---

[1] АВП РФ. Ф. 018. Оп. 9. П. 17. Д. 77. Л. 1. // Советско-Израильские Отношения. Сб. док. 1941–1953гг. Т. I. С. 188–189.

[2] АВП РФ. Ф. 07. Оп. 12а. П. 42. Д. 6. Л. 134 – 141. // Советско-Израильские Отношения. Сб. док. 1941–1953гг. Т. I. С. 190–191.

（3）由联合国出面组织建立一个独立、统一和民主的巴勒斯坦国，保证巴勒斯坦境内的各族人民享有平等权利。

（4）欧洲的犹太问题不能靠移民巴勒斯坦来解决。只有在彻底根除法西斯主义、实现欧洲民主化的同时给犹太群众一个正常的生活条件，才能解决犹太问题。①

1947年4月15日，马克西莫夫在给近东局递交的一份报告中又一次重申了这4点意见。②

直到1947年4月中旬，苏联依然没有对犹太复国主义者的建国问题提出明确看法，官方的意见只是强调建立一个独立、统一和民主的巴勒斯坦国；对于欧洲犹太人移民巴勒斯坦这一问题，苏联方面也并未表示赞成。真难想象在半个月之后，它的态度会发生180度的转变。

1947年4月28日至5月15日，联合国在纽约召开了关于巴勒斯坦问题的特别会议，苏联政府派出了以副外交人民委员葛罗米柯为首的代表团出席。然而就在4月28日会议开幕当天，葛罗米柯收到了来自莫斯科的电报指示，让他立刻准备在联合国大会的发言稿。电报指出："我们必须要考虑到犹太民族在整个第二次世界大战中经历了空前的灾难。"指示葛罗米柯应该准备好两种不同的方案：第一种方案是建立一个包含两个民族的二元制国家；第二种方案是把巴勒斯坦分成一个犹太

---

① АВП РФ. Ф. 0118. Оп. 2. П. 2. Д. 8. Л. 107 – 109. // Советско-Израильские Отношения. Сб. док. 1941-1953гг. Т. I. С. 193-195.

② АВП РФ. Ф. 018. Оп. 9. П. 17. Д. 77. Л. 6 – 11. // Советско-Израильские Отношения. Сб. док. 1941-1953гг. Т. I. С. 199-200.

国和一个阿拉伯国。如果考虑到第一种方案因为阿犹关系恶化而无法施行的话，那么就应该考虑第二种方案。①

这封电报标志着苏联在巴勒斯坦问题上的态度和立场发生了根本性的转变，苏联开始站在犹太复国主义者的立场上，支持他们所主张的分割巴勒斯坦的方案，换句话说就是苏联开始支持犹太复国主义者在巴勒斯坦地区建立自己的民族国家。

在接到来自莫斯科的指示之后，苏联驻美大使馆工作人员立刻忙碌了起来。4月28日当天，苏联驻美大使馆一秘М. С. 瓦维洛夫（М. С. Вавилов）紧急与巴勒斯坦犹太代办处驻美代表进行联系，要求他们提供关于巴勒斯坦情况的材料。巴勒斯坦犹太代办处代表于28日和29日两天分别给苏联大使馆寄去了两批材料。② 尽管苏联外交官并未说明索取这批材料的用途，但是完全有理由推测，这批材料是为葛罗米柯拟定在联合国大会特别会议上的演说所准备的素材。从后来葛罗米柯在联合国大会上的发言来看，其许多措辞与4月28~29日犹太代办处寄给苏联驻美国大使馆的巴勒斯坦犹太代办处备忘录有相同之处。

---

① 目前，我们还不能看到这份电报的原件，也无法知晓这封电报的发电人是谁，但是在1947年10月23日 А. 季莫菲耶夫（А. Тимофеев）在给苏联外交部所起草的《关于巴勒斯坦问题的报告》中提到了这份电报的存在，并详细地介绍了该电报的内容。АВП РФ. Ф. 018. Оп. 9. П. 17. Д. 77. Л. 25 - 28. // Советско-Израильские Отношения. Сб. док. 1941 - 1953гг. Т. I. С. 257.

② COPY：ISA 93.03/2268/16, *Documents on Israeli-Soviet Relations 1941-1953*（*DISR*），Part I, pp. 182-187；COPY：ISA 93.03/2268/16, *Documents on Israeli-Soviet Relations 1941-1953*（*DISR*），Part I, pp. 187-189.

1947年5月14日，也就是联合国大会关于巴勒斯坦问题特别会议结束的前一天，苏联代表团团长葛罗米柯进行了发言。葛罗米柯首先提出英国对巴勒斯坦的委任统治是失败的。

> 我们不能不注意到1922年为了治理巴勒斯坦而设的委任统治制度是失败的，这一制度没有经得起考验。设立委任统治时所规定的目标也并未实现，这是一个无可争议的事实。在设立治理巴勒斯坦委任统治制度时所发表庄严的宣言仍然只是宣言，其内容完全没有兑现。……像贝文先生所肯定的现有的政府组织形式，既非巴勒斯坦的阿拉伯居民所能接受，也非犹太居民所能接受。阿拉伯人和犹太人都对它提出了抗议。这个政府过去从来没有，现在也不可能得到巴勒斯坦居民的拥护。……巴勒斯坦目前已经变成"一个武装的兵营"，在这种情况下，就不能认真地去谈论保护巴勒斯坦居民的利益，改善他们的生活条件和提高他们的文化水平。……犹太人和阿拉伯人鉴于巴勒斯坦目前的情况而要求结束委任统治是不奇怪的，他们在这一点上完全一致，没有分歧，联合国在审议巴勒斯坦未来命运的时候必须要考虑到这一事实。[①]

---

① Объединенные Нации, Официалиные отчёт Первой специальной сессии Генеральной Ассамблеи, Том I. Пленарные заседания Генеральной Ассамблей. Стенографический отчёт 28 апреля - 15 мая 1947 года. Нью-Йорк. 1947. С. 83 - 87. Советско-Израильские Отношения. Сб. док. 1941 - 1953гг. Т. I. С. 211-212, 213-214.

随后，葛罗米柯提到了犹太民族在第二次世界大战中所遭受的苦难。

在讨论有关巴勒斯坦问题委员会的任务时，我们必须考虑到，大部分犹太人的愿望是和巴勒斯坦问题以及巴勒斯坦未来的行政制度相关联的，对这一方面的关心是可以理解的，也是完全正当的。

在第二次世界大战期间，犹太民族遭受非常的不幸和苦难。毫不夸张地说，这种不幸和苦难是不能用笔墨所能尽述的。……在希特勒分子统治领土内的犹太人几乎全部遭到屠杀。死在纳粹手中的犹太人估计约有600万人。西欧只有大约150万名犹太人在战后幸存了下来。……在欧洲，大量犹太人已经失去了他们的国家、他们的家园和他们的生活来源。几十万犹太人正在各国流浪求生和寻找安身之所。其中很多人目前依然滞留在难民营里。……联合国不能对这些犹太难民的情况漠不关心，因为这和《联合国宪章》所宣布的不分种族、宗教或性别而保护人权的崇高原则是不相符合的。对这些犹太难民的关怀是联合国的一种责任……

苏联代表团认为必须请大会注意到下述的重要情况。过去的经验，特别是第二次世界大战期间的经验，证明西欧国家都不能对犹太人予以适当的帮助，来保障他们的生存权利，使他们免受希特勒分子及其盟国的暴力迫害，这是一个不怎么令人愉快的事实。而这也正说明了犹太人有建立他们自己国家的愿望。不把这个事实予以考虑而拒绝犹太人拥有实现这个愿望的权利是不公正的，不把这项权利授予犹太民族是没有理由的，因此应把这一问题的研究作为特别委员会的一项重要任务。①

接下来葛罗米柯谈到了有关巴勒斯坦前途问题的解决方案。

众所周知，有关巴勒斯坦前途以及与巴勒斯坦有关的犹太人问题的决定有许多不同的方案。我愿意提一提下列几个方案。

（1）建立一个阿拉伯人和犹太人都享有平等权利的单一的阿拉伯-犹太联邦国家。

（2）把巴勒斯坦分成两个独立国家：一个阿拉伯国和一个犹太国。

（3）不顾及犹太人的权利而在巴勒斯坦建立一个阿拉伯国。

（4）不顾及阿拉伯人的权利而在巴勒斯坦建立一个

---

① Объединенные Нации, Официалиные отчёт Первой специальной сессии Генеральной Ассамблеи, Том I. Пленарные заседания Генеральной Ассамблей. Стенографический отчёт 28 апреля-15 мая 1947 года. Нью-Йорк. 1947. С. 83 - 87. Советско-Израильские Отношения. Сб. док. 1941 - 1953гг. Т. I. C. 214, 215, 216.

犹太国。①

葛罗米柯在演说中逐一分析了这几种方案。他指出:"无论是建立一个单一的阿拉伯国也好,还是建立一个单一的犹太国也好,都不会使这个复杂的问题得到公平公正地解决,也不会使阿拉伯人和犹太人之间的关系得到改善。……只有对这两个民族的合法利益给予充分的考虑,才能达成公平的解决方案。苏联代表团认为只有通过建立一个独立的、二元的、民主的阿拉伯-犹太国,才能使犹太人和阿拉伯人的合法权益都能充分得到保障。……但由于阿犹关系恶化而导致这一方案难以实现,那么就必须考虑第二种方案。该方案就是把巴勒斯坦分成两个独立的自治国家,一个是犹太国,一个是阿拉伯国。"在这里葛罗米柯强调:"只有证实了阿犹居民关系已恶化到不可调和的地步并且不能保证阿拉伯人和犹太人和平共处时,这种解决巴勒斯坦问题的办法才是妥当的。"②

葛罗米柯在 1947 年 5 月 14 日的演说是苏联外交史上最著名的演说之一,它标志着历史上曾强烈反对犹太复国主义运

---

① Объединенные Нации, Официальный отчёт Первой специальной сессии Генеральной Ассамблеи. Т. I. Пленарные заседания Генеральной Ассамблей. Стенографический отчёт 28 апреля-15 мая 1947 года. Нью-Йорк. 1947. С. 83-87. Советско-Израильские Отношения. Сб. док. 1941-1953гг. Т. I. С. 216.

② Объединенные Нации, Официальный отчёт Первой специальной сессии Генеральной Ассамблеи. Т. I. Пленарные заседания Генеральной Ассамблей. Стенографический отчёт 28 апреля – 15 мая 1947 года. Нью-Йорк. 1947. С. 83-87. Советско-Израильские Отношения. Сб. док. 1941-1953гг. Т. I. С. 217, 218.

动的苏联开始站在了犹太复国主义组织一边。他在发言中不止一次提到了"犹太民族"这个概念。众所周知,列宁和斯大林在其著作中曾多次否认犹太人是一个民族。所以葛罗米柯的这次演说对于犹太复国主义运动来说,意义无疑是巨大的。本-古里安对葛罗米柯的演说评价如下:已经很久没有听到大国的领导人(杜鲁门总统除外)谈论有关犹太民族悲惨命运的话题。这些话,葛罗米柯是以苏联政府名义讲的,葛罗米柯讲话的重要性和意外性不在于叙述了犹太人的悲剧和苦难,而在于他对目前犹太人问题进行分析后而得出的结论。……全世界第一次听到了苏联代表对我们的认可,犹太人对建立自己的国家充满了信心。①

值得注意的是,葛罗米柯在演说中并没有对支持分割巴勒斯坦的计划做出任何承诺,这也让犹太人感到了一丝不安。对此,本-古里安说:"我们也不能过于看重那些国际领袖对我们表示友善的一些讲话。"② 英国驻联合国代表卡多根在给英国政府的报告中指出苏联推行的实际上是一种"骑墙"政策。③ 美国外交人员甚至认为,苏联在最后时刻依然会站在阿

---

① COPY: CZA S53/12C, *Documents on Israeli-Soviet Relations 1941 – 1953* (*DISR*), Part I, pp. 198–199.
② COPY: CZA S53/12C, *Documents on Israeli-Soviet Relations 1941 – 1953* (*DISR*), Part I, p. 199.
③ Paul Preston and Michael Partridge (eds.), *British Documents on Foreign Affairs* (*BDFA*): *Reports and Papers from the Foreign Office Confidential*, Part IV, Series B, Vol. 2, p. 212.

拉伯人的一边。①

1947年5月15日,联合国大会巴勒斯坦特别会议通过决议,成立一个由澳大利亚、加拿大、捷克斯洛伐克、危地马拉、印度、伊朗、荷兰、秘鲁、瑞典、乌拉圭和南斯拉夫11个国家组成的"巴勒斯坦问题特别调查委员会"②(United Nations Special Committee on Palestine, UNSCOP),并授权这个委员会对巴勒斯坦问题进行调查并提出建议。③ 同一天,联合国大会巴勒斯坦特别会议做出决议呼吁各国人民,特别是巴勒斯坦居民,在大会就特别调查委员会报告采取行动之前,不得使用武力,或以武力相威胁,或采取可能造成妨碍巴勒斯坦问题早日解决的其他任何行动。④

特别调查委员会把调查的重点放在了欧洲和美国,在巴勒斯坦调查的时间只有5个星期,关于巴勒斯坦问题的讨论也基本上都在欧洲和美国进行。在欧洲调查期间,特别调查委员会为纳粹大屠杀所引发的悲剧而感到震撼,对犹太人深表同情,而犹太人所表现出来的勤劳、智慧和坚忍不拔的精神又赢得了许多委员的好感,这在很大程度上影响了他们就巴勒斯坦问题提出建议时可能的选择。另外,巴勒斯坦的

---

① Yaacov Ro'i, *Soviet Decision-Making in Practice: The USSR and Israel, 1947-1954*, New Brunswick, N. J.: Transaction Books, 1980, p. 83.
② 以下简称"特别调查委员会"。
③ 国际关系研究所编《巴勒斯坦问题参考资料》,第61页。
④ 国际关系研究所编《巴勒斯坦问题参考资料》,第62页。

"阿拉伯高等委员会"①（Arab Higher Committee）作为巴勒斯坦阿拉伯人的主要管理机构，却把特别调查委员会视为"美国、英国和犹太复国主义者精心策划的一个政治阴谋"，以一种不合作的态度对待该委员会的相关调查活动。7月16日，阿拉伯高等委员会拒绝了联合国特别调查委员会主席埃米尔·森德斯特罗姆（Emil Sandström）发出的合作请求。② 在特别调查委员会到达之时，阿拉伯高等委员会发动巴勒斯坦的阿拉伯人举行了15个小时的示威罢工活动，还采取了把调查人员途经的所有村庄的村民都撤离的极端做法，这种态度显然对阿拉伯人是极为不利的。③ 就连英国人也认为阿拉伯人的行为极其愚蠢。这将把联合国特别调查委员会的多数成员推到同情犹太人的那一边。④

另外，巴勒斯坦犹太代办处对联合国特别调查委员会的调查极为重视，它所提供的合作以及所表现出的务实态度都给联合国官员留下了比较深刻的印象。由于阿拉伯人拒绝作证，特别调查委员会在巴勒斯坦的5周时间几乎全部被犹太

---

① 阿拉伯高等委员会是在1936年4月25日成立的，由耶路撒冷大穆夫提哈伊·阿明·侯赛尼（Haj Amin al-Husayni）主持下的巴勒斯坦阿拉伯部落和政党的领导人组成。
② *Foreign Relations of the United States* (FRUS), 1947, Vol. 5, p. 1107.
③ Philip Mattar, *The Mufti of Jerusalem: Al-Hajj Amin Al-Husayni and the Palestinian National Movement*, New York: Columbia University Press, 1988, pp. 65-86.
④ Paul Preston and Michael Partridge (eds.), *British Documents on Foreign Affairs (BDFA): Reports and Papers from the Foreign Office Confidential*, Part IV, Series B, Vol. 4, p. 203.

人所占，而且犹太人显然准备进行妥协，犹太复国主义运动的大多数领导人都愿意从《比尔特莫尔纲领》的极端立场上后退，7月7日，公认的犹太复国主义运动激进派领袖本-古里安向联合国调查人员表示，犹太人对能得到巴勒斯坦的一部分土地已经感到满意，他已经将这一立场转达给英国人，魏茨曼也向特别调查委员会表达了同样的立场。这样，在1947年7月，分治作为一种原则再次被巴勒斯坦犹太代办处摆到了联合国调查人员的面前。事实上，根据英国的解密档案材料，大多数特别调查委员会成员在巴勒斯坦的调查开始之前，就已经倾向于赞成阿犹分治。[1]

1947年9月初，特别调查委员会向联合国大会递交了调查报告。报告首先建议结束英国在巴勒斯坦的委任统治，在经过一段时间过渡后让巴勒斯坦实现独立。但在独立后建立什么国家这个问题上，特别委员会摆出了两种方案：一种是由加拿大、捷克斯洛伐克、危地马拉、荷兰、秘鲁、瑞典和乌拉圭七国提出的多数派方案；另外一种是印度、伊朗和南斯拉夫三国提出的少数派方案。多数派方案赞同巴勒斯坦实施分治，即委任统治期结束后经过两年过渡期，分别成立一个独立的犹太人国家和一个独立的阿拉伯人国家，圣城耶路撒冷由联合国出面实行国际托管。在两年的过渡期内，仍由联合国委托英国代为管理。少数派方案则主张建立一个以耶

---

[1] Ilan Pappé, *The Making of the Arab-Israeli Conflict, 1947–1951*, London: Bloomsbury Academic, 1994, pp. 24–25.

路撒冷为首都，包括一个阿拉伯实体和一个犹太实体的联邦国家。澳大利亚由于受英国影响，对两个方案表示不赞成而没有投票。① 多数派方案的报告并不仅限于一般性的原则，还明确提出了领土划分方案以及宪政条款。领土划分方案是由特别调查委员会主席森德斯特罗姆的助手保罗·莫恩（Paul Mohn）提出的。该方案以巴勒斯坦英国委任统治当局提供给委员会的一些地图作为基础，除了将内盖夫划分给犹太人之外，这一方案是1937年《皮尔报告》（The Peel Report）② 关于领土划分建议的翻版。即使是赞成多数派方案的国家，在领土划分问题上也存在不同的意见，乌拉圭、危地马拉、加拿大和捷克斯洛伐克主张将包括内盖夫与加利利在内的巴勒斯坦西部大部分土地划给未来的犹太国，而其他国家则希望建立一个面积更小一些的犹太国。尽管犹太人展开了积极的努力，但仍没能得到加利利。③ 此外，分治方案还存在有巨大的隐患，划给阿拉伯人的雅弗位于犹太国家境内的西部滨海平原，而由国际共管的耶路撒冷则位于阿拉伯国家的腹地。

---

① 参见国际关系研究所编《巴勒斯坦问题参考资料》，第71页。
② 为了调查1936年巴勒斯坦发生大规模骚乱的原因，并提出确保和平的措施，英国政府任命的以皮尔勋爵为首的调查委员会，即皮尔委员会。该委员会于1937年7月7日与英国政府一起发表的报告，建议在巴勒斯坦建立一个阿拉伯国家和一个犹太国家，即巴勒斯坦分治计划。拟议中的阿拉伯国家建立在巴勒斯坦的阿拉伯地区，而在面积较小的、不到3000平方公里的地区，也就是在不足西巴勒斯坦面积1/5的地区建立一个犹太国家。犹太国家包括整个加利利和沿海地带，阿拉伯国家包括犹地亚、撒玛利亚和整个内盖夫。耶路撒冷及其郊区由英国人管辖。
③ Ilan Pappé, The Making of the Arab-Israeli Conflict, 1947-1951, pp. 30-31.

更糟糕的是人口问题,多数派国家在最后一刻划分的分治边界将45%的阿拉伯人口留在了犹太国内,这样,未来的犹太国内的犹太人口和阿拉伯人口分别为49.8万人和40.7万~49.7万人。①

印度、伊朗和南斯拉夫代表赞成少数派方案,他们反对分治,认为巴勒斯坦太小而无法容纳两个单独的国家实体,他们不愿看到占人口多数的阿拉伯人主宰犹太人,于是建议成立一个联邦国家。根据这一建议,将由一个9人的国际委员会(阿拉伯人、犹太人与联合国代表各3人)负责这个联邦国家的管理事务,国际委员会在移民和土地转让等问题上拥有决定权。这实际上是《莫里森-格雷迪计划》②(The Morrison-Grady Scheme)和《贝文计划》③(Bevin Plan)的翻版。

由于特别调查委员会内部无法取得一致,这两个方案同时提交联合国大会。

这两个报告公布以后,阿犹双方的反应迥然不同,犹太人对于多数派方案所建议的分治方案表示满意,而巴勒斯坦

---

① Paul Preston and Michael Partridge (eds.), *British Documents on Foreign Affairs (BDFA): Reports and Papers from the Foreign Office Confidential*, Part IV, Series B, Vol. 4, p. 195.
② 《莫里森-格雷迪计划》,又称为《莫里森计划》和《省自治计划》。这是1946年7月31日英美两国代表提出的计划,主要内容是在处于委任统治时期的巴勒斯坦建立单一的联合托管制度。
③ 在1946年至1947年的伦敦会议上,当《莫里森-格雷迪计划》失败之后,英国外交大臣贝文提出了《贝文计划》,力图继续维护《莫里森-格雷迪计划》提出的建议。该计划得到英国外交家哈罗德·比雷(Harold Beeley)的建议,故又名《贝文-比雷计划》(Bevin-Beeley Plan)。

的阿拉伯高级委员会对这两个方案都表示拒绝。①

1947年9月19日,巴勒斯坦犹太代办处驻华盛顿代表伊利亚·爱泼斯坦会见了苏联驻美国临时代办 C. K. 查拉普金 (С. К. Царапкин)和苏联驻美国大使馆一秘瓦维洛夫。爱泼斯坦很担心苏联会投票赞成少数派方案。查拉普金则直截了当地说:"你们的担心是没有必要的。"② 这个回答打消了犹太人的疑虑。

1947年9月23日,联合国在纽约召开了一年一度的联合国大会,此次大会将对巴勒斯坦的前途命运做出决定。为了保证多数派方案能在大会表决时获得通过,巴勒斯坦犹太代办处积极活动。而埃及、叙利亚等阿拉伯国家则声称联合国无权决定巴勒斯坦的未来,并表示如果强行通过分治决议,阿拉伯国家"将保留采取行动的权利"③。

1947年9月30日,苏联外交部部长莫洛托夫在给纽约的副部长维辛斯基的电报中指出:"我们不应该反对大多数国家都赞成的多数派方案。"④ 同一天,莫洛托夫给维辛斯基发了第二封电报,强调:"支持特别调查委员会提出的多数派方案符合我们在巴勒斯坦问题上的基本观点。葛罗米柯同志所提

---

① 〔英〕乔治·柯克:《1945—1950年的中东》,复旦大学历史系世界史教研室译,上海译文出版社,2007,第405页。
② COPY: ISA 93.03/92/35, *Documents on Israeli-Soviet Relations 1941 - 1953* (*DISR*), Part I, p. 222.
③ 国际关系研究所编《巴勒斯坦问题参考资料》,第63,64~65页。
④ АВП РФ, Ф. 059. Оп. 18. П. 17. Д. 116. Л. 101. // Советско-Израильские Отношения. Сб. док. 1941-1953гг. T. I. C. 251.

到的建立一个单一的阿拉伯-犹太联邦国家只是我们的一个策略,我们不能主动提出成立犹太国这样的建议。我们的态度是第二种意见要更好一些,这是特别调查委员会经过考察之后得出的结论,我们应该支持这个方案。我们应该遵循大多数人的意见,这是值得肯定的。"①

1947年10月13日,苏联代表查拉普金在联合国大会发言确认了苏联将投票赞成多数派的方案,他说道:"在当前的情况下,历史和法律方面的理由只是次要问题。……问题的实质在于居住在巴勒斯坦的千千万万的犹太人和阿拉伯人的自决权……犹太民族正在致力于建立一个属于他们自己的国家,拒绝他们的这一权利是不公正的……每一个民族都拥有决定自己命运的权利。"②

10月15日,维辛斯基从纽约给莫洛托夫发来电报:"我们在巴勒斯坦问题上的声明使得犹太人非常赞赏,阿拉伯人则显得失望,尽管他们在葛罗米柯讲话之后对我们改变态度还抱有些许希望。叙利亚人在查拉普金发言之前对我说,他们更赞成少数派计划,那个多数派计划,阿拉伯人是完全不能接受的。尽管阿拉伯人对我们的态度不满,但是他们把批

---

① АВП РФ. Ф. 059. Оп. 18. П. 17. Д. 116. Л. 109. // Советско-Израильские Отношения. Сб. док. 1941–1953 гг. Т. I. С. 251–252.

② Paul Preston and Michael Partridge (eds.), *British Documents on Foreign Affairs (BDFA): Reports and Papers from the Foreign Office Confidential*, Part IV, Series B, Vol. 4, p. 231.

评的矛头主要指向了美国人。"①

此时，联合国大会关于犹太难民问题的讨论也在紧张进行。

1947年10月16日，莫洛托夫给维辛斯基发电报，指示苏联代表团应该支持乌拉圭和哥伦比亚代表提出的建议。② 莫洛托夫在电报中还指示，苏联代表团也应该支持南斯拉夫代表团提出的建议，即允许设在塞浦路斯岛的犹太难民营中的所有犹太难民都移民巴勒斯坦。③ 苏联人这时已经完全成为犹太复国主义运动坚定的支持者了。

1947年10月26日，莫洛托夫给斯大林提交了一份由维辛斯基起草的备忘录。其中谈到了英国在巴勒斯坦结束委任统治后的过渡时期以及苏联在这个问题上的立场。备忘录的大意是要求从1948年1月1日起取消英国对巴勒斯坦的委任统治，英国军队将在委任统治取消后的3~4个月内从巴勒斯坦撤出，委任统治取消后的1年为过渡时期。过渡时期，由联合国安理会进行托管。维辛斯基在备忘录中指出，所有这些意见都征得了巴勒斯坦犹太代办处的同意。④由此不难看出，此时苏联已经和巴勒斯坦犹太代办处就英国结束委任统治后

---

① АВП РФ，Ф. 059. Оп. 18. П. 41. Д. 301. Л. 351-352. // Советско-Израильские Отношения. Сб. док. 1941-1953гг. Т. I. С. 252.

② 乌拉圭代表团在联合国大会提出立刻允许3万名犹太儿童移民巴勒斯坦；哥伦比亚代表团提出立即允许15万名犹太人移入巴勒斯坦。

③ АВП РФ，Ф. 059. Оп. 18. П. 17. Д. 117. Л. 60. // Советско-Израильские Отношения. Сб. док. 1941-1953гг. Т. I. С. 253.

④ АВП РФ，Ф. 06. Оп. 9. П. 22. Д. 267. Л. 72-73. // Советско-Израильские Отношения. Сб. док. 1941-1953гг. Т. I. С. 260-261.

的一些事宜取得了一致意见。

1947年11月26日，英国驻联合国代表卡多根在联合国大会上宣布英国准备结束在巴勒斯坦的委任统治，卡多根说：

> 第一次世界大战之后，英国接受了巴勒斯坦的委任统治权，担负起了在巴勒斯坦建立犹太民族之家的工作，但这个民族之家是绝不以损害巴勒斯坦原有非犹太人的公民权利和宗教权利为条件的。当时人们认为委任统治的这一目的能在两种民族的同意和合作下获得实现，时间证明这种想法是错误的。在多年徒劳无益的努力之后，英国政府断定要在阿拉伯人和犹太人双方都同意的基础之上在巴勒斯坦达成妥协是不可能的，而委任统治也被证明是行不通的。……我已经通知了特别调查委员会，我国政府已经因上述原因而决定放弃委任统治权，并预定在1948年8月1日完成撤军的工作。[①]

同一天，苏联常驻联合国代表葛罗米柯在联合国大会发言再次强调苏联将投票赞成分治，并说明了原因。

> 众所周知，苏维埃社会主义共和国联盟在巴勒斯坦并没有直接的利害关系，它之所以对巴勒斯坦问题感兴趣，是因为苏联是联合国的一个成员国，是一个大国，

---

① 国际关系研究所编《巴勒斯坦问题参考资料》，第62~63页。

和其他大国一样，对于维护国际和平负有特殊责任……

当巴勒斯坦前途的问题在联合国大会特别会议上进行讨论的时候，苏联政府指出了解决这个问题的两个最可接受的方法。第一是建立一个单一的、民主的阿拉伯-犹太国家，在这个国家里，阿拉伯人和犹太人将享有同等的权利；如果阿犹关系恶化，使他们不能生活在一起，苏联政府通过它的代表团在联合国大会上指出了第二种办法，那就是把巴勒斯坦划分为两个自由的、独立的和民主的国家——一个阿拉伯国家和一个犹太国家……

那些反对分治的人都认为这个决定会损害阿拉伯人的利益，但是苏联代表团不同意这种观点。分治建议既不是针对阿拉伯人的，也不是针对犹太人的。苏联代表团认为这个建议符合两个民族的根本利益。

阿拉伯国家的代表宣称，把巴勒斯坦分成两个国家是一个错误的举动，这种观点不能被接受的。因为犹太人在历史上很长时间内与巴勒斯坦有密切的联系。我们也不应该忽视犹太民族在第二次世界大战中的悲惨遭遇。犹太人作为一个民族所受的灾难，要比其他任何民族更深重。而我们知道，没有任何一个西欧国家能采取适当的措施保护犹太人，使他们免受纳粹的暴行。

……某些阿拉伯国家代表企图歪曲苏联政府的外交政策，特别是黎巴嫩代表曾两次在这个问题上指责苏联政府。但是我再次指出，分治建议和苏联在这个问题上所采取的立场,不是针对阿拉伯人的。我们深信,这样的解决方案不仅符合犹太人的根本民族利益,也符合阿拉伯人的根本利益。

苏联政府和人民对阿拉伯民族在过去的遭遇深表同情,现在仍然这样,苏联对于这些国家的人民,为了摆脱殖民依附关系的最后枷锁所做的努力仍抱有理解和同情的态度。苏联代表团深信,阿拉伯人依然期待苏联支援他们为合法利益而进行的斗争,依然期待苏联政府支援他们为摆脱外国依附关系的最后残余而做的努力。

苏联代表团坚信,把巴勒斯坦分成两个国家的决定,是符合联合国的原则和宗旨的。这个决定是符合民族自决原则的……在分治的基础上寻找解决巴勒斯坦问题的办法,将有深刻的历史意义,因为这符合犹太民族建立自己民族国家的合法要求……

从讨论的一开始,就有一些代表团,主要是阿拉伯国家的代表团,企图说服我们这个问题不属于联合国的权限范围之内。这种说法是没有根据的。联合国不仅有权力来考虑这些问题,而且鉴于目前巴勒斯坦的紧张局势,也有责任采取必要的决定……正因为如此,苏联代表团才支持巴勒斯坦分成两个国家的建议……①

---

① Ближневосточный Конфликт: Из документов архива внешней политики РФ (1947—1956). Т. 2. Отв. ред. В. В. Наумкин. С. 8-13.

经过将近两个月的讨论之后，联合国大会于1947年11月29日就巴勒斯坦分治方案进行了表决。表决的结果是33票赞成，13票反对和10票弃权。大会最终以超过2/3多数通过了《巴勒斯坦将来处理（分治计划）问题的第181（二）号决议》。分治决议的主要内容有三点。①巴勒斯坦的委任统治应尽快结束，无论如何不得迟于1948年8月1日；委任统治国的武装部队应逐步撤离巴勒斯坦，并应尽快撤完，无论如何不得迟于1948年8月1日；阿拉伯独立国和犹太独立国以及耶路撒冷国际特别政权，应于委任统治国武装部队撤退完毕后两个月内在巴勒斯坦成立，无论如何不得迟于1948年10月1日；大会通过关于巴勒斯坦问题的决议到阿拉伯和犹太两个独立国成立的时期，应视为过渡时期。②在委任统治结束后两个月内成立一个独立的犹太国家和一个独立的阿拉伯国家，犹太国的总面积为1.49万平方公里（占巴勒斯坦总面积的56.4%），阿拉伯国总面积为1.12万平方公里（占巴勒斯坦总面积的42.8%）；③圣地耶路撒冷及其附近郊区村镇作为一个独立实体由联合国管理，指定托管委员会代表联合国担负管理当局的职责。①

在表决过程中，苏联的立场起了至关重要的作用。斯大林控制了联合国5个成员国——苏维埃社会主义共和国联盟、乌克兰苏维埃社会主义共和国、白俄罗斯苏维埃社会主义共

---

① 参见国际关系研究所编《巴勒斯坦问题参考资料》，第71~92页；肖宪《中东国家通史·以色列卷》，商务印书馆，2001，第126页。

和国、捷克斯洛伐克以及波兰的票。如果苏联集团投反对票或者是弃权票,那么建立以色列所必需的 2/3 的多数选票就不能得到。尽管得到了苏联集团的支持,但是分治决议能否通过表决依然充满变数。此时美国政府的态度也对多数派能顺利通过表决起到关键作用。在联合国大会表决前,依照来自白宫的命令,美国政府展开了一场全面的幕后游说活动。白宫和国务院高级官员直接参加了对一些国家的游说,美国驻联合国代表团向一些原先对分治态度未定或反对分治的国家施加了各种形式的压力。例如,原先在联合国公开表示反对分治的菲律宾和海地迫于压力投下赞成票,美国威胁法国说如果反对分治就会终止对其援助,于是法国代表在距投票开始前不到两小时收到巴黎的指示:"投赞成票。"[1] 在冷战开始国际局势日趋紧张的时候,美苏两个超级大国为了各自的利益反而在支持犹太人建国这一问题上形成了默契。

---

[1] Michael J. Cohen, *Truman and Israel*, California: University of California Press, 1990, p. 170.

第三章 以色列建国前后苏联和东欧集团的支持

第一节 苏联集团在联合国对犹太人的支持

联合国巴以分治决议一通过，立刻遭到了阿拉伯国家的一致反对。阿拉伯联盟成员国（埃及、伊拉克、叙利亚、黎巴嫩、外约旦、沙特阿拉伯和也门）的总理和外交部部长于1947年12月8日至17日在开罗召开了一次会议，发布了一项声明，宣称阿拉伯人"决心为反对联合国分裂巴勒斯坦的决议而战，并且遵照真主的意志，决战至最后胜利"。该声明表示阿拉伯联盟已经同意"采取决定性的手段"来防止巴勒斯坦分治。[①]

分治决议在联合国刚刚获得通过，巴勒斯坦的阿犹双方立即陷入暴力冲突，冲突很快演变成一场全面战争，周边阿

[①] 参见国际关系研究所编《巴勒斯坦问题参考资料》，第93~94页。

拉伯国家的非正规武装也开始介入。

　随着巴勒斯坦局势的进一步恶化，美国在巴勒斯坦问题上的态度也开始表现的犹豫不决。如前文所述，在美国国内，对于是否支持犹太复国主义者建国一直存在两种不同意见，杜鲁门总统之所以持支持态度，很大程度上是迫于舆论的压力以及为了争取国内犹太人选票的需要；国务院和军方的高级官员则从美国的国家利益方面考虑反对支持犹太人建国。1947年10月20日，美国国务院和陆、海、空军的情报部门联合准备了一份名为《巴勒斯坦当前局势》的文件，指出如果联合国大会通过巴勒斯坦分治决议，将最终导致阿拉伯人和犹太人之间的战争，而美国公众对犹太人的同情将可能迫使美国采取一种支持犹太复国主义者的立场。这不仅会损害美国在中东地区的声誉，而且美国的战略利益将会由于整个地区的不稳定而受到威胁。[①] 1947年11月28日，这几个部门准备的名为《分治决议的后果》的文件进一步指出，在阿犹战争的情况下，除了苏联会从中渔利之外，美国由于支持分治方案，其声誉会再一次遭到损害，美国在中东或其他阿拉伯地区的石油和商业利益将遭到重创。[②] 11月24日，负责近东和非洲事务的国务院官员撰写了一份强烈反对分治的备忘录，提出为了避免卷入一场国际困境中，美国应该谨慎对待

[①] Aaron S. Klieman (ed.), *The Struggle for Statehood: Focus on the United Nations*, New York: Garland Pub., 1991, p.99.

[②] Aaron S. Klieman (ed.), *The Struggle for Statehood: Focus on the United Nations*, pp.119–120.

巴勒斯坦分治方案，因为这将很可能导致美国出兵巴勒斯坦。① 但是这些部门的建议并未被杜鲁门总统采纳，美国最终还是对第181（二）号决议投了赞成票。但是联合国巴勒斯坦分治决议通过之后的现实情况使得杜鲁门总统逐渐改变了在巴勒斯坦问题上的原有立场。

分治决议通过以后，英国方面拒绝与联合国进行合作，并宣布它将在1948年5月14日之前撤出在当地驻扎的10万军队和警察。在这种情况下，要想阻止阿拉伯人和犹太人之间暴力冲突的方式之一就是武装干预。如果使用武装力量的话，那么作为分治方案主要倡议者的美国和苏联就必须提供军队，这将给苏联提供插手中东事务的机会，而此时美国民众普遍反对出兵干预。1948年2月底，美国国务院曾组织了一系列民意测验，这些测验表明美国公众对分治的支持率从1947年11月的65%下降到了38%。② 在这种情况下，美国在巴勒斯坦问题上的政策开始改变。

1947年12月5日，美国国务卿马歇尔宣布美国将对中东地区实施武器禁运。国务院的一份文件规定，如果巴勒斯坦犹太代办处要求美国提供军火的话，美国就告诉它去找英国人或者联合国巴勒斯坦特别委员会去要。③ 犹太人是武器禁运

---

① *Foreign Relations of the United States* (*FRUS*), 1947, Vol. 5, pp. 1281-1282.
② Arieh J. Kochavi, *Post-Holocaust Politics: Britain, the United States, and Jewish Refugees, 1945-1948*, Chapel Hill: University of North Carolina Press, 2001, p. 350.
③ *Foreign Relations of the United States* (*FRUS*), 1948, Vol. 5, pp. 1300-1301.

最大的受害者，因为阿拉伯人依然能从英国那里获得军火。犹太人曾多次向美国政府要求解除武器禁运，但都没有成功。① 在美国国务院的官员们看来，联合国分治决议仅仅是一个"建议"，阿拉伯人和犹太人可以接受它，也有权拒绝它。在分治决议通过以后，巴勒斯坦爆发了战争，而且阿拉伯国家反对分治的态度也十分强硬，许多美国国务院官员和军方的官员认为分治的前提实际上已经不复存在了。

美国国防部部长詹姆斯·V. 福雷斯特尔（James V. Forrestal）认为美国低估了阿拉伯国家所能做出的反应，支持分治并不是基于国家利益考虑，而是由于犹太人的压力所造成的。同时福雷斯特尔还认为，支持分治将会使美国再也无法使用中东地区的石油资源了。②

美国国务院新成立的政策研究室主任乔治·凯南（George Kennan）1948年1月给国内发了一封长电报。凯南提出，美国应该改变其在巴勒斯坦地区的政策，因为分治政策将为苏联向中东地区派驻军队提供方便。苏联军队将会被用来在巴勒斯坦地区维持秩序。苏军进入巴勒斯坦将有利于苏联政府在当地派遣间谍、开展宣传、颠覆当地的阿拉伯政权，并用所谓的人民民主政体取而代之。苏联在巴勒斯坦驻军则意味着苏联将可从侧翼包抄希腊、伊朗和土耳其，并对美国在地

---

① CODED TEL: ISA 130.09/2308/1, *Documents on Israeli-Soviet Relations 1941–1953* (*DISR*), Part I, p. 285.
② William Roger Louis, *The British Empire in the Middle East, 1945–1951: Arab Nationalism, the United States, and Postwar Imperialism*, Oxford: Oxford University Press, 1984, p. 498.

中海东部的势力范围构成潜在的威胁。根据凯南的判断，苏联暗地里将会为巴勒斯坦的阿拉伯人和犹太人提供武器，使得当地的混乱局势进一步升级。最后，凯南得出结论，巴勒斯坦分治计划有利于苏联实现自己在中东地区的战略目标，该计划将动摇当地的非共产主义政权的统治基础。①

凯南的电报，显然引起了美国政府的关注。加之巴勒斯坦的局势不断恶化，杜鲁门总统感到有必要对巴勒斯坦政策进行调整。与此同时，阿拉伯国家在1948年2月向杜鲁门总统建议，如果联合国无法实施分治决议，而又无法提出能被双方都接受的替代方案，就有必要在一段时间内实行某种形式的托管。②

1948年2月24日，美国驻联合国代表沃伦·奥斯丁（Warren Austin）把安理会在巴勒斯坦问题上的权限解释为禁止使用武力③，从而消除了美国军队承担任何责任的可能性。接着在3月19日，奥斯丁向安理会建议："鉴于巴勒斯坦的局势日益恶化，我国政府认为应由联合国托管委员会在巴勒斯坦建立临时托管以维持和平。"④ 美国代表的这项建议意味着美国在分治政策上的立场有所改变。

1948年3月30日，苏联常驻联合国代表葛罗米柯在联合国安理会第275次会议上发言，谴责了美国阻挠联合国大会

---

① *Foreign Relations of the United States* (*FRUS*), 1948, Vol. 5, pp. 546-554.
② *Foreign Relations of the United States* (*FRUS*), 1948, Vol. 5, pp. 637-640.
③ *Foreign Relations of the United States* (*FRUS*), 1948, Vol. 5, pp. 651-654..
④ *Foreign Relations of the United States* (*FRUS*), 1948, Vol. 5, p. 743.

关于巴勒斯坦分治决议的实施。葛罗米柯指出：

> 苏联政府现在认为，并且也一直认为，大会所通过的关于将巴勒斯坦划分为犹太和阿拉伯两个独立国家是一个公正的决议。因为它符合犹太人和阿拉伯人的基本民族权益……这项决议不是联合国随随便便做出的，而是经过长期的、彻底审议的结果……美国也投票赞成了这个计划，并且成为这个计划的积极辩护者。但是今天的情形怎样呢？我们看到了一个非常奇怪的现象：美国改变了自己的立场，它不但拒绝支持这个决议，而且提出了撤销这个决议，并且为此提出了一个全新的建议。美国这种旨在阻挠联合国已经通过的关于巴勒斯坦分治决议的行为让全世界所有国家都大吃一惊。这意味着美国的统治集团早已不考虑联合国的利益了……美国并不关心巴勒斯坦前途问题以及阿拉伯人和犹太人之间关系问题的公正解决，而只是关心它自己在近东的石油利益和军事战略地位……阻挠巴勒斯坦分治决议的实施，对于联合国是一个沉重的打击，对此美国应负全部责任……美国提出的在巴勒斯坦建立一个所谓联合国临时托管制度的新建议的目的是……在维持巴勒斯坦秩序的借口下把巴勒斯坦变为美国和英国的军事基地……对巴勒斯坦实行托管不仅不会消除那里的紧张局势，而且还剥夺了巴勒斯坦的阿拉伯人和犹太人建立自己民族国家

的权利。①

尽管苏联方面反对，但是联合国安理会依然决定在1948年4月1日召开特别会议，对巴勒斯坦的未来前途进行讨论。4月9日，莫洛托夫在给斯大林的报告中汇报了他给苏联常驻联合国代表葛罗米柯下达的最后指示："苏联代表团将捍卫联合国第181号（二）决议，投票反对美国提出的托管方案。"②

当美国的巴勒斯坦政策出现改变的时候，只有苏联依然坚持支持巴以分治决议。从1947年5月14日葛罗米柯在联合国大会发言时起，苏联已经成为犹太复国主义者最强有力的支持者了。

与此同时，犹太复国主义者对美国巴勒斯坦政策的转变也表达了强烈的不满，在苏联的支持下，巴勒斯坦犹太代办处拒绝了美国所提出的对巴勒斯坦进行托管的建议，巴勒斯坦犹太代办处执委会主席本-古里安号召犹太人起来保卫自己的家园，不仅要捍卫联合国决议，还要捍卫犹太国的边界，犹太人有权利要求联合国给予其道义上的和物质上的支持。犹太代办处耶路撒冷政治部领导人果尔达·梅尔松（Golda Meyerson）③宣称："我永远也不会同意托管，除了建立独立的犹太国之外，我也不会同意其他任何决定。"犹太恐怖组织

---

① 参见国际关系研究所编《巴勒斯坦问题参考资料》，第98页。
② АВП РФ, ф.06. Оп.10. П.15. Д.160. Л.4－7.// Советско-Израильские Отношения. Сб. док. 1941–1953гг. Т. I. С. 290–292.
③ 果尔达·梅尔松就是后来的首任以色列驻苏联公使梅厄夫人——果尔达·梅厄。

"斯特恩帮"（Stern Group）① 的发言人在3月22日声称："美帝国主义与英国占领者没有任何区别，如果我们将被迫与之战斗的话，我们将为犹太国而战斗，反对任何帝国主义的企图。如果我们仔细观察目前的形势，我们几乎可以确信，我们在斗争中并不是孤立无援的。"3月24日，伊尔贡的发言人也对"背叛了犹太人事业的美国人"表达了强烈的不满，他表示："如果美国军队被派往巴勒斯坦来实现托管的话，我们将与之决一死战，我们对待美国人就像对待英国占领者那样。"②

为了缓解强大的政治压力，美国政府不得不在1948年5月12日正式宣布放弃对托管方案的支持。同日，杜鲁门在白宫召开了一次特别会议，会议的主要内容是讨论是否要立刻承认即将成立的犹太国的问题。对此，美国国务卿马歇尔表示坚决反对，甚至不惜威胁要与杜鲁门决裂。③ 但由于杜鲁门总统的坚持，马歇尔不得不违心地表示同意承认以色列。

1948年5月14日，在巴勒斯坦飘扬了30年的英国国旗被降了下来，委任统治正式宣告结束。当天下午4点，犹太国家民族委员会在特拉维夫博物馆举行了简短的立国仪式。本-古里安宣读《独立宣言》，标志着以色列正式成立。11分钟

---

① "斯特恩帮"，是犹太恐怖组织"莱希"的蔑称。
② АВП РФ, Ф. 0118. Оп. 2. П. 3. Д. 11. Л. 123 - 130. // Советско-Израильские Отношения. Сб. док. 1941-1953гг. Т. I. С. 293-294.
③ Michael T. Benson, *Harry S. Truman and the Founding of Israel*, Westport: Praeger, 1997, pp. 155-157.

第三章 以色列建国前后苏联和东欧集团的支持 // 151

以后,美国政府即宣布"在事实上承认以色列临时政府",但是这一决定是在国务院和军方持反对态度的情况下做出的。①

5月15日,以色列临时政府外交部部长摩西·夏里特给苏联外长莫洛托夫发了电报:"我满怀敬意地通知您,请求您向您的政府汇报,昨晚,由各个犹太组织选出的犹太国家民族委员会举行会议,在英国的委任统治结束后,以联合国大会1947年11月29日决议为基础,独立的犹太国家在巴勒斯坦宣告成立,这个国家被称为以色列……我以以色列临时政府的名义请求苏维埃社会主义共和国联盟对以色列国给予官方承认。我希望你们尽快地承认以色列国。我相信,它一方面将巩固苏联和苏联人民与以色列和巴勒斯坦犹太人之间的友谊;另一方面,在整体上看将有助于在国际关系中实现和平与公正。我利用这个机会表达对苏联人民的感谢。"②

5月18日,莫洛托夫给摩西·夏里特回电:"我在5月16日收到了你们的电报……我宣布,苏联政府决定正式承认以色列及其临时政府。苏联政府希望,犹太人民主权国家的建立将有助于巩固巴勒斯坦和近东地区的和平与安全。苏联政府确信苏联和以色列的友好关系能够得到顺利的发展。"③值得注意的是,苏联是世界上第一个发布正式外交公报承认

---

① 参见〔美〕哈里·杜鲁门《杜鲁门回忆录》下卷,李石译,东方出版社,2006,第204页。
② ISA 130.02/2424/19, *Documents on Israeli-Soviet Relations 1941 – 1953* (*DISR*), Part I, p. 281.
③ АВП РФ, Ф. 89. Оп. 1. П. 1. Д. 4. Л. 5. // Советско-Израильские Отношения. Сб. док. 1941–1953гг. Т. I. С. 305.

以色列的国家。

5月24日,摩西·夏里特给莫洛托夫发电报:"我们收到了你们在5月18日的电报,我们非常感谢苏联政府承认以色列……希望以色列政府和苏联政府之间建立更加深厚的友谊。我请求得到你们的答复,你们是否同意以色列国立即向莫斯科派遣代表团建立公使馆或者临时代办处,同时请求苏联方面派遣同级别的代表团前往特拉维夫。"①

5月25日,莫洛托夫回电:"我在5月24日收到了你们的电报,苏联政府同意以色列向苏联派遣公使或者临时代办。同时,苏联也准备向特拉维夫派遣代表团。"②

1948年8月17日,苏联驻以色列公使 П.И. 叶尔绍夫(П.И. Ершов)向以色列临时政府总理本-古里安递交了国书。③ 8月26日,以色列驻苏联公使果尔达·梅厄也向苏联政府递交了国书。④ 苏以两国正式建交。

以色列国宣布成立后的第二天,即1948年5月15日,埃及、外约旦、伊拉克、叙利亚和黎巴嫩5个阿拉伯国家宣布对以色列发动"圣战",并相继派兵进入巴勒斯坦,于是第一次中东战争爆发。这次战争也被称为第一次阿以战争或者巴

---

① ISA 130.09/2308/1, *Documents on Israeli-Soviet Relations 1941-1953* (*DISR*), Part I, p. 285.
② АВП РФ, ф. 06, оп. 10, п. 46, д. 622, л. 17, Советско-Израильские отношения, Том I, С. 308.
③ АВП РФ, Ф. 89. Оп. 1. П. 1. Д. 3. Л. 14-15. // Советско-Израильские Отношения. Сб. док. 1941–1953гг. Т. I. С. 348–349.
④ ISA 130.02/2385/3, *Documents on Israeli-Soviet Relations 1941-1953* (*DISR*), Part I, p. 327.

勒斯坦战争，而以色列人则称其为独立战争。

阿拉伯国家宣称它们发动的是保卫宗教圣地、消灭犹太复国主义、帮助巴勒斯坦兄弟建立国家的圣战。由于有备而来和先发制人，再加上军事力量上的优势，阿拉伯方面在战争初期攻势凌厉，掌握着战场上的主动权，新生的以色列国面临着巨大的危险。

战争爆发后，联合国很快便召开了特别会议，研究调停问题。经过各方面的协调，交战双方在1948年5月30日达成了一项协议，要求交战双方停火4周，并委派瑞典红十字会会长福克·伯纳多特（Folke Bernadotte）担任联合国巴勒斯坦问题的调停人。经过伯纳多特的斡旋，阿以双方同意从6月11日起停火4个星期。

停火期间，伯纳多特提出了一个解决阿以争端的新方案：那就是把巴勒斯坦这块委任统治地和外约旦合并为一个经济联盟。在这个联盟里，有一个犹太国家和一个阿拉伯国家，双方可以通过一个中央议会协调它们的共同利益。遇到分歧时（例如在移民问题上）有向联合国申诉的权利；因战争而流离失所的人有返回家园并收回其财产的权利。此外，伯纳多特还建议对11月的分治计划进行某些领土划分方面的调整，使其符合目前的军事形势。他建议把内盖夫（南巴勒斯坦）的全部或者一部分划入阿拉伯领土之内，作为交换，把加利利西区的全部或一部分划入犹太领土；把耶路撒冷城划入阿拉伯领土之内，耶路撒冷的犹太人自治地则享有市政自治权；在海法建设一个自由港（包括输油管终端和炼油厂），在卢德设立一个自由航空站等。①

以色列政府在1948年7月7日的答复中，对伯纳多特的计划表示了强烈不满，它认为这项建议危害极大，既鼓励了阿拉伯人的侵略，又伤害了犹太人的感情。更重要的是该项计划将从根本上改变自1947年11月联合国大会决议案中有关领土的各项规定。② 在苏联的支持下，以色列方面拒绝了这个计划。③

7月9日，战端重启，4个星期的停火使得双方的力量对比发生了改变。以色列在补充了军火和兵力后，实力大增，开始由防守转为进攻。到7月18日根据联合国决议第二次停火时，以色列已经在这10天的战斗中从阿拉伯人手里夺得的领土，已经3倍于他们在第一个月战斗中所获得的领土。④ 这一时期，联合国调解人伯纳多特和以色列政府之间的关系越来越恶化了。伯纳多特曾向以色列外交部部长摩西·夏里特提出抗议，说摩西·夏里特反对安全理事会的决议并丝毫不

---

① 参见〔英〕乔治·柯克《1945—1950年的中东》，复旦大学历史系世界史教研室译，第456~457页。
② 参见联合国安全理事会《正式记录》，第3年，1948年7月增编，第27~30页，文件S/870。转引自〔英〕乔治·柯克《1945—1950年的中东》，复旦大学历史系世界史教研室译，第458页。
③ 16 октября 1948, АВП РФ, Ф. 07. Оп. 216. П. 49. Д. 39. Л. 86. 转引自 Laurent Rucker, *Moscow's Surprise: The Soviet-Israeli Alliance of 1947–1949*, Cold War International History Project Working Paper, No. 46, p. 38.
④ 〔英〕乔治·柯克：《1945—1950年的中东》，复旦大学历史系世界史教研室译，第463页。

顾及世界的舆论，并肆无忌惮地威胁他。而一部分以色列报纸意味深长地揭露这位联合国调解人在第二次世界大战最后阶段曾作为国际红十字会的代表与纳粹党卫军头子希姆莱有过暧昧的勾搭。现在又成为"英美帝国主义"和"石油利益"的一个代理人。当时的以色列政府和国内整个报界都对伯纳多特及其联合国观察员采取了敌视的态度。而苏联方面也一再指责伯纳多特在1939年苏芬战争期间，曾为芬兰招募志愿军。1948年9月17日，犹太恐怖组织成员在耶路撒冷郊区暗杀了伯纳多特伯爵和他的助手。

在伯纳多特事件中，苏联和东欧集团又一次坚定地站在了以色列一边，它们谴责英国和美国，说它们为了满足其在南巴勒斯坦的战略和石油利益，对已故的伯纳多特伯爵的建议施加了影响①，而对伯爵本人被暗杀这件事，苏联代表则轻描淡写，一带而过。

1948年11月24日，苏联代表在联合国大会第三次会议上提交了一份决议草案，要求侵入巴勒斯坦地区的阿拉伯军队马上撤离，并声称以色列正在为自由和独立进行着武装斗争。②

此外，1948年12月，联合国大会对巴勒斯坦难民问题进行讨论的时候，苏联又一次站在了以色列一边——它否决了

---

① 〔英〕乔治·柯克：《1945—1950年的中东》，复旦大学历史系世界史教研室译，第473~475页。
② Govrin Yosef, *Israeli-Soviet Relations, 1953 - 1967: From Confrontation to Disruption*, London: Frank Cass, 1998, p.26.

联合国大会的第 194 号决议。①

第二节　大批东欧犹太人涌入巴勒斯坦

　　移民是以色列的立国之本。以色列能够顺利建国,来自东欧国家的大量犹太移民起到了至关重要的作用,而这些犹太人能够顺利移民巴勒斯坦,是和苏联的默许态度分不开的。

　　以色列建国之前,受英国政府在 1939 年颁布的《关于巴勒斯坦问题白皮书》的制约,犹太人向巴勒斯坦移民大都是非法的。尽管起初苏联官方声明不支持欧洲犹太难民移居巴勒斯坦,但实际上仍对巴勒斯坦犹太代办处在东欧吸收移民提供了便利条件。

　　早在 1945 年 4 月,第二次世界大战结束前,巴勒斯坦犹太代办处驻华盛顿代表古尔德曼就给当时的苏联驻美大使葛罗米柯写信,希望苏联政府能够对匈牙利、保加利亚和罗马尼亚的犹太人自由移民巴勒斯坦提供方便。②

　　从 1946 年开始,在苏联的允许之下,犹太复国主义者开始和罗马尼亚政府就移民问题展开谈判。布加勒斯特方面同

---

① 该决议允许巴勒斯坦的阿拉伯难民返回家园,同时阿拉伯难民有权对自己的财产损失进行索赔。参见 Laurent Rucker, *Moscow's Surprise*: *The Soviet-Israeli Alliance of 1947–1949*, Cold War International History Project Working Paper, No. 46, p. 34。
② CZA Z6/2298, *Documents on Israeli-Soviet Relations 1941–1953*（*DISR*）, Part I, pp. 97–98。

意5万名犹太人离开罗马尼亚移民巴勒斯坦，但前提是他们放弃自己在罗马尼亚的财产，此外巴勒斯坦犹太代办处还不得不为这些罗马尼亚犹太人支付人头税。[1]

1946年5月，第一艘载有1700名犹太人的轮船离开罗马尼亚的康斯坦察港前往巴勒斯坦。1947年底，犹太复国主义者还试图组织1.5万名罗马尼亚犹太人移民巴勒斯坦，但是这个计划最终流产。[2]

同时，犹太复国主义者与波兰、匈牙利、保加利亚方面的谈判也在进行当中。1946～1948年，巴勒斯坦犹太代办处一共接纳了6万名犹太非法移民，其中80%来自波兰、罗马尼亚、匈牙利和保加利亚。[3]

1948年5月，以色列的成立为全世界犹太人合法地移民巴勒斯坦打开了方便之门，大批犹太人涌入巴勒斯坦造成了周边阿拉伯国家的极大恐慌。一些国家希望继续对犹太移民进行限制。在安理会讨论这个问题的时候，苏联代表发言指出："犹太移民问题是以色列的内部事务，有些安理会的代表曾就犹太移民威胁到周边阿拉伯国家安全的问题进行讨论。我认为除了以色列本身的自卫行为，我们还不知道任何一起由以色列军队发起的对他国的武装入侵，相反，以色列是被

---

[1] Uri Bialer, *Between East and West: Israel's Foreign Policy Orientation 1948-1956*, London: Cambridge University Press, 1990, p. 80.

[2] Idith Zertal, *From Catastrophe to Power: Holocaust Survivors and the Emergence of Israel*, California: University of California Press, 1998, p. 238.

[3] Laurent Rucker, *Moscow's Surprise: The Soviet-Israeli Alliance of 1947-1949*, Cold War International History Project Working Paper, No. 46, p. 30.

迫去击退来自其他国家的武装力量对以色列的恐怖袭击。这是一种完全意义上的自卫行为。"①

这一时期,以色列和罗马尼亚之间关于移民问题的谈判遇到了一些小麻烦,根据以色列代表莫迪凯·纳米尔(Mordechai Namir)和罗马尼亚外交部部长安娜·波克尔(Ana Pauker)在1948年7月所达成的协议,每个月将允许5000名罗马尼亚籍犹太人移民巴勒斯坦。安娜·波克尔并没有向纳米尔提及对这些犹太人是否有限制标准。但由于国内经济形势的恶化,从1948年3月开始,罗马尼亚政府就已经开始禁止熟练工人、医生和工程师向外移民了。罗马尼亚共产党的一些领导人坚决反对那些处在重要岗位的犹太人移民巴勒斯坦。② 事实上到了1948年底,罗马尼亚就不再允许本国犹太人移民了。

于是在1948年12月,以色列外交部部长摩西·夏里特和苏联外交部副部长维辛斯基专门就东欧国家的移民问题在巴黎举行了会谈。

会谈中,摩西·夏里特一再强调了移民对于以色列国的重要性。摩西·夏里特指出:"在一战期间,俄国犹太人在巴

---

① Yaacov Ro'i, *Soviet Decision-Making in Practice: The USSR and Israel, 1947-1954*, p. 238.
② This account is based upon Robert Levy, "Ana Pauker and the Mass Emigration of Romanian Jewry, 1950-1952," *East European Jewish Affairs*, Vol. 28, No. 1, 1998, pp. 69-86. The article is based on documents from the Romanian archives. 转引自 Laurent Rucker, *Moscow's Surprise: The Soviet-Israeli Alliance of 1947-1949*, Cold War International History Project Working Paper, No. 46, p. 31。

勒斯坦的犹太移民中占据了举足轻重的地位，其结果到今天还能感受得到，在我们的政府中，在一些重要部门和岗位，许多人都是来自俄国……在一战之后，以色列国建国先锋队的责任是由来自波兰和罗马尼亚的犹太人担负起来的。所以，如果犹太人想建国，就必须尽最大的努力使我们东欧盟友中的犹太人移民到巴勒斯坦来。"

接下来，摩西·夏里特分别谈了东欧国家犹太人的情况。他说："南斯拉夫目前有8000多名犹太人，南斯拉夫政府允许其中的一半人在自愿的前提下移民巴勒斯坦；保加利亚有3.5万~4万名犹太人，他们当中有几千人愿意移民，以色列政府已经和保加利亚政府达成了协议将接收他们；波兰有7万~8万名犹太人，在波兰，如果犹太人想移民的话，他们随时都可以离开，但是对于那些处在重要岗位的犹太人还是有移民限制的，不管怎样，这对于以色列是比较有利的；匈牙利有20万犹太人，对那里的情况我们还并不清楚；而罗马尼亚的情况就显得比较糟糕，那里有35万名犹太人，罗马尼亚犹太移民是以色列劳动力资源的重要源泉，这个国家也存在移民传统，但是现在我们恰恰在罗马尼亚遇到了困难。"维辛斯基对摩西·夏里特解释说："东欧国家和以色列一样年轻，对于一切有可能不利于他们国家利益的事情都会很敏感。大国在某些问题上做出让步也许不是问题，而小国则会把困难看得过大，这是很自然的。"摩西·夏里特说："你们不能想象以色列对苏联的情感有多么深，维持与苏联的友谊是以色列最重要的任务之一。在罗马尼亚，35万犹太人丧失了属于自己的一切，被纳粹摧毁的犹太社团还没有来得及重建，要知道在罗马尼亚重建犹太社团并不是一件容易的事。让罗马尼亚的犹太人移民到巴勒斯坦来不仅符合我们的国家利益，也是人道主义解决问题的方式之一。也许罗马尼亚需要这些犹太人，但是该国有1800万人口，对它来说失去10万名犹太人算不了什么，而对于以色列来说，得到这10万名犹太人就可以立刻使他们投入我们的国家建设中来，并能为保卫国家贡献自己的力量。"接下来维辛斯基谈到了以色列与美国犹太人交往的问题。对于这个问题，摩西·夏里特的解释是："这些富有的美国犹太人认为自己也是以色列的公民，他们是在帮助犹太人建立自己的民族国家……以色列将成为一个自由的国家，而不是别人手中的傀儡。在这次联合国大会上，我们（指的是苏联和以色列）取得了很大的胜利，成功地阻止了伯纳多特计划的通过。"谈话的最后，维辛斯基表示："你们的意见我会转达给我的政府，转达给莫洛托夫，甚至是更高级别的领导人。"[1] 显然，维辛斯基在这里指的这位更高级别的领导人就是斯大林了。由此可见，莫斯科高层对以色列在东欧国家吸收移民是相当重视的。1949年4月，以色列驻苏联大使果尔达·梅厄在返回以色列之前又一次向维辛斯基提出了关于罗马尼亚和匈牙利犹太人移民的问题。希望苏联

---

[1] ISA 130.11/2502/8, *Documents on Israeli-Soviet Relations 1941–1953* (DISR), Part I, pp. 414–419.

方面能劝说这两国的政府放宽对犹太人移民的限制。①

与此同时，以色列外交人员继续就犹太人移民问题在布加勒斯特与罗马尼亚政府进行谈判，但是依旧没有效果。直到1949年底，罗马尼亚政府终于再次对犹太人打开国门，这在很大程度上要归功于苏联政府对罗马尼亚政府施加的压力。在1950年有47041名罗马尼亚犹太人到达以色列，紧接着1951年，又有40625名犹太人离开罗马尼亚向以色列移民。

在布达佩斯，以色列外交人员与匈牙利政府进行的谈判也并不顺利。从1948年中至1949年底，只有大约10000名匈牙利犹太人通过非法途径移民以色列。② 苏联对待东欧国家的犹太人移民问题并没有统一的政策。犹太人问题在东欧属于比较敏感的问题，如果只允许犹太人向外移民而不允许其他人移民的话，有可能会在东欧地区掀起新一轮的反犹主义浪潮，这种情况是不利于东欧国家人民民主政体的稳定。因此，尽管苏联政府鼓励东欧犹太人移民到以色列去，但在政策上还是给予了这些国家一定的自主权。

从1948年中至1951年，东欧国家先后向以色列输出了超过30万名犹太移民，人数超过了同一时期以色列移民的半数以上，具体数字见表3-1。

---

① ISA 130.02/2457/14, *Documents on Israeli-Soviet Relations 1941–1953* (*DISR*), Part I, p.465.
② Laurent Rucker, Laurent Rucker, *Moscow's Surprise: The Soviet-Israeli Alliance of 1947–1949*, Cold War International History Project Working Paper, No.46, p.32.

162 // 从蜜月走向对抗

表 3-1　东欧各国前往以色列的犹太移民人数统计（1948 年中至 1951 年）

国家	移民人数
罗马尼亚	117950 人
波兰	106414 人
保加利亚	37260 人
捷克斯洛伐克	18788 人
匈牙利	14324 人
南斯拉夫	7661 人

资料来源：Marie-Pierre Rey, *Juifs et émigration juive dans la politique extérieure soviétique: handicap ou atout?1917-1991*, Historiens et Géographes, No. 322, 1991, p. 254。转引自 Laurent Rucker, *Moscow's Surprise: The Soviet-Israeli Alliance of 1947-1949*, Cold War International History Project Working Paper, No. 46, p. 35。

尽管苏联对于以色列在东欧国家吸收犹太移民采取了默许的态度，但是对于本国犹太人的移民要求则给予了严格限制。1948 年 9 月 15 日，以色列驻苏联公使果尔达·梅厄在会见苏联外交部近东司司长巴库林时指出："要解决犹太人问题，只有靠大量犹太人移民以色列这一途径。"苏联外交部副部长佐林说："绝大多数犹太人都会留在自己的国家，而不会移民以色列。苏联是社会主义国家，犹太人在苏联从未受到歧视和压迫，要最终解决其他国家的犹太人问题，只有在该国彻底实现民主化。"[①]

根据苏联方面的统计资料，1945~1955 年，仅有 500 名苏

[①] 15 сентября 1948. АВП РФ. Ф. 089. Оп. 1. П. 1. Д. 2. Л. 8. 转引自 15 сентября 1948, АВП РФ, ф. 089, оп. 1, п. 1, д. 2, л. 8, Советско-Израильские Отношения, Том I, С. 369。

联犹太人移民巴勒斯坦。① 而以色列方面的材料显示，在1948~1955年，移民以色列的苏联犹太人有131名，这其中只有9名犹太人是在斯大林去世之前离开苏联的。② 1952年4月6日，苏联外交部副部长 А. Б. 波德采罗布（А. Б. Подцероб）给莫洛托夫的一份书面报告中写道：1948~1951年，苏联移民局一共收到了65份苏联犹太人要求移民巴勒斯坦的申请，其中只有10份获得了批准。③

由此可见，苏联方面的态度很明确，就是限制苏联犹太人移民以色列。官方的说法是苏联不存在反犹主义，也不存在阶级矛盾和民族压迫，因此苏联犹太人没有必要移民以色列。但在笔者看来，实际情况是由于刚刚经历了第二次世界大战，苏联人口数量急剧下降，百废待兴，因此在战后实行了限制人口外流的政策。总体而言，犹太人在苏联受教育程度较高，所以苏联方面希望犹太人能留在国内为苏联的经济建设服务。因此，以色列的移民政策与战后苏联的人口政策是相悖的，这也是后来以色列倒向美国及苏以关系破裂的原因之一。

新生的以色列国在很多问题上需要苏联的支持和帮助，所

---

① Источник. Документы русской истории, Вестник архива президента РФ Приложение к российскому историческому журналу 《Родина》 №1. 1996. С. 154-155.

② Uri Bialer, *Between East and West: Israel's Foreign Policy Orientation, 1948-1956*, p. 146.

③ АВП РФ. Ф. 022. Оп. 5а. П. 66. Д. 9. Л. 131 - 133.// Советско-Израильские Отношения. Сб. док. 1941-1953гг. Т. II. С. 342-343.

以对苏联犹太人移民这个敏感问题，以色列领导人一直采取回避的态度。只是向苏联政府提出，希望苏裔犹太人的亲属能够移民以色列。①

第三节　来自东欧的军事援助

在苏联的支持下，东欧的大量犹太移民保证了以色列的人口基数和军队动员能力。但是，犹太人要想在巴勒斯坦地区建国，除了移民之外，还必须要有大量的武器装备才能保证国家的独立和安全。1947年，本-古里安曾对哈加纳②现有的武器装备情况做过一次彻底的清查，情况见表3-2。

表 3-2　1947 年哈加纳的武器装备情况

武器种类	数量
来复枪	10073 支
冲锋枪	1900 支
中型机枪	186 挺
轻机枪	444 挺

资料来源：David Ben-Gurion, *Israel: Years of Challenge*, New York: Holt, Rinehart and Winston, 1963, p.21。

犹太武装力量仅有1挺重机枪，没有大炮，也没有反坦

---

① АВП РФ. Ф. 089. Оп. 1. П. 1. Д. 2. Л. 17 - 19. // Советско-Израильские Отношения. Сб. док. 1941-1953гг. Т. I. С. 411-412.

② 哈加纳（Haganah），犹太复国主义军事组织（1920-1948），1920年由在巴勒斯坦的早期犹太移民建立。

克武器、防空武器和装甲车，没有空军和海军，通信器材也很缺乏。这些武器大部分还是英国军队淘汰下来的，很多枪支都已无法使用。①

犹太人只要宣布建国，就意味着要和周围的阿拉伯国家打仗，而靠这点武器装备是远远不够的。早在1947年春，联合国开始讨论巴勒斯坦问题时，本-古里安就开始派人前往欧洲和美国收集和采购军火，进行战争准备。然而，1947年12月5日美国宣布对巴勒斯坦及其邻国施行武器禁运②，军火采购工作并不顺利。于是巴勒斯坦犹太代办处将注意力放在了东欧。

1947年7月，巴勒斯坦犹太代办处欧洲处处长摩西·斯奈（Moshe Sneh）就和捷克斯洛伐克代表弗拉基米尔·克列门蒂斯（Vlagimir Clementis）开始了购买武器的谈判。1948年3月，巴勒斯坦犹太代办处代表埃胡德·阿弗里尔（Ehud Avriel）与捷克斯洛伐克国防部副部长贝德里奇·赖辛（Bedřich Reicin）将军举行了一次会谈，捷克的雷森将军向以色列代表阿维尔保证，尽管向犹太人出售武器还需要得到总理克里门特·哥特瓦尔德（Klement Gottwald）、国防部部长卢德维克·斯沃博达（Ludvík Svoboda）将军和内务部部长瓦茨拉夫·诺塞克（Václav Nosek）的批准，但是他认为问题不大。捷克斯洛伐克军队中的一些废旧枪支和坦克甚至可以通过军

---

① David Ben-Gurion, *Israel: Years of Challenge*, New York: Holt, Rinehart and Winston, 1963, p. 21.
② *Foreign Relations of the United States*（FRUS）, 1947, Vol. 5, pp. 1300–1301.

队直接进行出售。在得到捷克斯洛伐克高层官员的允许之后，1948年3月，犹太人和捷克斯洛伐克著名的斯柯达兵工厂签订了合同，购买了4500支P18毛瑟步枪、200挺MG34型机枪、504万发7.92毫米步枪弹，总价值45万美元。犹太人把从捷克斯洛伐克购买武器的计划称之为"巴拉克行动"（Balak Operation），把这次行动称为"巴拉克行动1"。为了掩人耳目，购买这批武器时，巴勒斯坦犹太代办处代表隐去了自己的真实身份，以埃塞俄比亚代表的身份在合同上签字。①

从1948年3月31日至5月20日，巴勒斯坦犹太代办处（1948年5月14日之后称为以色列政府）先后从捷克斯洛伐克购买了3批武器装备，分别称为"巴拉克行动2"、"巴拉克行动3"和"巴拉克行动4"。而历次运输的武器种类、数量及其总价值，详见表3-3、表3-4和表3-5。

表3-3 "巴拉克行动2"的武器种类、数量及其总价值

武器种类	数量
P18毛瑟步枪	10000支
ZB34轻机枪	815支
ZB37重机枪	600支
7.92毫米步枪弹	1600万发
9毫米派拉贝鲁姆手枪弹	150万发
	总价值252.8万美元

---

① Pinchas Vaze, *Rechesh*, Tel Aviv: 1966, pp. 184 – 185, 转引自 Arnold Krammer, *The Forgotten Friendship Israel and the Soviet Bloc, 1947-1953*, p. 94。

表 3-4 "巴拉克行动 3"的武器种类、数量及其总价值

武器种类	数量
P18 毛瑟步枪	10000 支
各类机枪	3400 挺
各类子弹	3000 万发
	总价值 446.7 万美元

表 3-5 "巴拉克行动 4"的武器种类、数量及其总价值

武器种类	数量
ZB37 重机枪	75 挺
反坦克炮弹	100 万发
各类子弹	5000 万发
	总价值 70 万美元

资料来源：Compiled from Ben-Gurion's *The Restored State of Israel*, Tel Aviv: Am oved, 1969, p. 103. 转引自 Arnold Krammer, *The Forgotten Friendship Israel and the Soviet Bloc, 1947-1953*, p. 94。

根据最新解密的苏联和以色列的档案来看，当时捷克斯洛伐克在卖给犹太人武器的同时，也与埃及和叙利亚进行着武器交易的谈判。①

1948 年 2 月 5 日，巴勒斯坦犹太代办处代表摩西·夏里特会见了苏联常驻联合国代表葛罗米柯，希望苏联方面能够阻止捷克斯洛伐克向阿拉伯国家出售武器。②

1948 年 6 月 5 日，苏联外交部近东司司长巴库林在给副部长佐林的报告中说："必须通过我们驻布拉格和贝尔格莱德

---

① АВП РФ. Ф. 0118. Оп. 2. П. 3. Д. 11. Л. 60 – 61. // Советско-Израильские Отношения. Сб. док. 1941-1953гг. Т. I. С. 280-281.
② CZA S25/1702, *Documents on Israeli-Soviet Relations 1941 – 1953*（DISR）, Part I, p. 264.

的大使用适当的方式让捷克人和南斯拉夫人明白,以色列代表提出购买火炮和飞机并运往巴勒斯坦的请求是合理的。尽管联合国安理会做出对犹太人和阿拉伯人都实行武器禁运的决议,但是约旦、伊拉克和埃及是完全有机会从英国人的仓库和基地得到他们所必需的武器。[1] 佐林在写给莫洛托夫的信中指出:"在适当的时候必须让哥特瓦尔德注意到,他们出售给阿拉伯国家的武器将会使巴勒斯坦的局势更加恶化。英美帝国主义将会利用这种混乱的局面反对苏联和人民民主政权。"[2]

由于苏联方面的介入,捷克斯洛伐克政府终止了与阿拉伯国家的军火贸易谈判,答应仅向巴勒斯坦的犹太人提供武器。

1948年4月中旬,巴勒斯坦实际上已经陷入了战争状态。为了加紧备战,巴勒斯坦犹太代办处已经不再满足于购买轻型武器了,开始向捷克斯洛伐克方面提出购买包括梅塞施密特(Messerschmitt)战斗机在内的重型武器了。

梅塞施密特系列战斗机曾是纳粹德国空军的王牌战斗机。在第二次世界大战期间,捷克斯洛伐克实际上成了纳粹的兵工厂。特别是在1944年以后,德国本土的工厂遭到盟军的轰炸损失惨重,于是捷克斯洛伐克的许多兵工厂都接到了命令

---

[1] АВП РФ. Ф. 098. Оп. 1. П. 1. Д. 6. Л. 3. // Советско-Израильские Отношения. Сб. док. 1941–1953гг. Т. I. С. 314.
[2] *Mezhdunarodnaya Zhizn'*, No. 10, 1998, p. 87. 转引自 Laurent Rucker, *Moscow's Surprise*:*The Soviet-Israeli Alliance of 1947–1949*, Cold War International History Project Working Paper, No. 46, p. 32。

生产梅塞施密特战斗机的零部件，然后在布拉格的卡科维斯（Cakovice）兵工厂和阿维亚（Avia）兵工厂进行组装。二战结束后，梅塞施密特战斗机的技术落入了捷克斯洛伐克人手中。卡科维斯兵工厂对梅塞施密特战斗机进行了改进，研制出了梅塞施密特S-199战斗机。捷克斯洛伐克希望把这种飞机出口以赚取外汇，但是与国际市场上其他飞机相比，梅塞施密特S-199战斗机的机型不大受欢迎，因此销路并不好，但是到了1948年4月，巴勒斯坦犹太代办处向捷克斯洛伐克方面提出了购买这种飞机的请求。1948年4月23日，捷克斯洛伐克和巴勒斯坦犹太代办处正式签署了购买飞机的合同。犹太人一共购买了10架梅塞施密特S-199战斗机，每架飞机售价为4.4万美元，这其中包含了飞机的备用零件、机载炮、机关枪和炸弹等。尽管犹太武装中有不少曾在战争期间服役于英国空军的犹太飞行员，但是他们当中很少有人能够驾驶梅塞施密特S-199战斗机。因此，在与捷克斯洛伐克人的合同中还包含了为犹太人秘密培训一批飞行员和技术人员的条款。捷克斯洛伐克国防部选择了位于布拉格以西75英里靠近扎台茨镇（Zatec）的一个秘密机场作为培训犹太飞行员的基地。尽管已经购买了10架飞机，但是这些飞机暂时还未交付使用，于是巴勒斯坦犹太代办处把工作的重点转到了培训飞行员上。1948年5月5日，8名犹太学员被巴勒斯坦犹太代办处派往捷克斯洛伐克学习驾驶梅塞施密特S-199战斗机的复杂技术，但是这些满怀热情的犹太飞行员表现并不好，只有3

名在二战中有过飞行经验的学员完成了全部课程，另外 5 名被捷克斯洛伐克指挥官建议转到其他地方继续学习飞行。

1948 年 5 月 17 日，10 架梅塞施密特 S-199 战斗机终于被运抵扎台茨空军基地，并于 5 月 21 日运到了以色列。而此时，埃及军队已经推进到了距离特拉维夫 30 公里的地方。这 10 架新型战斗机对于以色列来说无疑是雪中送炭。它们为阻止阿拉伯军队的进攻起到了重大作用。[①] 与飞行员培训课程相比，以色列对于伞兵培训的重视程度显然不够。1948 年 5 月底，以色列代表阿维尔在与雷森将军的一次会谈中，偶然间提到了关于伞兵培训的事情，雷森将军出人意料地同意了。

由于时间紧迫，哈加纳决定不从以色列派遣人员过来，而是在东欧各个使团中间抽调人员到捷克斯洛伐克接受培训。于是在 1948 年 6 月 10 日，一支由 50 人组成的伞兵训练营被组建了起来。这支队伍被带到了位于苏台德地区（Sudetenland）的一个训练基地。在这里他们每一个人都穿上了捷克斯洛伐克士兵的制服，严格的训练课程开始了。训练的重点为突击队训练、侦察、炸弹使用、野外生存能力等，课程等级为绝密，为了避免引起美国与英国大使馆人员的注意，以色列学员得到命令，周末外出时必须穿普通市民的服装，任何时候都禁止在训练营外讲希伯来语。伞兵训练的课

[①] Avigdor Shahan, *Kanfei Hanizahon*, *The Wings of Victory*, Tel Aviv, 1966, p. 63. 转引自 Arnold Krammer, *The Forgotten Friendship Israel and the Soviet Bloc*, *1947-1953*, pp. 90-91, 96.

程进行了两个月，于1948年8月中旬结束，学员们结业之后，被送往扎台茨空军基地，然后飞往以色列，这批学员日后成为以色列伞兵部队的核心力量。①

以色列正式成立不久，也就是1948年5月19日，与捷克斯洛伐克政界有着良好关系的阿维尔被任命为驻捷克斯洛伐克大使，值得注意的是阿维尔是以色列任命的第一个官方代表。同时，在布拉格的以色列军事采购团成员大都被任命为使馆的工作人员。5月20日，阿维尔和捷克斯洛伐克政府签署了一份新合同，购买了15架梅塞施密特S-199战斗机。

1948年7月15日，捷克斯洛伐克政府又和以色列政府签署了一份军售合同。布拉格方面提供59架英国喷火式战斗机及其零部件，这些飞机和零部件是在二战结束的时候由皇家空军移交给捷克斯洛伐克的。1948年合同商议价格为每架飞机2.3万美元，比之几个月前以色列订购的梅塞施密特S-199战斗机来说，价格要便宜得多。

从1947年12月至1948年5月5日，捷克斯洛伐克政府为巴勒斯坦的犹太人提供了价值1300万美元的轻重武器。1948年下半年，以色列又向捷克斯洛伐克政府购买了900万美元的武器。巴勒斯坦犹太代办处和以色列政府先后从捷克斯洛伐克购买了价值2200万美元的武器装备。捷克斯洛伐克

---

① Arnold Krammer, *The Forgotten Friendship Israel and the Soviet Bloc*, 1947-1953, pp. 92-94.

和以色列在军事领域的合作一直持续到1951年。[1]

以色列第一任总理本-古里安曾经说过:"毫无疑问,与捷克的武器交易是对我们的最大帮助,它拯救了我们,没有这些武器我怀疑我们能否挺过第1个月。"[2]

首任以色列驻莫斯科公使果尔达·梅厄曾经在回忆录中写道:"在独立战争的头6个星期内,我们主要依靠(虽不是完全)哈加纳在东欧买到的炮弹、机枪、大炮,甚至飞机。那时连美国也宣布对中东禁止出售和运送武器……5月18日苏联承认以色列国对我们有巨大意义。"[3]

以色列一直希望苏联方面能够直接对以色列进行军事援助。以色列外交官一到莫斯科,就希望能同苏联方面的权威人士就这个问题展开谈判。1948年10月6日,以色列驻苏联公使馆官员约哈南·拉特纳(Yohanan Ratner)上校会见了苏军副总参谋长А. 安东诺夫(А. Антонов)大将(犹太人)。拉特纳提出:"希望苏联方面能够帮助以色列培训军官并向以色列提供一些苏联缴获纳粹德国的武器装备。安东诺夫建议以色列方面就所提要求列出一个详细清单。"[4]

---

[1] Laurent Rucker, *Moscow's Surprise: The Soviet-Israeli Alliance of 1947–1949*, Cold War International History Project Working Paper, No. 46, p. 32.
[2] Z. Shiff, Stalin ora lesapek neshek le'yisrael', *Ha'aretz*, 3 May 1968 (Hebrew). 转引自 Uri Bialer, "The Czech-Israeli Arms Deal Revisited," *Journal of Strategic Studies*, Vol. 8, No. 2, 1985, p. 313.
[3] 〔以〕果尔达·梅厄:《梅厄夫人自传》,章仲远、李佩玉译,第217页。
[4] ISA 130.09/2325/4, *Documents on Israeli-Soviet Relations 1941–1953* (*DISR*), Part I, p. 376.

11月9日，以色列总理兼国防部部长本-古里安给拉特纳上校发了一封电报，就以色列要求苏联提供的武器列了一份详细的清单。其中包括45辆T-34坦克、50架战斗机等。[1]拉特纳把这份清单交给了巴库林。巴库林表示，他将把这份清单转交给上级。但是巴库林指出，由于联合国要求对巴勒斯坦实行武器禁运，苏联向以色列提供武器会很困难。巴库林说："的确是有一些国家违反了联合国决议，但是如果我们向你们提供武器被发现了，那将会引起一场轩然大波。"[2] 1948年11月24日，巴库林就这个问题给佐林提交了一份报告。巴库林在报告中写道："针对以色列政府所提出要求我们提供重型武器的问题，我建议进行以下答复。苏联政府十分关注以色列的命运以及犹太人所享有独立和自由的权利，但是根据联合国决议，我们不能对巴勒斯坦交战各方提供武器。关于类似问题的答复我们已经通过葛罗米柯同志转达给了以色列驻联合国代表。"[3]

总之，苏联方面不愿意直接出面和以色列进行军事方面的合作，而更愿意站在幕后，由捷克斯洛伐克等国出面对以色列提供武器装备。

---

[1] ISA 130.09/2325/3, *Documents on Israeli-Soviet Relations 1941–1953* (DISR), Part I, p. 400.

[2] Yaacov Ro'i, *Soviet Decision-Making in Practice: The USSR and Israel, 1947–1954*, p. 156.

[3] АВП РФ. Ф. 089. Оп. 1. П. 1. Д. 5. Л. 17. // Советско-Израильские Отношения. Сб. док. 1941–1953гг. Т. I. С. 433–434.

第四节　苏联支持以色列建国的原因分析

如前所述，二战后苏联和东欧集团给予犹太复国主义运动道义上、政治上、经济上、军事上全方位的支持和援助。斯大林的这个决定几乎出乎所有西方观察家的预料。就是在苏联领导层内部，也有很多人不理解。那么，这其中的奥妙究竟何在？

1947年11月5日，也就是在联合国大会对巴以分治决议进行投票的前几天，苏联驻伊拉克临时代办 А. Ф. 苏尔塔诺夫（А. Ф. Султанов）给苏联外交部近东司写了一封信，在信中苏尔塔诺夫分析了苏联支持犹太人建国的有利因素和不利因素。有利因素是：会使全世界犹太人对苏联抱有好感，这其中也包括美国的犹太人。如果犹太国从英美银行和美元外交中脱离出来，可以成为中东地区革命的一个因素。对于不利因素，他谈了六点：①支持犹太人将会使整个阿拉伯世界疏远我们；②将会使英国人和反动的阿拉伯联盟高层联合起来，这对于阿拉伯国家人民民主力量的发展和苏联外交的开展是很不利的；③这将刺激阿拉伯联盟、伊朗、土耳其和巴基斯坦组成反苏的穆斯林同盟；④这将会对人民民主运动和革命运动带来不利影响；⑤犹太国将有可能成为美国人向中东地区扩展的基地；⑥在英国的挑唆之下，阿拉伯国家将不再相信苏联人是支持它们的。① 总的来说，苏尔塔诺夫认为苏联支持犹太建国是弊大于利的。

然而，作为现实主义政治家的斯大林，在支持犹太人建国的问题上显然是经过了深思熟虑。在这里可以尝试分析一下二战后苏联支持犹太复国主义者在巴勒斯坦建国的原因。

中东地区尤其是巴勒斯坦地区在历史上一直是沙皇俄国与西方列强角逐的场所，但是自从1917年十月革命之后，苏俄的势力就完全退出了中东，于是该地区就成了大英帝国的势力范围。

二战结束后，作为战胜国之一的苏联重新开始关注中东地区。这时，摆在斯大林面前的就有三个选择：要么支持阿拉伯人，要么支持犹太人，要么继续无所作为。而作为主要战胜国之一的苏联，在中东地区无所作为则显然不符合它的大国地位，那么就只剩下了前两种选择。

如果选择支持阿拉伯国家，就意味着苏联支持建立一个泛阿拉伯联盟，但是在中东地区的苏联外交人员认为所谓的阿拉伯联盟是不可靠的。1943年，苏联驻土耳其安卡拉大使馆一秘在提交给莫斯科的一份报告中指出，建立泛阿拉伯联盟更多的是英国的意愿，而非阿拉伯世界本身。英国促使这一计划，是以加强其在中东地区的统治为目的的。② 而另一位

---

① АВП РФ. Ф. 0118. Оп. 2. П. 3. Д. 11. Л. 62 – 64. // Советско-Израильские Отношения. Сб. док. 1941–1953гг. Т. I. С. 265.
② 8 октября 1943. АВП РФ. Ф. 087. Оп. 7. П. 5. Д. 12. Л. 153 – 154. 转引自 Laurent Rucker, *Moscow's Surprise：The Soviet-Israeli Alliance of 1947–1949*, Cold War International History Project Working Paper, No. 46, p. 7.

苏联外交官说："泛阿拉伯联盟的成立对于苏联而言是有害的。它将作为一种工具，以防止苏联加强自己在中东地区的影响。"①

从当时的实际情况来看，苏联在阿拉伯国家中显然没有太多的外交活动空间。阿拉伯国家基本上都是封建君主专制政体，如埃及仍处于法鲁克王朝的统治之下，伊拉克和约旦由哈希姆王朝统治，这些政权都与英国有着千丝万缕的联系。二战后，英国为了保持自己在中东地区的传统地位，对付苏联的扩张和美国的排挤，比战前更需要加强同阿拉伯世界的关系。而当时巴勒斯坦犹太人要求建国的热情很高，与英国殖民当局的冲突日趋激化。这在斯大林看来，支持与英国直接对抗的犹太人更有利于实现自己的战略目的。

尽管种种迹象表明，苏联并不信任阿拉伯人，但是也没有立刻站在犹太人一边。直到1947年4月中旬，苏联在巴勒斯坦问题上的态度始终让人琢磨不透，来自中东地区的苏联外交人员的报告源源不断送往莫斯科，苏联高层也在反复考虑自己在巴勒斯坦问题上的立场。

1947年4月28日，葛罗米柯在纽约收到的来自莫斯科的神秘电报是苏联开始支持犹太人建国的一个重要标志。最早注意到这封电报的是法国学者劳伦特·拉克尔，但究竟是什么原因促使苏联在这一时间改变了对犹太复国主义运动的敌

---

① АВП РФ. Ф. 087. Оп. 7. П. 5. Д. 12. Л. 7. 转引自 Laurent Rucker, *Moscow's Surprise: The Soviet-Israeli Alliance of 1947 – 1949*, Cold War International History Project Working Paper, No. 46, p. 7。

视态度，拉克尔的文章对此并没有进行解释。①

要搞清楚事情的来龙去脉，我们就必须从1947年3月至4月发生的一系列事件来分析。

前文我们所提到的伊朗危机和土耳其海峡危机使得苏联与西方国家的合作逐渐发生动摇。苏联与英美等战时盟国的分歧和矛盾也越来越深，1947年3月12日，美国总统杜鲁门在致国会的关于援助希腊和土耳其的咨文中，提出以"遏制共产主义"作为国家政治意识形态和对外政策的指导思想。他以不点名的方式公开谴责苏联的制度及其生活方式，并宣布美国将予以抵制的决心。杜鲁门认为，美国的政策就是要支持各国自由人民以抵御少数武装分子或外来压力所强加的征服企图。②

杜鲁门讲话之后，1947年4月9日，斯大林在同美国共和党活动家哈罗德·斯坦森（Harold Stassen）的谈话中对此进行了反驳。斯大林说："如果双方开始彼此谩骂为垄断者或极权主义者，那就不能得到合作。"斯大林举例说："他和罗斯福都没有彼此谩骂，为垄断者或极权主义者。这就大大有助于他和罗斯福建立相互的合作，并赢得了对敌的胜利。"斯大林重申，美苏仍有合作的可能，只要双方有此愿望的话。③

---

① Laurent Rucker, *Moscow's Surprise: The Soviet-Israeli Alliance of 1947-1949*, Cold War International History Project Working Paper, No. 46, pp. 16-17.

② 齐世荣主编《当代世界史资料选辑》，第1分册，北京师范学院出版社，1990，第92、94页。

③ 《斯大林文集》，人民出版社，1958，第526页。

与杜鲁门的讲话相比,斯大林的公开回应还算是比较"温和"的。不仅如此,斯大林还做出了继续与西方进行合作的姿态。

1947年3~4月的莫斯科外长会议着重讨论了德国的战争赔款问题,但是苏联和西方国家对于赔款问题的重要性和紧迫性认识不同。对于西方来说,解决德国问题实际上是处理一个有着重要经济意义的问题——德国的工业及其资源,尤其煤炭产业曾是战前欧洲经济增长的"动力"。如果在德国一直保持着不同的占领区而没有统一的经济政策,其他西欧国家的经济只能是停滞不前。而苏联只是想在德国那里得到200亿美元的赔偿用于战后的经济重建。在政治上,苏联方面关心的是消除德国复活的可能性。[1]

莫斯科外长会议并没有在西方和苏联之间的分歧上架起一座桥梁。西方国家拒绝批准苏联的赔款提议。由于赔款问题得不到解决,莫洛托夫和斯大林在德国政治体制安排上始终不妥协,也不同意西方国家提出的在所有占领区制定临时性的统一经济政策。会谈拖延了三个多星期,各方都不断地重复着对方显然不愿接受的要求。

正是在这样的气氛中,美国国务卿乔治·马歇尔于4月15日和斯大林进行了专门的对话。

马歇尔说:"战争结束之初,世界上没有一个国家,像苏联一样得到了如此多的赞誉。这赞誉源于苏联在战争中的贡

---

[1] Scott Parrish, *The Turn Toward Confrontation: The Soviet Reaction to the Marshall Plan, 1947*, Cold War International History Project Working Paper, No. 9, 1994, pp. 6-7.

献。在战争期间，美苏之间出现了一些误解，但是马歇尔相信，历史证明，这些都是毫无根据的。战争为美苏两国营造了良好的合作氛围。"斯大林指出，苏联方面也这样认为，战争拉近了苏美之间的关系，因为它们一起战胜了共同的敌人。随后，马歇尔在谈话中提到了苏美关系问题，他说："尽管美国和苏联的政治制度和执政理念不同，但是，美国并没有任何把自己的政治制度强加给苏联的意图。美国不追求对其他国家的控制。美国想对一些国家提供经济援助，以免这些国家在经济发展中出现混乱现象，而一旦出现这种混乱现象是不可能建立起民主制度的。"马歇尔希望苏美之间能够恢复理解和信任，就像它们在战时那样。如果双方在莫斯科的会谈中能够取得某些成果，那么这将是它们之间恢复信任的开端，这将有利于今后的和平。斯大林答复说："马歇尔做得很对，开诚布公和真诚是今后信任和合作的唯一基础。……苏联战时遭受了巨大的损失，苏联政府现在忙于国内恢复工作。早在两年前你们就曾向苏联政府询问，战后苏联需要书面形式的贷款，美国应该为苏联分配多少订货。这是1945年1月的时候加里曼向我们询问的。苏联政府提交的备忘录对这一问题进行了答复，其中指出，如果可能并且条件合适的话，苏联政府希望从美国得到30亿~60亿美元或者更多的贷款。但是，两年过去了，苏联政府没有得到美国政府的任何答复。斯大林不想就此指责美国政府行为的欠妥，但是事实就是事实：两年过去了，还没有得到答复。"关于德国的战争赔款问题，斯大林持乐观态度，他说："今天的这次会谈是第一场角逐，是一场试探性的角逐。当各方都相互试探完之后也许就会相互妥协。或许，今天的这次会谈不会取得显著的成果。但不应该悲观。下次会谈或许会取得成果。"①

从斯大林和马歇尔的会谈情况来看，尽管丘吉尔的铁幕演说和杜鲁门主义的出台使得美苏关系出现了裂痕，但是通过与马歇尔的谈话，让斯大林重新看到了与美国继续保持合作进而获得美国资本援助的可能性。这或许是斯大林改变其巴勒斯坦政策的一个重要原因。

前文我们提到，犹太人在美国拥有巨大的政治影响力，特别是在巴勒斯坦问题上，犹太人的游说集团甚至已经影响到了美国的外交决策，而斯大林在这个时候对苏联的巴勒斯坦政策做出调整，明确表示支持犹太人建国是有深意的。这意味着苏联在英美矛盾中选择了支持美国。

战后苏联的重建迫切需要西方国家的经济援助，而此时的大英帝国业已衰落，指望英国人的援助是靠不住的，美国是唯一有实力对苏联进行大规模经济援助的西方大国。于是，在与马歇尔进行谈话之后，斯大林很快就在巴勒斯坦问题上做出了支持犹太人的决断。笔者认为斯大林在此时做出这一决策有以下几个方面的好处。

第一，向美国显示了苏联愿意继续维持苏美合作关系的

---

① АВП РФ. Ф. 06. Оп. 9. П. 71. Д. 1104. Л. 29–39. // Советско-американские Отношения. 1945–1948. Москва: Издательство 《МАТЕРИК》. 2004. С. 408–413.

诚意。这在1947年5月斯大林再次接见美国共和党参议员斯坦森时得到了证实。在回答斯坦森提出的斯大林是否认为苏联的经济与美国的自由企业经济能够共存的问题时，斯大林回答道："苏美不但能够共存，而且还能进行合作……我们的导师列宁说过，两种制度的合作是可能的。"①

第二，通过支持犹太人建国来赢得美国犹太社团的好感，寄希望于犹太人的院外集团能对美国的外交决策施加影响，促使美国继续与苏联维持在战时结成的合作伙伴关系。事实证明，苏联的政策在美国的犹太社区打开了一个缺口，《消息报》在一篇名为《美国犹太新闻界欢迎葛罗米柯的讲话》的文章中写道："葛罗米柯的讲话不仅对犹太复国主义者，而且对整个犹太民族都有着重大历史意义，因为他支持犹太人民建立自己国家的权利。……可以预料到葛罗米柯对苏联立场的解释将迫使美国在联合国的代表团和美国政府改变它们现在犹豫不决的立场，使它们清楚自己在巴勒斯坦问题上的观点。"② 塔斯社报道葛罗米柯收到了众多祝贺电报，尤其提到了来自拥有150万成员的美国犹太工人委员会的贺电。③

第三，通过支持犹太人建国有利于争取美国和西方其他

---

① Geoffrey Roberts, "Moscow and the Marshall Plan: Politics, Ideology and the Onset of the Cold War, 1947," *Europe-Asian Studies*, 1994, Vol. 46, No. 8, p. 1374.
② *Известия*, 20 мая 1947.
③ Tass Town Service, 23 May 1947/SWBI, 26 May, 1947, 转引自徐娅囡、吴建章《苏联支持以色列建国的动机分析》，《当代世界社会主义问题》2006年第4期。

国家的犹太财团对苏联进行经济援助。利用犹太人向西方索取援助是苏联外交政策的一个传统。从20世纪30年代的比罗比詹犹太自治州开始算起到二战期间所成立的"犹委会",再到1943年提出的克里木犹太人自治共和国计划以及二战后支持犹太复国主义者在巴勒斯坦地区建国,尽管方式方法上有所不同,但是都反映了这样的一个外交思想,那就是利用苏联犹太人与西方犹太人之间天然的联系,向西方寻求援助,促进苏联的经济建设。

1947年是美苏冷战战略确立和冷战格局形成的一年,杜鲁门主义的出台,实际上已经为美苏关系破裂埋下了伏笔。特别是1947年6月马歇尔计划正式提出之后,苏联方面经过短暂的试探和犹豫,终于认清了马歇尔计划是美国向苏联和东欧进行经济渗透的一个工具。于是苏联宣布退出马歇尔计划,与此同时也禁止东欧国家参与马歇尔计划。为了抵制马歇尔计划,加强苏联对东欧国家的影响和控制,苏联政府在7月10日至8月26日分别与保加利亚等六个东欧国家签订了双边贸易协定,即所谓的"莫洛托夫计划"。把这些国家的经济纳入了苏联模式的轨道,从而形成了与西方资本主义世界相抗衡的苏联-东欧经济圈,奠定了苏联-东欧集团的经济基础。不仅如此,在1947年9月,苏联还成立了一个新的欧洲共产党的协调中心,即共产党和工人党情报局。斯大林的目的是要通过这种政治组织模式加强对东欧各国以及欧洲各共产党和工人党的控制。

1947年下半年,当与西方合作的幻想破灭之后,苏联在外交政策上就已经完全脱离了大国合作的轨道，进而走上了与西方集团进行对抗的道路。这个时候，冷战就真正开始了。

冷战的到来意味着斯大林希望获得美国犹太资本援助的愿望落空了。而就在1947年底，美国在巴勒斯坦问题上的立场发生了严重倒退，其主要表现有两点：①对巴勒斯坦交战各方实行武器禁运（实际上是针对犹太人的）；②美国代表在联合国提出要废除联合国大会第181号（二）决议，由联合国出面对巴勒斯坦进行托管。当美国的政策出现倒退的时候，苏联政府一如既往地支持犹太人，其原因究竟何在？笔者试图通过已经解密的苏联档案文献对此给出自己的解释。

首先，斯大林通过支持以色列建国成功把英国逐出了巴勒斯坦地区①，英国人撤出之后，巴勒斯坦这块战略要地自然成了美苏两国都觊觎的目标。而在这个时候，对于新生的以色列国来说，确定在两极格局之中的外交政策至关重要。在斯大林看来，如果以色列选择倒向苏联和东欧社会主义阵营，那么苏联在中东和地中海地区就有了立足之地和代言人。如果以色列不加入社会主义阵营而在美苏之间选择中立，它也会因为苏联对它的支持而对苏联采取亲善的政策，这同样也符合苏联的外交利益。退一步说，如果以色列倒向西方，那么与以色列势不两立的阿拉伯国家就会因此倒向苏联，美国

---

① 莫洛托夫的助手、后担任驻丹麦大使的韦特罗夫曾转述过斯大林的原话："让我们同意建立以色列吧！这对阿拉伯国家来说就像锥子扎进屁股一样，迫使它们背向不列颠。最后不列颠在埃及、叙利亚、土耳其和伊拉克的影响将会完全被破坏。"参见〔俄〕帕维尔·苏多普拉托夫《情报机关与克里姆林宫》，魏小明等译，第341页。

也会因扶植以色列而深陷在中东地区的泥潭里。这样苏联则可以置身事外，在不承担任何义务的前提下得到了自己想要的一切。① 而后发生的历史事件也证明了这一切。可以说，在支持犹太建国这个问题上，斯大林实际上做了一笔很好的"买卖"。

其次，巴勒斯坦地区相对于美国的重要性要远大于对苏联的重要性。该地区动荡不安符合苏联的战略利益。苏联驻美大使诺维科夫曾在发给莫斯科的电报中指出："对于美国来说，巴勒斯坦地区不仅战略地位十分重要，而且有丰富的石油资源，因此美国希望把通向沙特阿拉伯的输油管道的终端设在巴勒斯坦。"② 因此，美国迫切希望该地区的局势保持稳定。但是以色列，既好像是希腊神话中帕里斯的金苹果一样被抛到了巴勒斯坦，又好像是一个被打开了的潘多拉魔盒，自它成立开始，中东地区就再无安宁之日。因此，斯大林既然已经选择了支持以色列建国，那就应该让以色列作为中东地区的一股新的政治势力继续存在下去。对于斯大林来说，与其让美国和英国控制巴勒斯坦，倒不如让这一地区长期陷入战乱之中，而后者显然更符合苏联的国家安全利益。

最后，众所周知，在斯大林的外交战略中，欧洲安全始终是第一位的，其次是远东地区。如果美国因为支持以色列

---

① 在一个很小的圈子里，斯大林曾经说过："以色列将会长久地成为美国身上的'一根刺'。" Медведев Ж. А., Сталин и 《дело врачей》, Новые материалы//Вопросы истории, 2003, №1. C. 99.

② АВПРФ. Ф. 06. Оп. 8. П. 45. Д. 759. Л. 21 – 39. // Международная Жизнь. 1990. No. 11. C. 149.

建国而陷入中东地区的泥潭,这将大大减轻苏联在欧洲和远东地区的军事压力。事实上,在1948年初巴勒斯坦局势陷入混乱之时,美国政府的确考虑过出兵巴勒斯坦。当时巴勒斯坦犹太代办处驻华盛顿代表爱泼斯坦曾向苏联驻美临时代办查拉普金透漏,美国国防部正在研究向巴勒斯坦地区派驻军队的可能性。[①] 由于中东地区没有美国的军事基地,如果美国真要向巴勒斯坦地区派驻军队的话,只有从欧洲或远东就近调兵,这样一来,势必会削弱美国在欧洲和远东的防御力量。这对于苏联来说是十分有利的。

总之,二战后斯大林支持犹太人建国并非出于对犹太人的同情,支持犹太建国只是手段,而不是目的。对于新生的犹太国是否会倒向苏联,加入社会主义阵营,在苏联的对外政策目标中并无过多考虑。由此也不难解释斯大林为什么会在支持犹太建国的同时,又发动了以"犹委会"案件和"医生间谍案"为代表的大规模的国家反犹主义运动。

英美矛盾给了苏联进入中东地区的机会,苏联抓住这个机会,在将英国人逐出巴勒斯坦的同时,也把自己的势力和影响扩展到了中东和地中海地区;而犹太复国主义者也抓住了这一千载难逢的机会,利用苏联的支持实现了建立自己民族国家的夙愿。

---

① АВПРФ. Ф. 0118. Оп. 2. П. 2. Д. 11. Л. 65 – 71.// Советско-Израильские Отношения. Сб. док. 1941–1953гг. Т. I. С. 283–284.

第四章　耶路撒冷的"俄国财产"问题与苏以关系的破裂

第一节　耶路撒冷的"俄国财产"问题之由来

"俄国财产"（Русское имущество）指的是 18 世纪以来俄国东正教传教士团前往巴勒斯坦建立海外教会并在当地购置的财产，其中包括大小教堂、学校、供朝圣者过夜的房舍以及养老院等设施。[①] 这些财产主要位于耶路撒冷的中心地区，其地理位置颇为重要，是沙俄政府通过宗教途径扩大海外影响的基础。[②] 第一次世界大战期间，英国政府向其他参战

---

① Dov Yaroshevski, "Beyond the 'Russian Property' Discourse, 1917–1953," *Journal of Israel History: Politics, Society, Culture*, Vol. 22, No. 1, 2003, p. 57；文庸、乐峰、王继武主编《基督教词典》，商务印书馆，2005，第 128 页；邵丽英：《俄国在耶路撒冷财产的起源、变迁及影响》，《世界历史》2012 年第 2 期。
② АВП РФ. Ф. 012. Оп. 6. П. 81. Д. 177. Л. 1 – 6.// Советско-Израильские Отношения. Сб. док. 1941 – 1953гг. Т. 1. С. 131 – 134；Uri Bialer, *Cross on the Star of David: The Christian World in Israel's Foreign Policy, 1948–1967*, Indiana: Indiana University Press, 2006, pp. 147–149.

国承诺战后共同瓜分奥斯曼帝国统治下的阿拉伯人的土地。①1916年5月,英法俄三国代表秘密缔结了所谓《赛克斯-皮科协定》(Sykes-Picot Agreement),规定英法将分别统治伊拉克南部和叙利亚大部分土地,而英国还间接占据了从地中海到波斯湾的地区。彼时,俄国政府的实力正在迅速衰落,已无暇顾及远在东方的扩张,仅要求划出一块国际飞地用以管理宗教事务。② 1917年10月,俄国国内的政治局势发生巨大的变化,布尔什维克成功夺取了政权并宣布退出一战。由于受到俄国十月革命的影响,海外东正教教会失去了来自沙俄政府的资助。阿拉伯地区的俄国东正教教会为了维持生计,就把位于耶路撒冷的地产出租给英国驻军使用。③ 战争结束之后,英法双方在圣雷莫会议上达成协议:由英国政府对伊拉克和巴勒斯坦进行委任统治,而"俄国财产"也随之收归英国控制下的巴勒斯坦委任统治管理当局所有。④ 布尔什维克上台后下令废除沙俄政府此前签署的秘密协定,可是这个新生政权当时得不到英法两国政府的承认,英法双方认为沙皇政府很快就会夺回权柄,因此决定保留俄方对中东地区的利益诉求。

---

① 〔美〕小阿瑟·戈尔德施密特、劳伦斯·戴维森:《中东史》,哈全安、刘志华译,东方出版中心,2015,第221页。
② 〔美〕小阿瑟·戈尔德施密特、劳伦斯·戴维森:《中东史》,哈全安、刘志华译,第221页。
③ 邵丽英:《俄国在耶路撒冷财产的起源、变迁及影响》,《世界历史》2012年第2期。
④ Dov Yaroshevski, "Beyond the 'Russian Property' Discourse, 1917–53," *Journal of Israel History: Politics, Society, Culture*, Vol. 22, No. 1, 2003, p. 57.

1923年5月,苏联政府趁着苏联贸易代表团前往伦敦之际,向英国方面提出"收回"在巴勒斯坦的俄国东正教教会财产,但并没有得到英国政府的回应。① 苏联驻英国使馆代表 K. 拉科夫斯基(К. Раковский)再次声明:位于巴勒斯坦的俄国东正教教会财产属于苏联政府所有,任何人在未经苏联政府同意的情况下都无权处理这些财产。② 随着布尔什维克政权的逐步巩固,英国政府开始提防苏联势力对中东地区的渗透。英国外交部表示巴勒斯坦"俄国财产"的所有权问题仍存在争议,除非有法律文件能证明苏联政府拥有财产继承权,否则无法把这些财产交给苏方。③ 面对英国方面抛出的法律问题,苏联政府束手无策,只好暂时作罢。这种情况一直持续到第二次世界大战期间。经过多年的苦心经营,英国在中东地区稳稳地站住了脚跟,而苏联政府要求"收回"财产的计划也被迫按下暂停键。

苏联国内经济在战争期间遭受重创,需要来自西方大国(特别是美国)的资助进行重建。因此苏联政府不愿意破坏与西方大国的关系,希望维护雅尔塔体系下的战后国际秩序。苏联副外交人民委员迈斯基向莫洛托夫提交了一份报告,该报告提出:"构建未来和平和战后秩序时的目的,应当是造成

---

① Dov Yaroshevski, "Beyond the 'Russian Property' Discourse, 1917 – 53," *Journal of Israel History: Politics, Society, Culture*, Vol. 22, No. 1, 2003, p. 59.
② Dov Yaroshevski, "Beyond the 'Russian Property' Discourse, 1917 – 53," *Journal of Israel History: Politics, Society, Culture*, Vol. 22, No. 1, 2003, p. 59.
③ Dov Yaroshevski, "Beyond the 'Russian Property' Discourse, 1917 – 53," *Journal of Israel History: Politics, Society, Culture*, Vol. 22, No. 1, 2003, p. 59.

一种局势，使得在长时期内，至少在欧洲和亚洲，苏联的安全得到保障，和平得以维持。"① 此外，战后苏联政府的外交政策也体现出这份报告的主要思想。为了维持雅尔塔体系划定的大国势力范围，迈斯基还指出苏联不能为泛阿拉伯运动提供援助，以免同英国发生冲突或产生矛盾。② 而苏联外交人民委员部中东事务局补充说："苏联不应插手中东地区的阿犹冲突，以免影响'俄国财产'的顺利解决。"③

然而，苏联政府在近东地区也不会坐以待毙，仍然尝试着进行小范围的势力渗透。二战后期，英美两国政府划分在近东地区的势力范围，加紧夺取波斯湾地区的石油资源。阿拉伯-美国石油公司（Arabian-American Oil Company）筹划建设一条横跨阿拉伯国家、连接波斯湾油田与西顿、黎巴嫩港口设施的石油管道。④ 1945 年 3 月 31 日，苏联副外交人民委员 С. И. 卡夫塔拉泽（С. И. Кавтарадзе）向莫洛托夫报告，英美的石油输送管道将会经过巴勒斯坦，建议苏联政府在巴勒斯坦设立领事馆，以便监视英美在阿拉伯地区的石油政策，还有为当地的"俄国财产"和苏联公民提供保障。⑤ 同年 6 月，苏联政府派出了以全苏东正教教会新牧首为首的代表团，

---

① АПРФ. Ф. 3. Оп. 63. Д. 237. Л. 52-93.
② АПРФ. Ф. 3. Оп. 63. Д. 237. Л. 52-93.
③ АВП РФ. Ф. 0118. Оп. 7. П. 4. Д. 5. Л. 26 – 28. // Советско-Израильские Отношения. Сб. док. 1941-1953гг.. Т. 1. С. 108-110.
④ 谢华：《冷战的新边疆：美国第四点计划研究》，中国社会科学出版社，2012，第174页。
⑤ АВП РФ. Ф. 0118. Оп. 8. П. 4. Д. 2. Л. 9 – 10. // Советско-Израильские Отношения. Сб. док. 1941-1953гг. Т. 1. С. 112-113.

让他们与巴勒斯坦当地的俄国东正教教会建立联系。① 与此同时，苏联政府也表示支持在阿拉伯地区展开反对西方强权的独立斗争。苏联方面的行动很快引起了英国情报人员的注意。为了阻止苏联势力进入巴勒斯坦，英国方面继续以法律问题为由拒绝与苏方讨论"俄国财产"问题。1948年5月14日，英国政府提前结束在巴勒斯坦的委任统治，英国驻军也迅速撤出这个地区。随后犹太自卫军占领了包括耶路撒冷在内的大部分领土，犹太领袖本-古里安宣布以色列国成立。新政府的成立为"俄国财产"问题的解决提供了契机，苏联与以色列开始进行交涉。

"俄国财产"问题对于苏联政府的中东政策有着特殊意义。冷战初期苏联政府在伊朗和土耳其的行动受到西方大国的阻挠。为了保障苏联南部边界的安全，苏联领导层决定把扩张的目标转移到近东地区。② 而接管"俄国财产"自然成为苏联势力向近东地区渗透的一条捷径。③ 可是在各种因素的影响之下，苏以双方关于"俄国财产"问题的交涉被迫中断。苏联政府通过接管"俄国财产"来扩大自身影响的计划也破产了。笔者试图通过梳理苏以双方对"俄国财产"问题的交

---

① АВП РФ. Ф. 089. Оп. 1. П. 2. Д. 12. Л. 3 – 4. // Советско-Израильские Отношения. Сб. док. 1941–1953гг. Т. 1. С. 331–332.

② Laurent Rucker, *Moscow's Surprise: The Soviet–Israeli Alliance of 1947–1949*, Washington: Woodrow Wilson International Center for Scholars, No. 46, 2005, p. 35.

③ Uri Bialer, *Cross on the Star of David: The Christian World in Israel's Foreign Policy, 1948–1967*, p. 159.

涉过程，探究该问题在苏以关系变化过程中的作用，以此分析苏联政府对以色列外交政策的特点及其影响因素。

第二节　冷战初期苏以双方在"俄国财产"问题上的互动

早在二战期间，苏联政府内部就提出了接管"俄国财产"并在巴勒斯坦扩大影响的主张。1943年，苏联人民委员部俄国东正教事务委员会主任 Г. Г. 卡尔波夫（Г. Г. Карпов）向斯大林提交了一份文件，建议由苏联外交人民委员部正式提出"收回"位于巴勒斯坦的东正教教会财产，以此增强俄国东正教教会在当地的影响力。[①] 根据苏联方面调查所得，"俄国财产"主要集中在耶路撒冷，其他财产则分布在橄榄山（Mount of Olives）、雅法（Jaffa）和伯利恒（Bethlehem）等地，它们都具有不可忽视的战略价值。[②] 苏联政府如果成功接管"俄国财产"，就能在近东地区建立多个据点，为自身势力的渗透和扩张打下基础。苏联副外交人民委员迈斯基进一步指出，苏联政府应通过外交、政治和文化措施扩大在巴勒斯坦的影响。[③] 而"俄国财产"自然就成为苏联势力向近东渗透的突破

[①] ГА РФ. Ф. 6991. Оп. 1. Д. 29. Л. 101–109.
[②] АВП РФ. Ф. 012. Оп. 6. Д. 81. Л. 1–6. // Советско-Израильские Отношения. Сб. док. 1941–1953гг. Т. 1. С. 131–134.
[③] АП РФ. Ф. 3. Оп. 63. Д. 237. Д. 52–93.

口。二战结束后不久，苏联方面投票支持联合国大会的《巴勒斯坦将来处理（分治计划）问题的第 181（二）号决议》，促成了犹太人在阿拉伯地区建立一个独立国家目标的实现。以色列建国之后，苏联政府迅速承认了新生的以色列政府。苏以两国政府建立起正式的外交关系，苏联外交人员前往特拉维夫设立大使馆，以色列方面也成立了对苏友好关系协会，还经常举办各种文化活动。在苏以双方友好交往的气氛中，关于"俄国财产"问题的交涉也随之被提上日程。

苏联政府在第一次中东战争期间就着手进行准备交涉"俄国财产"问题。1948 年 5 月 15 日，在苏联外交部的示意下，捷克斯洛伐克、波兰和南斯拉夫驻耶路撒冷的领事帮忙保管位于巴勒斯坦的"俄国财产"的档案。这些档案被保存在英国-巴勒斯坦银行的耶路撒冷分部。[①] 后来在苏以双方的交涉中，这些文件就成为"俄国财产"问题的基本依据。以色列方面也很重视"俄国财产"问题，其相关事务被委派给犹太代办处的伊扎克·拉宾诺维奇（Yitzhak Rabinovich）专门负责。拉宾诺维奇认为如果转移"俄国财产"的所有权，首先需要与原来的财产负责人取得联系。但是，这个任务不具备完成的现实条件，很多财产负责人在战争期间纷纷外逃。大部分人直到战后还留在外约旦控制区。当时以色列和外约旦双方处于敌对状态，重新与他们建立联系就要动用大量的

[①] АВП РФ，ф. 0118，оп. 2，п. 3，д. 11，д. 168，Советско-израильские отношения，Том I，С. 303.

资源。而苏联方面也不同意以色列政府去联系这些人，提议苏以双方绕开他们直接商谈财产问题。① 为了争取苏联和东欧国家在国际社会上的支持，以色列政府表示愿意配合苏联政府的工作。于是，苏以双方在该问题上顺利地达成了共识，相关的具体工作也开始逐步展开。

财产登记资料显示，这些"俄国财产"分别属于：（1）沙俄政府；（2）俄国宗教使团（Русская Духовная Миссия）；（3）皇家正教巴勒斯坦协会（Императорское Православное Палестинское Общество）；（4）谢尔盖·亚历山德罗维奇大公（Великий Князь Сергей Александрович）。② 经过苏以双方的交涉，沙俄政府的财产被重新登记在苏联政府的名下，以色列方面也承诺将尽快移交这些财产。而俄国宗教使团已经名存实亡，其财产暂时由耶路撒冷当地的东正教教会代为保管。由于委托宗教机构来处理教会财产更为合适，苏联政府决定派出莫斯科正教会人员去负责洽谈。1948年9月10日，列昂尼德修士大司祭（архимандрит Леонид）被任命为莫斯科正教会代表团的团长③，并前往耶路撒冷拜访当地的东正教教会神职人员，劝说他们接受莫斯科正教会的领导。④ 在苏联驻以

---

① 这些财产负责人中间存在一些反苏分子，他们不愿意把教会财产交给苏联政府。
② Uri Bialer, *Cross on the Star of David: The Christian World in Israel's Foreign Policy, 1948–1967*, p. 153.
③ АВП РФ. Ф. 089. Оп. 1. П. 2. Д. 20. Л. 74. // Советско-Израильские Отношения. Сб. док. 1941–1953 гг. Т. 1. С. 405–406.
④ АВП РФ. Ф. 089. Оп. 1. П. 2. Д. 12. Л. 34–35. // Советско-Израильские Отношения. Сб. док. 1941–1953 гг. Т. 1. С. 445–446.

色列大使叶尔绍夫的协助下,莫斯科正教会代表团控制了耶路撒冷的东正教教会及其管理的财产。苏联方面实际控制了这些财产,但这一事实未得到以色列官方的认可。

纵观所有"俄国财产",最重要的是位于耶路撒冷的"俄国区"①(Russian Compound)。"俄国区"主要包括圣三一大教堂、朝圣者住所、医院、领事馆和谢尔盖庄园,形成了一个风格独特的建筑群。②"俄国区"里面的建筑物保存完好,内部陈设非常精美。这些财产原本属于皇家正教巴勒斯坦协会和谢尔盖·亚历山德罗维奇大公所有。皇家正教巴勒斯坦协会是沙俄政府设立的一个研究机构,主要负责搜集巴勒斯坦地区的情报,而谢尔盖·亚历山德罗维奇大公是沙皇亚历山大三世的儿子,亲自担任该协会的主席。③ 在英国委任统治时期,"俄国区"的建筑物被用作政府机构的办事处,例如移民局和公共工程局。1948年战争结束后,以色列军队占领了耶路撒冷西部新区,随即也控制了城内的这些财产。④ 这部分财产属于社会机构和私人所有,苏以双方的意见存在很大分歧。以色列政府指出很难从法律上证明苏方拥有继承权,而苏联政府则认为继承权属于重新组建的皇家正教巴勒斯坦协

---

① 现今耶路撒冷市的市政厅、法院和警察局都位于"俄国区"。
② "Jerusalem Architectural History: The late Ottoman Period (1850-1917)," *Jewish Virtual Library*, May 22, 2020, https://www.jewishvirtuallibrary.org/jerusalem-architecture-in-the-late-ottoman-period.
③ Derek Hopwood, *Russian Presence in Syria and Palestine 1843-1914: Church and Politics in the Near East*, Oxford: Clarendon Press, 1969, p. 104.
④ Dov Yaroshevski, "Beyond the 'Russian Property' Discourse, 1917-53," *Journal of Israel History: Politics, Society, Culture*, Vol. 22, No. 1, 2003, p. 59.

会。双方据理力争，互不妥协。在耶路撒冷的"俄国财产"落入谁手犹未可知，遂为苏以双方稍后在耶路撒冷问题上的分歧埋下伏笔。

综合整个处理情况来看，大部分"俄国财产"还没移交到苏联政府手里，仍然在以色列政府的控制之下。直至1949年年末，双方对财产问题的交涉还没有取得实质进展。以方答应移交财产不过是权宜之计，其实并不愿意将其交给苏联政府。以色列政府忌惮苏联势力的渗透，唯恐苏联政府在以色列土地上建立据点，同时又想得到苏联政府的支持。以色列政府担心拒绝移交财产会得罪苏联领导层，使以色列在外交上失去一个强大靠山。除了支持犹太人在巴勒斯坦建立一个独立的国家，苏联政府还授意捷克斯洛伐克售卖武器给犹太人武装组织。苏联和东欧国家对这个新生国家的帮助是不可忽视的，这也让以色列政府意识到争取苏联支持的重要性。出于对国家利益最大化的考虑，以色列政府无法断然拒绝苏联接管"俄国财产"的要求，遂利用所有权问题来推迟正式移交的时间。以色列政府牢牢控制住位于耶路撒冷的"俄国区"，占用主要建筑为政府办公大楼[1]，不承认莫斯科正教会代表团的财产所有权，不肯将沙俄政府的财产移交给苏联大使馆。[2] 苏联驻以色列大使馆多次提出抗议，仍然得不到以方

---

[1] АВП РФ. Ф. 059. Оп. 24. П. 52. Д. 322. Л. 141 – 145. // Советско-Израильские Отношения. Сб. док. 1941-1953гг. Т. 2. С. 445-446.

[2] ISA 130.11/2501/18, *Documents on Israeli-Soviet Relations 1949–1953*（DISR）, Part 2, pp. 668-670.

的正面回应。① 经过双方对"俄国财产"问题的商谈，苏联政府意识到以色列方面"口惠而实不至"，无望从其手中"收回"全部财产。自此，苏联领导层对以方心生嫌隙，为苏以双方的外交关系蒙上了一层阴影。

"俄国财产"问题的相关交涉陷入僵局之时，耶路撒冷的地位问题在国际社会上掀起了一场激烈的斗争。苏以双方在这一问题上矛盾重重，致使解决"俄国财产"问题的希望更加渺茫。这场争论扩大了苏以双方之间的分歧，而有关财产问题的交涉亦受到牵连。以色列政府向苏联方面移交"俄国财产"的工作被无限期地拖延下去。

第三节 苏以双方在耶路撒冷问题上的分歧及其对财产问题的影响

1947年11月29日，在美苏等33国赞成，阿拉伯11国和古巴、希腊13国反对，英国等10国弃权的情况下，联合国大会通过了《巴勒斯坦将来治理（分治计划）问题的第181（二）号决议》。该决议规定耶路撒冷市应建立为一个在特殊国际政权下的独立主体，并由联合国管理。② 为了让巴勒斯坦

---

① ISA 130.11/2501/18, *Documents on Israeli-Soviet Relations 1949–1953* (*DISR*), Part 2, pp.668–670.

② *Israel's Foreign Relations Selected Documents 1947–1974*, pp.92–110.

分治决议得以通过，犹太复国主义运动的领袖们接受了耶路撒冷国际化的规定。以色列外交部部长摩西·夏里特说道："如果把圣城国际化这一条从分治决议中删去，该决议就无法获得必要的多数支持……"① 当时犹太领导人被迫接受了这个规定，视之为建国的代价，其实他们从未放弃在耶路撒冷建都的梦想。② 摩西·夏里特慨叹道："犹太人希望耶路撒冷成为犹太人的，阿拉伯人希望耶路撒冷属于阿拉伯各国的，而世界想让耶路撒冷实现国际化。"③

1948年5月14日，英国从巴勒斯坦撤军，本-古里安宣布以色列国成立。数小时后，阿拉伯国家（包括埃及、外约旦、伊拉克、叙利亚、黎巴嫩）发动了对以色列的进攻。第一次中东战争正式爆发。④ 战争期间，耶路撒冷城被以色列和外约旦分区占领，以色列军队占据耶路撒冷西部，而外约旦军队夺取了东部。⑤ 双方都认为自己有权占领这座"圣城"，

---

① Z. Sharef, Three Days, London: W. H. Allen, 1962, pp. 111-112, 转引自 Michael Brecher, "Jerusalem: Israel's Political Decision, 1947-1977," *Middle East Journal*, Vol. 32, No. 1, 1978, p. 15。

② 1947年11月29日通过的《巴勒斯坦将来治理（分治计划）问题的第181（二）号决议》的规定包括阿以双方分治巴勒斯坦和耶路撒冷国际化方案。犹太复国主义领袖为了实现建立犹太国的理想，只能被迫接受耶路撒冷国际化方案。

③ 内阁会议备忘录，1949年2月23日，以色列国家档案馆所藏，转引自 Peter L. Hahn, "Alignment by Coincidence: Israel, the United States, and the Partition of Jerusalem, 1949-1953," *The International History Review*, Vol. 21, No. 1, 1999, p. 667。

④ 殷罡主编《阿以冲突——问题与出路》，国际文化出版公司，2002，第282页。

⑤ 殷罡主编《阿以冲突——问题与出路》，第284页。

不愿意让耶路撒冷接受国际共管，反对联合国大会实行第181（二）号决议的相关规定。联合国调解专员伯纳多特提出由联合国来管理耶路撒冷，遭到以色列和阿拉伯各国代表的强烈反对。同年11月20日，苏联代表在联合国大会上强调第181（二）号分治决议是解决耶路撒冷问题的唯一方法。以色列外交部部长摩西·夏里特高兴地说："苏联代表们在安理会上表现出他们不仅是我们的盟友，还是我们的使者。"① 这次战争取得的成果大大助长了以色列领导人的扩张野心。在以色列政府看来，联合国对耶路撒冷的动荡局势毫无对策，更无法约束阿犹双方的争夺，所谓联合国大会第181（二）号决议的相关规定只是一纸空文。因此以色列政府提出与外约旦政府谈判，企图在抛开联合国大会相关决议的情况下商量如何瓜分耶路撒冷。② 岂料该消息一经传出就引发了国际社会对以色列和外约旦双方的谴责。联合国也被迫开会重新讨论"耶路撒冷问题"：这座城市接受国际共管还是由以色列和外约旦两国政府分治。③

1949年6月，以色列政府提出了一个用来取代联合国大会第181（二）号决议的新方案：以色列和外约旦双方分区

---

① ISA J 1/3445, *Documents on Israeli-Soviet Relations 1941-1953*（*DISR*）, Part I, pp. 390-391.
② Gadi Heimann, "Divide and Rule: Israel's Tactics Regarding the Jerusalem Question and America's Response, 1949-1950," *Cold War History*, Vol. 17, No. 1, 2017, pp. 21-38.
③ Gadi Heimann, "Divide and Rule: Israel's Tactics Regarding the Jerusalem Question and America's Response, 1949-1950," *Cold War History*, Vol. 17, No. 1, 2017, pp. 21-38.

占领耶路撒冷,并将基督教圣地交由联合国管理,以保证外国人能够自由出入。① 这个新方案起初得到了英美两国代表的认同。英美两国本来就反对实行联合国大会第181（二）号决议,因为它们担心耶路撒冷接受国际共管之后,苏联势力会趁机渗透近东地区。有了英美两国政府的支持,这个新方案被提交到联合国讨论。② 然而,外约旦政府立即对以色列的新方案提出了抗议。基督教圣地大部分位于外约旦军队占领的老城,以色列的新方案实施之后,外约旦政府将被迫交出部分占领区。③ 鉴于新方案无法协调以色列和外约旦双方的利益,英美也不想继续支持以色列方案,因此它并没有进入联合国大会的投票阶段。此时以色列政府可谓孤立无援,既不能与外约旦达成共识,又失去了英美对以方的支持。为了阻止耶路撒冷接受国际共管,以色列政府被迫向苏联政府求助。

如果苏联政府放弃支持第181（二）号决议的立场,那么就降低了联合国对耶路撒冷进行国际共管的可能性。④ 而以色列政府认为这是有可能达成的目标。以往苏联政府在很多

---

① Gadi Heimann, "Divide and Rule: Israel's Tactics Regarding the Jerusalem Question and America's Response, 1949-1950," *Cold War History*, Vol. 17, No. 1, 2017, pp. 21-38.

② Gadi Heimann, "Divide and Rule: Israel's Tactics Regarding the Jerusalem Question and America's Response, 1949-1950," *Cold War History*, Vol. 17, No. 1, 2017, pp. 21-38.

③ Gadi Heimann, "Divide and Rule: Israel's Tactics Regarding the Jerusalem Question and America's Response, 1949-1950," *Cold War History*, Vol. 17, No. 1, 2017, pp. 21-38.

④ АВП РФ. Ф. 022. Оп. 2а. П. 12. Д. 4. Л. 103-104. // Советско-Израильские Отношения. Сб. док. 1941-1953гг. Т. 2. С. 71-73.

重大问题上都伸出了援手，例如支持犹太人建立以色列国、赞成以色列进入联合国。如今再让苏联方面出手帮忙，以色列政府还多了几分底气。因为以色列政府控制着耶路撒冷西部的"俄国财产"，苏联政府很可能为了获得财产决定支持它正式占领"圣城"。以色列驻苏联大使馆顾问阿里耶·列瓦维（Arieh Levavi）在交给以色列政府的报告中指出了"俄国财产"问题对于苏以关系的特殊意义。他认为位于耶路撒冷的宗教财产很重要，对苏联政府而言不是小问题。① 于是，以色列政府向苏方求助时，提醒苏联政府考虑耶路撒冷问题对"俄国财产"问题的影响。以色列外交部部长摩西·夏里特对苏联驻联合国代表查拉普金说："若联合国按照第181（二）号决议来执行，耶路撒冷名义上是接受国际管理，其实就是处于英美的控制之下，到时苏联政府就无法插手耶路撒冷的事务，更不可能接管当地的'俄国财产'。"② 对此，苏联代表没有做出什么回应。苏联政府的立场似乎还没确定下来。

以色列的新方案破产后，"巴勒斯坦调解委员会"③（Palestine Conciliation Commission，PCC）也制定了其他方案，可

---

① ISA 130.11/2514/15, Documents on Israeli-Soviet Relations 1949 – 1953 (DISR), Part 2, p. 485.
② ISA 93.01/2202/5, Documents on Israeli-Soviet Relations 1949–1953 (DISR), Part 2, p. 556.
③ 巴勒斯坦调解委员会，又称为"联合国巴勒斯坦调解委员会"（The United Nations Conciliation Commission for Palestine，UNCCP）于1948年12月11日根据联合国第194号决议成立，旨在调解以色列和阿拉伯各国之间的冲突。

是那些方案都不具备实行的条件。① 在联合国大会正式召开之际，由澳大利亚提交的一份提案进入了投票环节。1949年12月9日，第四届联合国大会以38票赞成、14票反对、7票弃权通过了《关于耶路撒冷"国际化"的决议》，即第303（四）号决议。该决议以澳大利亚提案为基础，重申了1947年第181（二）号决议的原则，规定耶路撒冷成为一个接受国际共管的城市。② 美国代表反对通过这个决议，认为其不符合现实条件。③ 最终，这个提案在苏联和东欧国家、阿拉伯各国（除了外约旦）以及大部分拉美国家的支持下被宣布通过。④ 以色列政府不满意联合国大会投票结果，遂决定直接迁都耶路撒冷。以色列总理本-古里安发表声明说："我们宣布以色列从不自愿放弃耶路撒冷，因为以色列从不放弃信仰那些经历了数千年的民族意识、人民团结精神以及以色列对耶路撒冷和锡安山的权利……我们不能把1947年的联合国大会决议视为有约束力的规定，因为联合国未能成功地执行这些规定……"⑤ 以色列政府加快了占领

---

① Peter L. Haln, "Alignment by Coincidence: Israel, the United States, and the Partition of Jerusalem, 1949-1953," *The International History Review*, Vol. 21, No. 3, 1999, p. 674.

② 参考殷罡主编《阿以冲突——问题与出路》，第284页。

③ Peter L. Haln, "Alignment by Coincidence: Israel, the United States, and the Partition of Jerusalem, 1949-1953," *The International History Review*, Vol. 21, No. 3, 1999, p. 674.

④ Michael Brecher, "Jerusalem: Israel's Political Decisions, 1947-1977," *Middle East Journal*, Vol. 32, No. 1, 1978, p. 18.

⑤ Divrei Ha-knesset, iii, p. 221, 转引自 Michael Brecher, "Jerusalem: Israel's Political Decision, 1947-1977," *Middle East Journal*, Vol. 32, No. 1, 1978, p. 19。

耶路撒冷为首都的步伐。1949年12月11日，以色列内阁宣布耶路撒冷为其政府所在地，即以色列的首都。同月20日，以色列政府机构开始转移到西耶路撒冷。①

针对苏联政府在联合国大会的表决，以色列方面立即做出反应。② 以色列政府决定停止有关"俄国财产"问题的洽谈，苏联政府之前为此所作的努力都付诸东流了。苏联不肯在耶路撒冷问题上提供帮助，以色列政府就直接与苏方撕破了脸，取消了双方关于"俄国财产"问题的交涉。那为什么苏联政府仍然要支持耶路撒冷接受国际共管呢？苏联驻联合国代表查拉普金在联合国大会上说："联合国两年来关于巴勒斯坦问题的讨论过程，很清晰地表明前管理国英国并没有放弃控制巴勒斯坦的意思，它企图用另一种方式建立对该地的控制。"③ 苏联代表也对以色列方面说："支持耶路撒冷接受国际共管是符合苏联政府一贯的政策路线，其目的在于削弱外约旦和英国在近东的力量，从而打击美国发动第三次世界大战的野心。"④ 这两段话的意思基本上是一致的：苏联政府试图阻止英美扩大在近东地区的力量。然而，与其说苏联代表在解释投赞成票的原因，不如说他趁机抨击英美干涉近东事

---

① Michael Brecher, "Jerusalem: Israel's Political Decision, 1947–1977," *Middle East Journal*, Vol. 32, No. 1, 1978, p. 20.

② Gadi Heimann, "Divide and Rule: Israel's Tactics Regarding the Jerusalem Question and America's Response, 1949–1950," *Cold War History*, Vol. 17, No. 1, 2017, pp. 21–38.

③ 国际关系研究所编《巴勒斯坦问题参考资料》，第203页。

④ ISA 130.02/2443/5, *Documents on Israeli-Soviet Relations 1949–1953*（DISR）, Part 2, p. 576.

务。所以苏联政府赞成耶路撒冷接受国际共管或许另有因由，例如"俄国财产"问题。

以色列政府在财产移交问题上多次推搪，使苏联政府重新考虑有关"俄国财产"问题的交涉事务。以色列方面占用了这些财产，以此逼迫苏联政府改变在耶路撒冷问题上的立场。至此，以色列政府俨然成为苏联政府接管财产的主要障碍。摆脱财产问题对自身的掣肘，就成了苏联政府亟待解决的一个问题。如果联合国大会通过重申1947年第181（二）号决议的提案，规定耶路撒冷处于国际共管之下，那么苏联政府至少能参与耶路撒冷的管理事务，其中就包括处理"俄国财产"问题。尽管英美极力阻止苏联插手近东事务，但很难完全排除苏联力量的影响，到时苏联政府也会制定出新的应对措施。所以，苏联政府在1949年12月的联合国大会上支持耶路撒冷接受国际共管，意在扭转"俄国财产"问题交涉时遭遇的困境，为日后解决该问题争取更加有利的条件。

到了1950年4月，苏联政府在耶路撒冷问题上的立场又有了新变化。这件事情要从1950年3月说起。1950年3月16日，苏联外交部部长维辛斯基向斯大林提出建议，主张苏联不再插手与耶路撒冷相关问题的讨论。到了4月17日，苏联驻联合国代表Я. А. 马立克（Я. А. Малик）向联合国提交了一份声明，正式宣布苏联方面不再支持实现"耶路撒冷国际化"计划。该文件指出，鉴于1949年联合国大会通过的有关"耶路撒冷国际化"的决议难以实行，"苏联当局认为继续坚持联合国大会的决议是不可能的,并相信联合国能够想出让居住在耶路撒冷的阿拉伯人和犹太人都能接受的方法来解决该问题"①。苏方突然改变立场的决定令各国代表感到愕然。②刚开始以色列政府认为这是一个好消息,以色列方面准备设宴招待苏联驻联合国代表,但苏联外交部下令禁止苏联代表赴宴,以免引起国际社会的误解。③ 显然,苏联政府并没有打算支持以方的耶路撒冷政策。那么,苏联政府为何不再参与讨论耶路撒冷问题呢?这也许和苏联政府对美国近东政策的评估有很大关联。

美国政府在近东地区的政策转变引起了苏联方面的关注,而这种变化最先体现在耶路撒冷问题上面。起初,杜鲁门政府对耶路撒冷问题的相关讨论表现冷淡,倾向于阻止以色列对外约旦采取猛烈攻势。当以色列和外约旦准备私下谈判时,美国政府开始积极把控耶路撒冷问题的走向。美国方面为了掌控耶路撒冷问题,要求必须在联合国的框架下进行调解。④可是以色列和外约旦双方仍然互不相让,令杜鲁门政府无计

---

① АВП РФ. Ф. 059. Оп. 24. П. 27. Д. 154. Л. 68 - 69. // Советского-Израильские Отношения. Сб. док. 1941–1953гг. Т. 2. С. 158–159.

② АВП РФ. Ф. 059а. Оп. 7. П. 13. Д. 4. Л. 1–3. // Ближневосточный Конфликт: Из Документов Архива Внешней Политики РФ (1947 - 1956). В 2 т. Отв. ред. В. В. Наумкин. С. 124–125.

③ АВП РФ. Ф. 059. Оп. 24. П. 27. Д. 154. Л. 76. // Советского-Израильские Отношения. Сб. док. 1941–1953гг. Т. 2. С. 179.

④ Gadi Heimann, "Divide and Rule: Israel's Tactics Regarding the Jerusalem Question and America's Response, 1949 - 1950," *Cold War History*, Vol. 17, No. 1, 2017, pp. 21–38.

可施。经过长时间的反复讨论,耶路撒冷问题仍未得到解决。① 与此同时,美国在近东地区的行动也让苏联政府感到巨大的威胁。苏联驻黎巴嫩与叙利亚公使索罗德在工作报告里指出:"自1950年1月以来,英美两国在近东的斗争越来越激烈,虽然美国方面尝试掩饰这一矛盾,但英国在阿拉伯地区的行动仍经常受制于美方的力量。"② 据此,索罗德认为:"美国人正在公开地把英国人赶出去,起初在沙特阿拉伯、希腊、土耳其和伊朗,接着在埃及、叙利亚和黎巴嫩,以后将会到伊拉克和约旦,直至美国完全控制整个近东。美国的计划给我们带来了直接的安全威胁,近东地区将变成美国的军事基地,最后就会把矛头指向苏联。"③ 总之,美国政府加快了增强自身影响力的步伐,有意将整个近东变成反苏反共的桥头堡,筑起一道抵挡苏联势力扩张的坚固防线,而此举将会对苏联南部领土的安全造成不可忽视的影响。

正值冷战两大阵营对峙之际,美苏双方处于剑拔弩张的状态,任何政策变动都有可能触动对方的敏感神经。长期以来,耶路撒冷一直被阿拉伯人和犹太人视为"圣城",在近东

---

① Gadi Heimann, "Divide and Rule: Israel's Tactics Regarding the Jerusalem Question and America's Response, 1949-1950," *Cold War History*, Vol. 17, No. 1, 2017, pp. 21-38.

② АВП РФ. Ф. 0106. Оп. 9. П. 12. Д. 1. Л. 1, 12. // Ближневосточный Конфликт: Из Документов Архива Внешней Политики РФ (1947-1956). В 2 т. Отв. ред. В. В. Наумкин. Т. 1. С. 114.

③ АВП РФ. Ф. 0106. Оп. 9. П. 12. Д. 1. Л. 1, 12. // Ближневосточный Конфликт: Из Документов Архива Внешней Политики РФ (1947-1956). В 2 т. Отв. ред. В. В. Наумкин. Т. 1. С. 114.

各国民众心中享有崇高的地位。因此，美国政府参与调解耶路撒冷问题有助于提升自身的政治声望，为美国日后逐步控制近东打下坚实的基础。如果美国方面的政策得以顺利实行，近东各国就会沦为美国遏制苏联扩张的武器。与此同时，以色列、叙利亚和埃及也请求苏联方面提供援助，帮助它们抵挡来自美国方面的压力。[①] 为此这些国家的外交人员都极力营造出一种兵临城下的紧迫感，似乎"以色列政府无法保护自己，阿拉伯联盟内部分崩离析"[②]，它们随时都会沦为美国政府的傀儡。在这种氛围的影响下，苏联领导人必须进行相应的部署。于是，苏联政府将在近东的战略重点从"进攻"调整为"防守"[③]，旨在阻挠美国达成控制整个近东地区的目的。而苏联在耶路撒冷问题上的立场也随之改变。一方面，苏联政府宣布不再支持联合国监督耶路撒冷接受国际共管，以防美国人趁机利用联合国把持近东事务；另一方面，苏联政府不想理会来自以色列方面的求助，也不赞同以色列政府建都耶路撒冷的决定。

此时东亚地区的局势也变得越来越严峻。苏联政府密切关注着朝鲜半岛的情况，无暇顾及近东地区的情况，更不想

[①] АВП РФ. Ф. 059. Оп. 24. П. 52. Д. 332. Л. 62–65. // Ближневосточный Конфликт: Из Документов Архива Внешней Политики РФ（1947-1956）. В 2 т. Отв. ред. В. В. Наумкин. Т. 1. С. 111-113，114-116.

[②] АВП РФ. Ф. 087. Оп. 13. П. 22. Д. 7. Л. 30-35. // Ближневосточный Конфликт: Из Документов Архива Внешней Политики РФ（1947-1956）. В 2 т. Отв. ред. В. В. Наумкин. Т. 1. С. 116.

[③] 刘竞、张士智、朱莉：《苏联中东关系史》，第136页。

介入耶路撒冷问题。后来，由于中华人民共和国无法获得联合国合法席位，苏联代表宣布退出安理会和其他接纳国民党代表的联合国机构。① 因此，相关耶路撒冷问题的讨论也就完全没有苏联代表的参与了。②"俄国财产"问题自然也没有进展，苏以双方失去了协商解决该问题的基础。由此可见，"俄国财产"的战略价值在于加快苏联政府在近东地区建立据点的步伐，从而迅速实现渗透计划。当苏联在近东的主要目标变成阻止美国势力的扩张，接管"俄国财产"的计划就可以暂缓进行。

第四节　苏联对以色列的外交政策的变化及其影响因素

苏联政府不支持以色列占据耶路撒冷，这是苏以双方关系出现微妙变化的一个信号。从耶路撒冷问题可以看出，苏联政府决定改变支持以色列政府的一贯立场，开始对以色列

---

① ISA 93.03/84/21, *Documents on Israeli-Soviet Relations 1949–1953* (*DISR*), Part 2, pp. 676–677.

② 1950年12月14日，第五届联合国大会通过了第468号决议，宣布取消为在耶路撒冷确立持久国际制度的拨款。参见殷罡主编《阿以冲突——问题与出路》，第285页；以及Michael Brecher, "Jerusalem: Israel's Political Decisions, 1947–1977," *Middle East Journal*, Vol.32, No.1, 1978, pp.13–34; Gadi Heimann, "Divide and Rule: Israel's Tactics Regarding the Jerusalem Question and America's Response, 1949–1950," *Cold War History*, Vol.17, No.1, 2017, pp.21–38。

实行新的外交政策。在这个转变过程中，发生作用的影响因素是方方面面的。

首先，"俄国财产"问题令苏以双方出现龃龉，使苏联政府考虑改变对以色列的外交政策。

战后初期，阿拉伯各国政府普遍奉行"亲英"或"亲美"的外交路线，于是一个由犹太人建立的新生国家便成为苏联势力向近东渗透的突破口。以色列国的成立严重激化了阿犹双方的矛盾，导致近东地区陷入频繁的战争之中，迫使西方大国不得不耗费精力去调解地区冲突，最终必然会间接地缓解苏联政府在欧洲的压力。① 为此，苏联政府在1947年极力促成犹太人独立建国一事。等到犹太人建国之后，苏联政府对以色列政府实行友好政策，具体表现为迅速承认以色列政府、帮助以色列军队购买武器、支持以色列进入联合国等。可是，苏联的这些帮助渐渐无法满足以色列方面的需求了。对于以色列政府来说，大规模的领土扩张是其巩固政权的重要途径。第一次中东战争期间，以色列政府趁机进行对外扩张，占领了包括部分耶路撒冷在内的不少土地。而"俄国财产"作为其"战利品"之一，自然让以色列政府难以割舍。所以，面对苏方接管"俄国财产"的要求，以色列方面只好虚与委蛇。更重要的是以色列政府也了解到苏联方面有意借此实行渗透计划，而为了阻止苏联势力的渗透，以色列

---

① ISA 130.02/2403/16, *Documents on Israeli-Soviet Relations 1949–1953*（*DISR*），Part 2, pp. 731–733.

政府绝不会任由"俄国财产"落入苏联政府之手。

于是以色列方面强行占有位于"俄国区"的财产，还阻止苏联方面开展接管财产的工作。这种不合作态度令苏联政府非常反感，而以色列政府的反苏倾向也愈发明显。① 以色列国内的媒体大肆抨击苏联领导人的外交决策，包括苏联方面对耶路撒冷问题的处理。② 由此可见，当以色列强占"俄国财产"并肆意攻击苏联政府时，它在苏联近东政策中的地位就大大下降了。莫洛托夫多年后回忆说："如果苏联政府决定拉拢以色列，就要承担进入一个陌生环境的风险。"③ 以色列在地理上距离苏联的领土太过遥远，又无法充当苏联势力进入近东地区的跳板，这些都促使苏联政府抛弃了对以色列政府的友好政策。

其次，随着美以双方的联系不断频繁，苏联政府对以色列政府的"中立"外交政策产生疑虑，并促使苏联方面考虑改变对以色列的外交政策。

建国初期，以色列政府声称要实行"中立"的外交政策，力图在两大阵营之间左右逢源。然而，这种"骑墙派"的态度是相当不可靠的，苏联政府始终在提防以色列政府突然宣

---

① АВП РФ. Ф. 089. Оп. 3. П. 6. Д. 8. Л. 211 - 226, 262 - 264. // Советского-Израильские Отношения. Сб. док. 1941-1953гг. Т. 2. С. 140.
② АВП РФ. Ф. 089. Оп. 2. П. 3. Д. 13. Л. 7. // Советского-Израильские Отношения. Сб. док. 1941-1953гг. Т. 2. С. 99-100.
③ 〔俄〕菲利克斯·丘耶夫：《莫洛托夫秘谈录——与莫洛托夫140次谈话（菲·丘耶夫日记摘编）》，刘存宽等译，社会科学文献出版社，1992，第84~85页。

布倒向以美国为首的西方阵营。从 1949 年年中开始，苏联驻以色列大使在提交给莫斯科方面的报告中反复强调，以色列政府内部存在强烈的亲美倾向，希望苏联方面做好应对措施。① 这准确地概括出以色列政府的外交取向。在以色列政府的外交政策中，维持以美友好关系是至关重要的目标。② 以色列建国初期，大批移民的涌入引发了严重的经济危机，社会局势也随之变得更加动荡。若不能及时获得境外援助，以色列将难以渡过这个难关。美国犹太财团积极地提供了物资与金钱，为以色列政府解决燃眉之急。外国资本的引进也让美国方面得以掌握以色列国家的经济命脉。因此，维系以美双方的密切联系是关乎以色列生死存亡的问题，倒向以美国为首的西方阵营就是其必然选择。在以色列政府内部也有很多亲美分子，其中总理本-古里安的表现尤为积极。他多次亲自飞往华盛顿，向美国政府提出建议，希望美以双方建立经济与军事合作关系。③

随着以美双方的合作日益加深，以色列政府逐渐变成苏联政府要提防的对象。1950 年 3 月 25 日，苏联国内的《文学报》发表了一篇题为《特拉维夫的追随者》的政论，这篇文

---

① АВП РФ. Ф. 089. Оп. 2. П. 3. Д. 10. Л. 6, 8 – 13. Советского-Израильские Отношения. Сб. док. 1941–1953гг. Т. 2. С. 140; АВП РФ. Ф. 089. Оп. 3. П. 6. Д. 8. Л. 211 – 226, 262 – 264. // Советского-Израильские Отношения. Сб. док. 1941–1953гг. Т. 2. С. 47–51, 140.

② АВП РФ. Ф. 089. Оп. 3. П. 6. Д. 8. Л. 211 – 226, 262 – 264. // Советского-Израильские Отношения. Сб. док. 1941–1953гг. Т. 2. С. 140.

③ Avi Shlaim, "Israel between East and West, 1948 – 1956," *International Journal of Middle Eastern Studies*, Vol. 36, No. 4, 2004, pp. 657–673.

章辛辣地嘲讽以色列政府打着"中立外交"的幌子，追随美国反苏反共政策的步伐。① 此时的以色列政府开始阻止国内对苏友好关系协会展开宣传工作②，严格限制苏联文学作品进入以色列国内，同时却大力鼓励美国商品的进口和美国宣传品的传播。③ 这证明以色列政府走上了"亲美敌苏"的道路，以色列将成为美国在近东的忠实盟友，帮助推动美国近东政策的顺利实施。以色列政府渐渐倒向以美国为首的西方阵营，苏联政府若支持以色列政府占领耶路撒冷，就很可能将这座城市送到美国人的手中。所以，苏联政府不会支持以色列的耶路撒冷政策，以免落得"为他人作嫁衣裳"的下场。

最后，苏联国内的"反世界主义"运动及其犹太政策也是重要因素之一。

彼时，苏联国内正在进行"反世界主义"运动，该运动起源于苏联政府在意识形态领域展开的政治批判行动。1946年8月9日，苏联政府开始在哲学、社会科学和自然科学等多个领域展开大批判。④ 在苏联最高领导层的推动下，这场运动迅速扩大为一场残酷的大清洗，随后在1948年进入了政治

---

① Прудков. "Гель-авивский последователь Ачесона." *Литературная Газета*. 25 март 1950.

② АВП РФ. Ф. 089. Оп. 3. П. 6. Д. 8. Л. 211 – 226, 262 – 264. // Советского-Израильские Отношения. Сб. док. 1941–1953гг. Т. 2. С. 140.

③ АВП РФ. Ф. 089. Оп. 3. П. 8. Д. 1. Л. 1, 5 – 7. // Советского-Израильские Отношения. Сб. док. 1941–1953гг. Т. 2. С. 164.

④ 〔俄〕Е. Ш. 祖布科娃：《1945–1964年的社会与改革》，转引自马龙闪《苏联战后的意识形态批判和政治清洗运动》，《东欧中亚研究》2001年第6期。

斗争的高潮期。苏联犹太人在政府文化部门担任了大部分的要职，自然也就成为这场运动的主要受害者。① 苏联政府发动的"反世界主义"运动在以色列国内遭到猛烈的抨击，以色列政府要求苏联政府批准苏联国内犹太人移居以色列。② 苏联政府对以色列政府回答说，苏联国内不存在所谓"犹太问题"，也没发现任何犹太公民有移居以色列的需要。③ 苏联驻联合国大使马立克指出，犹太人在苏联拥有与其他公民一样的平等权利，苏联的国家建设也需要苏联公民的积极参与。让苏联人民移居到另一种社会制度的国家去，这也不符合苏联国家的基本原则。④ 以色列驻苏联大使馆也在加强与苏联国内犹太人的联系。⑤ 苏联政府对犹太复国主义思想在苏联犹太人当中的传播保持着警惕的态度。苏联方面下令监视以色列驻苏联大使馆人员的日常生活，阻止他们与苏联国内犹太人进行私下接触。⑥ 而以色列方面也采取了一系列应对措施：以色列驻苏联大使馆向苏联犹太人派发宣传犹太复国主义思想

---

① 〔俄〕罗伊·梅德韦杰夫：《让历史来审判——论斯大林和斯大林主义》下册，何宏江等译，第966页。
② ISA 130.11/2514/1, *Documents on Israeli-Soviet Relations 1949–1953* (*DISR*), Part 2, pp. 598–600.
③ ISA 130.09/2325/3, *Documents on Israeli-Soviet Relations 1949–1953* (*DISR*), Part 2, p. 673.
④ АВП РФ. Ф. 059. Оп. 24. П. 27. Д. 154. Л. 5 – 6. // Советского-Израильские Отношения. Сб. док. 1941–1953гг. Т. 2. С. 119.
⑤ ISA 130.02/2382/29, *Documents on Israeli-Soviet Relations 1949–1953* (*DISR*), Part 2, p. 581.
⑥ ISA 130.02/2384/15, *Documents on Israeli-Soviet Relations 1949–1953* (*DISR*), Part 2, pp. 651–652.

的材料①，以色列国内媒体大肆攻讦苏联政府迫害苏联国内犹太人的行为②，就连以色列政府内部的"亲苏派"人员也遭受打压。③ 这些进一步激化了苏以之间存在的矛盾，加快了苏联政府改变对以色列外交政策的步伐。

总而言之，在这些综合因素的推动下，苏联政府调整了对以色列的外交政策，从此苏联方面已不愿意继续为以色列政府提供外交上的帮助了。这种转变不但加速了苏以双方关系的恶化，还反过来加强了苏联政府原先的猜想：以色列政府正在走上一条"亲美敌苏"的道路。1950年3月10日，苏联驻以色列大使向苏联外交部报告说："以色列政府拒绝配合苏方人员移交'俄国财产'，这正是以色列政府敌视苏联政府的表现之一。"④ 以色列外交部部长摩西·夏里特提出访问莫斯科，却迟迟得不到苏联方面的回应。⑤

事实上，随着冷战局势的进一步发展，以色列政府对美国政府的外交政策亦步亦趋，明显地倒向了以美国为首的西方阵营。1951年10月，英、法、美、土耳其四国政府联合发表关

---

① АВП РФ. Ф. 089. Оп. 3. П. 8. Д. 1. Л. 1, 5 – 7. // Советского-Израильские Отношения. Сб. док. 1941–1953гг. Т. 2. С. 163.
② АВП РФ. Ф. 059. Оп. 24. П. 52. Д. 332. Л. 141 – 145. // Советского-Израильские Отношения. Сб. док. 1941–1953гг. Т. 2. С. 161.
③ АВП РФ. Ф. 089. Оп. 2. П. 4. Д. 29. Л. 218 – 221. // Советского-Израильские Отношения. Сб. док. 1941–1953гг. Т. 2. С. 112.
④ АВП РФ. Ф. 089. Оп. 3. П. 6. Д. 8. Л. 211 – 226, 262 – 264. // Советского-Израильские Отношения. Сб. док. 1941–1953гг. Т. 2. С. 140.
⑤ АВП РФ. Ф. 059. Оп. 24. П. 52. Д. 332. Л. 199 – 200. // Советского-Израильские Отношения. Сб. док. 1941–1953гг. Т. 2. С. 188.

于组建"中东司令部"的宣言,宣称中东各国需要团结对抗外部力量的威胁。① 以色列政府向莫斯科方面表示不会加入任何针对苏联的军事集团②,背后却与美国政府签订了关于军事和经济领域的合作协议。③ 以色列方面的这些举动都被苏联领导人看在眼里,以色列政府的外交路线已经选择了与苏联敌对的阵营。于是,当以色列政府宣布耶路撒冷为新首都并要求各国大使馆迁往耶路撒冷之时,苏联驻以色列大使馆决定按兵不动、静观其变。④ 至此,苏以双方的对立局面已经形成了。

第五节 "俄国财产"问题的最终解决

"俄国财产"曾经被誉为"俄国在圣地的事业"(русское дело на святой земле),其体现的是沙俄政府渴望建立"第三罗马"的梦想。⑤ 而这种梦想的产物到了冷战时期却焕发出新的"光彩",成为苏联政府近东战略的一部分。当苏联政府有

---

① 刘竞、张士智、朱莉:《苏联中东关系史》,第136页。
② Note Verbale from the Government of Israel to the Government of the USSR, 8 December 1951, Documents on Israeli-Soviet relations, 1941–1953, Part2: May 1949–1953, p. 757.
③ АВП РФ. Ф. 059. Оп. 26. П. 58. Д. 362. Л. 81 – 84. // Советского-Израильские Отношения. Сб. док. 1941–1953гг. Т. 2. С. 309–311.
④ АВП РФ. Ф. 059. Оп. 28. П. 57. Д. 346. Л. 36 – 37. // Советского-Израильские Отношения. Сб. док. 1941–1953гг. Т. 2. С. 358–359.
⑤ Dov Yaroshevski, "Beyond the 'Russian Property' Discourse, 1917–53," Journal of Israel History: Politics, Society, Culture, Vol. 22, No. 1, 2003, p. 59.

意重返近东之时,"收回"这些"俄国财产"就被视为最便捷的途径。

苏联政府拒绝支持以色列的耶路撒冷政策之后,以色列政府立即停止了与苏联关于"俄国财产"问题的交涉。在小国与大国的交往中,小国有时在某个具体问题上赢得主动,可是谈到国家的对外政策,占据主动位置的往往还是大国。以色列在"俄国财产"问题与耶路撒冷问题上都是赢家,却失去了苏联政府的支持与帮助。以色列政府反复阻挠苏方接管"俄国财产"的计划,苏联政府对以色列政府的态度也自然发生了变化。归根究底,苏联政府关注的不是以色列的利益,而是美国政府的近东政策及其对苏联国家安全的影响。美国政府对耶路撒冷问题变得热切起来,苏联方面感受到巨大的安全威胁,并迅速做出了防守的部署。其实美国政府当时还没有在近东站稳脚跟,还要借助英国的力量来加强自己的影响,因此美国政府对近东事务的影响是有限的,这也解释了为什么美国想利用联合国来操控"耶路撒冷之争"的走向。然而,美国政府到底还是低估了耶路撒冷问题的棘手程度。这场争论不仅是一场世俗的政治谈判,更是关于宗教权益的谈判。[1] 耶路撒冷作为世界三大一神教(基督教、伊斯兰教与犹太教)的"圣城",其地位问题自然受到众多国家及其民众的高度关注,这场争论波及的地理范围远远超出了近东地区。当美以双方关系变得愈加密切之时,美国政府亦逐步

---

[1] 殷罡主编《阿以冲突——问题与出路》,第300页。

陷入近东冲突之中，再也难以轻易地抽身而出。而苏联政府为了破坏美国政府控制近东的计划，决定不再参与关于耶路撒冷问题的讨论，极力塑造一种尊重近东人民自决权的形象，同时也在等待重返近东的有利时机。

冷战初期苏联政府的近东政策还不稳定，因此其外交政策的变动相当频繁，处处充满了不确定性。除了与以色列政府的外交关系之外，苏联政府也一直关注着阿拉伯各国反抗西方大国的独立运动。从苏联外交部收集到的情报来看，阿拉伯各国政治动荡，相互争斗，缺乏足以抵抗英美的实力。大部分阿拉伯国家还处于英美的控制之下，其余的在外交上也是极不可靠。叙利亚方面常常与苏联政府保持联系，可是叙利亚政府不够强势，难以维持国内局势的安定。埃及和外约旦都想领导阿拉伯统一运动，成为阿拉伯世界的领导者。按照当时的近东局势来看，苏联政府进行大规模渗透的时机尚未到来，所以苏联政府的最佳策略就是转攻为守、以静制动，一方面不参与调解阿以双方的争端，另一方面在国际舞台上批判英美两国政府。

受到苏联国内犹太政策的影响，苏以双方关系进入了迅速恶化的阶段。随后发生的斯兰斯基案件和"医生间谍案"使国际社会哗然，一时间苏联国内犹太人的生存状况令人担忧。以色列国内的犹太民众情绪激动，甚至有人跑到苏联大使馆去扔炸弹。这次爆炸案件成为激化苏以两国政府之间重重矛盾的导火索，以色列政府声称找不到扔炸弹的暴徒，而苏联政府也立即宣布苏以双方断交。① 直到赫鲁晓夫时期，苏以两国政府才恢复了外交关系，但是双方关系早已不复往昔。而"俄国财产"问题到了1964年才有所进展。苏以双方签订了关于出售"俄国财产"的协约，苏联政府把大部分"俄国财产"卖给以色列政府，而以色列方面则以柑橘来支付这笔费用，所以该协约也被人们称为"柑橘协定"。在这份协约的基础上，以色列政府接受了苏联政府"收回"少量财产的要求，包括东正教传教团的大楼、圣三一大教堂和谢尔盖庄园等。② 但相关的移交工作拖延了很久，甚至到苏联解体时还没完成。2008年12月，俄罗斯联邦政府正式接管谢尔盖庄园，苏以双方关于"俄国财产"问题的谈判终于画上句号。

从英国委任统治巴勒斯坦时期开始，苏联政府要求接管"俄国财产"的尝试持续了将近一个世纪，牵涉到许多复杂的政治问题。其间，苏方接管"俄国财产"的要求被迫让位于苏联政府在国际政治上的核心利益。近东地区的地理位置距离苏联国土太过遥远，以致苏联政府对当地问题的处理能力有限，这就要求苏联领导层及时根据地区局势和国际局势进行政策调整。由于苏联政府对近东政策做出了调整，"俄国财

---

① 1953年2月9日特拉维夫当地时间22时35分，一颗巨大的炸弹在苏联驻以色列大使馆范围内爆炸。大使馆建筑本身遭受严重损毁，苏联驻以色列大使的夫人、总务长的夫人与司机受重伤被送院治疗。参见 АВП РФ. Ф. 059. Оп. 30. П. 53. Д. 311. Л. 45 – 46. // Советского-Израильские Отношения. Сб. док. 1941–1953гг. Т. 2. С. 421–422。

② Uri Bialer, *Cross on the Star of David: The Christian World in Israel's Foreign Policy, 1948-1967*, pp. 161-164.

产"问题就只能留待日后解决。国际政治问题不总是关于前进和攻击,适当时候也需要后退和等待,而且当选择后退与等待的时候,对原本设定的目标也要进行相应修改,学会后退与懂得进攻无疑是同样重要的。而研究有关"俄国财产"问题交涉的意义则在于更全面地认识苏联政府在冷战时期实行的政策,更客观地评价这些政策的效果与意义。

第五章 二战后苏联国内的反犹政策与苏以断交

第一节 苏联犹太人民族意识的觉醒

二战后苏联支持犹太复国主义运动建国的政策在外交上无疑是成功的，但是斯大林未能料到苏联的亲犹太复国主义政策会在国内引起强烈反响，它极大地激发了苏联犹太人沉睡已久的民族主义情绪。苏联犹太人误以为政府已经改变了多年来对国内犹太复国主义的镇压政策，当1948年5月14日，以色列国正式成立之后，苏联犹太人和全世界犹太人一样欢呼雀跃，欣喜若狂。

作为苏联国内唯一的官方犹太人组织，"犹委会"自然就成了国内犹太同胞倾诉的主要对象。犹太大学生、工人和工程技术人员以个人和集体名义发出的信件、电报和询问不断涌向"犹委会"、《团结报》编辑部以及其他一些组织。其中参与人员有莫斯科某些高等院校（法学院、化工学院、外国语专科学校、化学机械制造学院）部分大学生、敖德萨的基洛夫机床制造厂的许多工人,还有苏联国家黑色冶金轧钢设备研究院和武器工业部的工程师、苏联军队的军官以及其他一些人。

苏联犹太公民的信件和申请主要涉及如下问题。

(1) 犹太居民对苏联政府的对外政策表示支持,对正式承认以色列国表示感谢,对利用阿拉伯人服务于一己之私利的英美帝国主义及其在巴勒斯坦奉行的政策表示谴责。

敖德萨的基洛夫机床制造厂的工人 M. 魏因施泰因(M. Вайнштейн)、С. 尼森鲍姆(С. Нисенбаум) 和 M. 赖梅杰尔（M. Раймедер）在信中写道:"我们作为苏联犹太人,感到骄傲的是,我们由天才的斯大林同志领导的社会主义国家以自己的国际威望支持了巴勒斯坦犹太人建立了自己的民族国家,我们对在巴勒斯坦挑起流血战争的英帝国主义者及其爪牙们的行径感到义愤填膺。"① 乌克兰人民演员 M. 戈利德布拉特（M. Гольдблат）在信中写道:"悉知苏联政府关于承认犹太人国家的决定之后,我像所有苏联人一样,深深地为自己亲爱的祖国,为我们的苏联政府、为敬爱的斯大林同志而感到骄傲和自豪。毫无疑问,全体苏联人一致拥护政府的这一决定。"②

(2) 但是也有不少信件明显流露出民族主义情绪。这些

---

① РЦХИДНИ. Ф. 17. Оп. 128. Д. 608. Л. 5 - 10. // *Костырченко Г. В.* Еврейский Антифашистский Комитет в СССР. 1941-1948, С. 296.

② РЦХИДНИ. Ф. 17. Оп. 128. Д. 608. Л. 5 - 10. // *Костырченко Г. В.* Еврейский Антифашистский Комитет в СССР. 1941-1948, С. 296.

信件的写信人对苏联犹太公民和生活在资本主义国家的犹太人不加区分,并且把以色列视为自己真正的祖国,有把以色列置于苏联之上的倾向。

例如,公民 Н.С. 罗森施泰因(Н.С. Розенштейн)在给"犹委会"的信中写道:"一旦在巴勒斯坦取得胜利,全世界的犹太人将可以在那里找到自己的祖国,在那里他们将成为自由的和平等的公民。当然,我们苏联犹太人对移居以色列连想都不会去想。我们在这里已经找到了自己的第二祖国。俄罗斯人以及全苏联的各民族帮助我们从民族压迫中解放出来,我们将同他们一起共同生活,为我们国家的幸福而共同劳动。"① 耐人寻味的是这封信的作者把苏联当作他的第二祖国,那第一祖国显然是以色列了。公民佩雷尔穆特尔(Перельмутер)表示说:"目前,我们的生活已经发生了前所未有的变化,我们犹太人已经大大地扬眉吐气,我们已经成了拥有平等权利的民族……这不仅仅是一场争取以色列国独立的斗争,而且也是一场为我们的未来,为争取民主和正义的斗争。"卫国战争参加者、预备役中尉、联共(布)党员,同时是莫斯科国立师范学院研究生的 Х.С. 扎姆斯基(Х.С. Замский)在来信中写道:"巴勒斯坦犹太民族的领袖们,不论其意识形态信念如何,都是在从事一个正义的事业并因而受到全民族的尊敬和感谢。在这决定民族命运的时刻,

---

① РЦХИДНИ. Ф. 17. Оп. 128. Д. 608. Л. 5-10. // Костырченко Г. В. Еврейский Антифашистский Комитет в СССР. 1941-1948, С. 296.

我不能仅仅做一个'喝彩助威者'。现在需要的是干实事、发扬积极主动精神和做出牺牲。对这些事件袖手旁观就是对民族的背叛。积极参与这些事，不仅是每个犹太人的义务，而且也是他们的权利……成为一名犹太军队的士兵是我的梦想。"①

（3）许多苏联公民建议给巴勒斯坦犹太人以具体的帮助，以支援他们每年为以色列国而进行的斗争。

列宁格勒高等院校的 36 名犹太大学生联名写信，要求"犹委会"在中央一级的报刊上发表对阿拉伯军队入侵以色列国的抗议，他们提出了以下几个要求。①立即开展对以色列政府的募捐活动；②请求苏联政府批准组建志愿军开赴巴勒斯坦支援以色列军队；③如果这些要求得到批准后就即刻开始组建部队；④与以色列政府建立联系并以一切可能的手段向其提供帮助。

公民 М. 别尔曼（М. Берман）对"犹委会"的活动提出批评，认为该委员会在支援巴勒斯坦犹太人方面没有表现出积极性。他在给"犹委会"的信中指出："在犹太民族经历艰难而又至关重要的时刻，不能仅仅满足于讲几句漂亮话（这种事留给我们的美国'朋友'好了）。我们现在需要的不是语言，而是行动。动员苏联的犹太人捐出现金用于购买武器。派遣志愿人员加入犹太军队——这才是"犹委会"应当完成

---

① РЦХИДНИ. Ф. 17. Оп. 128. Д. 608. Л. 5 - 10. // Костырченко Г. В. Еврейский Антифашистский Комитет в СССР. 1941-1948, С. 296-297.

基本的，总的来说也是唯一的任务。"公民佩雷尔穆特尔（Перельмутер）坚持认为，应当"在'为了民主国家以色列'的口号下，采取一切措施组建苏联犹太人的志愿军团"。

许多苏联犹太人表示愿意以志愿者的身份帮助以色列国。莫斯科铁路交通工程学院的大学生 B. X. 沙弗兰（B. X. Шафран）希望以志愿者的身份加入犹太军队，他认为这样做是尽到了一个犹太共青团员的义务。提出类似申请的还有：苏军预备役大尉 A. M. 谢尔佩尔（A. M. Серпер）、苏联国家黑色冶金轧钢设备研究院工程师 C. И. 福尔曼（C. И. Фурман）和他的两个儿子（三人均为卫国战争参加者）、莫斯科法律学院的 80 名犹太大学生的代表列文（Левин）以及其他一些人。医生 Л. Б. 戈尔曼（Л. Б. Гельман）已经请求"犹委会"预付给他一些钱，以便充作前往巴勒斯坦支援犹太人的路费。当苏联政府决定承认以色列国时，向《团结报》编辑部发出致敬电函的苏联知名犹太人有：作家爱伦堡、Д. 贝尔格森（Д. Бергельсон）、X. 阿杰米扬（X. Аджемян）、俄罗斯联邦人民演员 Б. 祖斯金（Б. Зускин）、世界象棋冠军 M. 博特温尼克（M. Ботвинник）等人。①

1947 年 12 月 27 日，犹太戏剧界在莫斯科工艺博物馆礼堂举行晚会，纪念已故的犹太作家 M. C. 孟德尔（M. C. Менделе）诞辰。米霍埃尔斯即兴表演了《便雅悯三世游记》当中的几幕

---

① РЦХИДНИ. Ф. 17. Оп. 128. Д. 608. Л. 5 – 10. // *Костырченко Г. В.* Еврейский Антифашистский Комитет в СССР. 1941–1948, С. 297–298.

戏。他在开场白中朗诵道：便雅闵启程去寻找"应许之地"时问一个陌生人，"通往以色列故土的路怎么走？""刚好就在这个时候葛罗米柯同志给了我们这个问题的答案。"米霍埃尔斯解释，他指的是苏联在联合国支持巴勒斯坦分治和以色列的建立。结果整个礼堂群情激昂，人们狂喊着表示支持。米霍埃尔斯的女儿 Н. С. 沃夫西（Н. С. Вовси）后来回忆说："好像他告诉所有人都要去以色列似的，每个人都从他们的座位上跳起来，疯狂鼓掌，超过了10分钟。"①

甚至连忠诚于共产主义事业的布尔什维克犹太工作人员，也感染了这种情绪。伏罗希洛夫元帅的犹太妻子 Г. Д. 戈尔布曼（Г. Д. Горбман），在以色列国成立的那天一语惊坏了自己的家人："今天我们可有自己的祖国了。"② 公开表达对新生的犹太人国家具有好感的还有莫洛托夫的妻子 П. С. 热姆丘日娜（П. С. Жемчужина）。她在1948年11月8日与驻莫斯科的以色列大使果尔达·梅厄会谈时说："希望你们健康。如果你们那里一切都好，在各地的犹太人都会好了。"③

在苏联，犹太人的这种狂热的思想感情能够得到宣泄的唯一公众场合是犹太会堂。以色列建国以后，每到周末，都能得到来自莫斯科和苏联其他城市犹太人的祝福和祈祷。作为唯一主要的犹太人机构，"犹委会"办公地自然被认为是唯

---

① Louis Rapoport, *Stalin's War Against the Jews: The Doctor's Plot and Soviet Solution*, pp. 90-91.
② Платонов О. А. Тайная история России ХХ век. Эпоха Сталина. Москва: Московитянин. 1996, С. 340-341.
③ 〔以〕果尔达·梅厄：《梅厄夫人自传》，章仲远、李佩玉译，第239页。

——一个对以色列表示支持的集合地点。①

1948年10月4日，犹太人的新年节日，聚集在莫斯科犹太会堂门前的人们，高兴地接受了首任以色列驻苏联公使果尔达·梅厄的问候，数万名犹太人参加了这一自发的游行活动。梅厄在回忆录中描述了当时的情景"那天会堂前的街道变了样，挤满了人，男女老少，包括红军军官、战士、十几岁的青少年和抱在父母怀里的婴儿，成千上万，挤的像沙丁鱼一样。平时假日只有2000左右的犹太人来会堂，今天近5万人等着我们……这些好心、勇敢的犹太人是来和我们在一起，表示我们的亲属关系，并庆祝以色列国的建立的……"②

尽管莫斯科犹太人亲以色列的游行活动，并没有以任何方式违背政府的官方路线，但是，游行活动没有经过官方批准，这就破坏了斯大林主义的基本原则——只允许自上而下进行那些"自发性"的活动。因此，当局觉得这是"破坏性的"活动，这引起了克里姆林宫的巨大愤怒。

根据斯大林的女儿斯维特兰娜回忆，斯大林深深地感受到犹太复国主义对苏联的威胁，在1948年底，斯大林对自己心爱的女儿说："你不知道，犹太复国主义者整整感染了上一代人，而现在他们又在感染年轻一代……犹太复国主义者还

---

① Shimon Redlich, Kirill Mikhailovich Anderson, I. Altman, *War, Holocaust and Stalinism: A Documented Study of the Jewish Anti-Fascist Committee in the USSR*, p. 110.
② 〔以〕果尔达·梅厄：《梅厄夫人自传》，章仲远、李佩玉译，第236页。

为你挑选了第一位丈夫。"①

惊恐的"犹委会"领导人，企图与所有这些犹太复国主义者划清界限。在1948年10月21日召开的"犹委会"会议上，委员会主席团委员 М. И. 古贝尔曼（М. И. Губельмен）确定地说："我们对犹太复国主义的态度从来也没有改变过。我们对于犹太复国主义的态度，同对待一切极其反动的运动一样。"②"犹委会"的工作人员及其机关报《团结报》反复地强调苏联犹太人的祖国是苏联，而不是以色列。③ 但是，这些忠诚的保证已经无济于事了。斯大林已经准备消灭"犹委会"，发动反犹主义运动了。

第二节　战后苏联的国家反犹主义运动

从1947年下半年开始，苏联政府在支持犹太复国主义者建国的同时，在其国内掀起了一场"反世界主义"运动，其目的是加强与外界的隔绝并在知识分子中清除任何外来意识形态的影响。④ 梅德韦杰夫指出："'反世界主义'的斗争具

---

① *Аллилуева С. И.* Двадцать Писем к Другу. М：Известия. 1990. С. 124.
② ГА РФ. Ф. 8114. Оп. 1. Д. 1054. Л. 213-236. // *Костырченко Г. В.* Еврейский Антифашистский Комитет в СССР. 1941-1948. С. 305.
③ ГА РФ. Ф. 8114. Оп. 1. Д. 1054. Л. 213-236. // *Костырченко Г. В.* Еврейский Антифашистский Комитет в СССР. 1941-1948. С. 305.
④ 〔俄〕帕维尔·苏多普拉托夫：《情报机关与克里姆林宫》，魏小明等译，第365页。

有明显的反犹性质。在当时的日常生活用语中,'世界主义者'、'犹太复国主义者'和'犹太人'几乎是同义词。"① 就连斯大林的女儿斯维特兰娜也承认"反世界主义"运动具有公然的反犹主义性质。② 苏联当局之所以一反常态地发动大规模的反犹太主义运动,是由深刻的国内和国际背景因素所决定的。这与斯大林支持犹太建国和在冷战期间苏联外交政策的调整有着密切的关系。

冷战爆发之后,为了与西方抗衡,苏联急需在国内及其势力范围整肃纪律,加强思想控制。"反世界主义"运动就是苏联采取加强思想控制的措施之一。但由于苏联犹太人和西方联系最广,受西方影响最大,成为重点打击的对象。随着运动的开展,人们开始怀疑苏联犹太人对苏联是否忠诚。在报纸上出现了大量关于抨击"无根的世界主义知识分子"的文章。根据统计,60%的知识分子被指责为犹太人。还进行了所谓的假名揭发运动,即揭露那些知识分子的原犹太姓名。③

"反世界主义"运动开始后,苏联中层领导和布尔什维克普通干部开始将反犹主义当作党的一项正式路线。"无爱国心的世界主义者"成了"犹太人"的代名词,它意味着苏联犹

---

① 〔俄〕罗伊·梅德韦杰夫:《让历史来审判——论斯大林和斯大林主义》下册,何宏江等译,第966页。
② 〔苏〕斯维特兰娜·阿利卢耶娃:《仅仅一年》,刘白岚译,外文出版局《编译参考》编辑部编印,1980,第140页。
③ Hilary L. Rubinstein, Dan Cohn-Sherbok, Abraham J. Edelheit, W. D. Rubinstein, *The Jews in the Modern World: A History since 1750*, New York: Arnold, 2002, p. 194.

太人赞同西方犹太人的世界观,所以无法完全忠诚于自己的国家。反犹运动与斯大林周围政治力量平衡的改变相吻合。马林科夫被降职后,贝利亚被禁止过问一切与国家安全有关的事务。并且开始出现了一些传言,说莫洛托夫和他周围任用的人都是犹太人。① 在官方的支持下,无论是政界还是科技文化界,大批犹太人遭受开除或免职的厄运。

在反犹主义浪潮开始席卷全国之时,身为"犹委会"主席的米霍埃尔斯为了维护犹太人的权益,与费费尔一起专程拜会了莫洛托夫,对官方的"反犹政策"提出了抗议。莫洛托夫承诺在适当的时候会采取措施。② 但是米霍埃尔斯的这种不合时宜的干预明显地将自己置于政府的对立面。

显然,斯大林担心国际犹太复国主义组织利用米霍埃尔斯巨大的个人声望来达到自己的目的。米霍埃尔斯拥有很高的世界知名度,这样的人无疑也一定有异乎寻常的强烈个性,因此在那个时代,不可能通过法院审判这块遮羞布对他按常规方式进行逮捕和审讯。③

经过反复权衡,斯大林最后采取了一种最为省事的惯用手段——秘密处死米霍埃尔斯。根据解密的档案材料记载,斯大

---

① 〔俄〕帕维尔·苏多普拉托夫:《情报机关与克里姆林宫》,魏小明等译,第340~341页。
② Shimon Redlich, Kirill Mikhailovich Anderson, I. Altman, *War, Holocaust and Stalinism: A Documented Study of the Jewish Anti-Fascist Committee in the USSR*, p. 82.
③ 〔俄〕帕维尔·苏多普拉托夫:《情报机关与克里姆林宫》,魏小明等译,第341页。

林授命苏联副内务人民委员、国家安全部部长 В. С. 阿巴库莫夫（В. С. Абакумов）全权处理此事。阿巴库莫夫委派苏联国家安全部第一副部长 С. И. 奥格利佐夫（С. И. Огольцов）、白俄罗斯国家安全部长 Л. В. 察纳瓦（Л. В. Цанава）中将和 Ф. Г. 舒布尼亚科夫（Ф. Г. Шубняков）上校去执行这次任务。1948 年 1 月 12 日晚，米霍埃尔斯最终死于苏联内务部人为制造的一起车祸中。①

实际上，在暗杀米霍埃尔斯之前，苏联当局已经开始准备改组"犹委会"了，1947 年 7 月 19 日，联共（布）中央委员会对外政策部副部长 Л. 巴拉诺夫（Л. Баранов）和联共（布）中央委员会宣传鼓动部副部长 В. 格里戈良（В. Григорян）联名给联共（布）中央委员会书记 А. А. 日丹诺夫（А. А. Жданов）写信指责"犹委会"在宣传工作中犯有民族主义错误，没有对英国和美国帝国主义势力掀起的反苏运动给予应有的回击。② 也就在这个月，联共（布）中央做出了改组"犹委会"的决定，该决定指出：

"在战争年代，为动员国外犹太人参加与反法西斯主义和反动势力斗争而成立的该委员会，它在战后已经

---

① *Борщаговский А. М.* Обвиняется кровь. С. 5–8. 转引自 *Костырченко Г. В.* Еврейский антифашистский комитет в СССР. 1941–1948: Документированная история. С. 358。
② РЦХИДНИ. Ф. 17. Оп. 128. Д. 1058. Л. 132–133. 转引自 *Костырченко Г. В.* Еврейский антифашистский комитет в СССР. 1941–1948: Документированная история. С. 347。

不能胜任这些任务。'犹委会'擅自担负起在苏联犹太居民中开展工作这一并不属于它职能范围的工作，而置国外犹太人运动于不顾。委员会没有利用其同国外犹太人民主报刊的联系来反击英国和美国的帝国主义及其反动代理人，而在外国犹太人居民中进行的反苏、反民主运动。在'犹委会'发往国外的材料和在该委员会机关报《团结报》上经常不正确地反映苏联犹太人的生活；委员会还脱离苏联的实际情况去显示苏联犹太人的文化成就，而对苏联其他民族对犹太文化发展的影响视而不见；经常对俄罗斯人在苏联社会主义建设中的主导作用避而不提。委员会没有利用自己同国外犹太人学者、社会－政治经济和文化活动家的联系，并从那些人那里获取对苏联有益的科学技术和政治信息。为了从根本上改进'犹委会'的工作，联共（布）中央决定改组'犹委会'。"①

在米霍埃尔斯被暗杀后不久，1948年3月26日，苏联国家安全部部长阿巴库莫夫就"犹委会"的严重问题给苏联部长会议递交了一份报告，该报告指出："苏联国家安全部查明'犹委会'的领导人是积极的民族主义分子，他们面向美国人，实质上在进行反苏的民族主义活动。"犹委会"工作中的

---

① РЦХИДНИ. Ф. 17. Оп. 128. Д. 1058. Л. 134 – 135. 转引自 Костырченко Г. В. Еврейский антифашистский комитет в СССР. 1941 – 1948: Документированная история. С. 348 – 350.

亲美倾向在该委员会领导人米霍埃尔斯和费费尔的美国之行之后，开始特别明显地表露出来，他们在美国与知名的犹太活动家建立接触后，而这些人当中有一部分受雇于美国情报机关。委员会主席团前主席米霍埃尔斯战前就是一个著名的民族主义积极分子，曾经是具有民族主义情绪的犹太人的一面旗帜。"值得注意的是该报告把已经流产的克里木犹太人自治共和国计划重新提了出来，并成为"犹委会"领导人试图分裂苏联的一个重要罪证。①

尽管如此，斯大林并没有立刻做出查封"犹委会"的决定。这仅仅是因为苏联亲以色列政策的需要，而"犹委会"或许还能在这其中发挥一点作用。

苏联支持以色列建国本来就是出于特殊的政治目的，所以，它既不希望国内犹太人民族意识的觉醒，也不希望"犹委会"与以色列联系过密。根据当时的情况来看，苏联政府这一时期分配给"犹委会"的任务包括两个方面。

一是帮助政府搜集有关以色列和犹太人的情报。在以色列建国之前，"犹委会"就开始给联共（布）中央委员会和外交部按月提供相关情报。无论是国外友人来信还是与国外犹太组织代表的会晤，只要是涉及以色列的有价值的情报，"犹委会"领导人都会向上级汇报。不过"犹委会"给苏联当局提供最多、最重要的情报还是有关苏联犹太人对以色列

---

① Центральный архив ФСБ РФ. 转引自 *Костырченко Г. В.* Еврейский антифашистский комитет в СССР. 1941–1948: Документированная история. С. 359–370。

建国事件的反应。根据苏共中央国际部副部长巴拉诺夫的要求,"犹委会"代理责任书记 Г. М. 海菲茨(Г. М. Хейфец)把所有打电话、来信或者亲自来到"犹委会"对以色列表示支持的人的姓名、职业、单位、住址都直接复制并交给了巴拉诺夫。① 与此同时,《团结报》代理主编 Г. М. 日茨(Г. М. Жиц)也把编辑部收到的相关信件和评论呈报给巴拉诺夫。②

二是配合政府进行必要的陪衬性宣传,但这种宣传是受到严格限制的。1948 年 4 月,费费尔和海菲茨曾向莫洛托夫建议:"'犹委会'应该对联合国全体大会通过在巴勒斯坦建立犹太国家的决议表示支持,以便增加世界犹太人对苏联的同情。"结果遭到否决。③ 5 月 19 日,"犹委会"主席团专门开会研究讨论有关以色列的问题。它所能做的事情仅仅是就以色列的成立给以色列临时政府总统魏茨曼发去一封贺电,指出"这是犹太民族历史上最有意义的事件之一"。就是这份寥寥数语的贺电,都要经过苏共中央国际部部长苏斯洛夫、

---

① РЦХИДНИ. Ф. 17. Оп. 128. Д. 445. Л. 54 – 55. 转引自 Костырченко Г. В. Еврейский антифашистский комитет в СССР. 1941 – 1948: Документированная история. С. 292–295。

② Shimon Redlich, Kirill Mikhailovich Anderson, I. Altman, *War, Holocaust and Stalinism: A Documented Study of the Jewish Anti-Fascist Committee in the USSR*, pp. 392–393;宋永成:《犹太人反法西斯委员会的悲剧》,第 124~125 页。

③ Shimon Redlich, Kirill Mikhailovich Anderson, I. Altman, *War, Holocaust and Stalinism: A Documented Study of the Jewish Anti-Fascist Committee in the USSR*, p. 114。

外交部副部长佐林和外交部部长莫洛托夫的层层审批,最后在签发时还去掉了"犹委会"主席团成员在贺电末尾的签名。①

从1948年9月开始,苏联在以色列问题上的政策开始发生微妙的变化。苏联侦查机关获得的文件表明,"以色列政府采取了亲美和敌视苏联的立场",正在抛开苏联"同美国、英国和其他国家秘密结盟"。这使斯大林不得不重新考虑对以色列的政策。②而苏联国内犹太人高涨的民族主义情绪也令苏联当局感到头痛。成千上万的苏联犹太人不仅要求援助以色列,为以色列而战,而且许多人竟直截了当地要求移民到自己真正的祖国——以色列去,这是斯大林始料未及的。尽管苏联政府通过捷克斯洛伐克等国向以色列提供了大量的军事援助,并且默许东欧国家的犹太人可以移民到以色列去,但是关于苏联本国犹太人的移民要求,苏联当局是严格进行限制的。所以,从1948年9月初开始,苏联政府已经准备调整对犹太复国主义的政策了。

1948年9月7日,《团结报》刊发了一篇言辞犀利的文章,文中猛烈地抨击犹太复国主义者和以色列领导人。③紧接着,《真理报》在1948年9月21日刊登了著名犹太作家爱伦

---

① Наумов В. П. Неправедный Суд, Последний Сталинский Расстрел, Стенограмма Судебного Процесса над Членами Еврейского Антифашистского Комитета. С. 35, 140.
② Платонов О. А. Тайная история России. XX век. Эпоха Сталина, С. 345.
③ Shimon Redlich, Šimôn Redlîk, *Propaganda and Nationalism in Wartime Russian: The Jewish Antifascist Committee in the USSR, 1941-1948*, pp. 165-166.

堡的一篇文章——《关于一封信的理由》。这篇文章是根据斯大林的指示,由马林科夫和卡冈诺维奇等人授命爱伦堡写的。爱伦堡认为在巴勒斯坦出现的以色列并不能从根本上彻底解决反犹主义问题,在文章中指出:"犹太问题的解决必须依靠全世界都实现共产主义。以色列英勇的战士,粉碎了英国雇佣军的进攻,但是我们知道,犹太问题的解决并不取决于在巴勒斯坦军事斗争的胜利,而取决于社会主义战胜资本主义,取决于伟大的国际主义的胜利,取决于工人阶级对民族主义、法西斯主义和种族主义的胜利。我们对以色列那些劳动人民的斗争表示同情;对他们抱有好感的并不只是苏联犹太人,还有苏联全体人民。不过任何一个苏联公民都明白,他们的事业不能只是一个民族性质的国家,还应该是社会主义制度的国家。社会主义国家的公民看待资本主义国家的人(包括以色列国),都像是在黑暗森林里徘徊的旅行者一样。社会主义国家的公民永远不会受资本主义国家剥削制度的诱惑。苏联犹太劳动者的命运并非和以色列联系在一起,而是与进步势力和社会主义的命运联系在一起。苏联犹太人和全体苏联公民一起正在建设自己的社会主义祖国。他们将看到的不是近东,看到的而是未来。我认为,追求正义的以色列劳动者应该离犹太复国主义神秘论者远一点,他们应该向北看——苏联,那里的人民有一个美好的未来。"[①] 爱伦堡的这篇文章

---

① АП РФ. Ф. 3. Оп. 65. Д. 7. Л. 167–177. // Советско-Израильские Отношения. Сб. док. 1941–1953гг. Т. 1. С. 375–383.

对苏联犹太人来说无疑是一颗充满警告意味的子弹。① 9月25日,《团结报》也发表了爱伦堡的这篇文章,并且在一篇社论中重复了他的观点。

两个月之后,即1948年11月6日,《团结报》主编日茨在给联共(布)中央委员会书记马林科夫的信中写道:最近,以色列国在巴勒斯坦的建立,部分苏联犹太人特别是知识分子表露出日益强烈的民族主义情绪。这些情绪的主要表现是美化犹太国家,赞扬它的民族模式和演示这个国家已明显显露出的资产阶级性质及其政府政策的反社会主义民主倾向。以色列国公使拜谒莫斯科的犹太会堂被饱含犹太复国主义情绪的人们利用来公开赞扬以色列国。在明斯克和日梅林卡就发生了煽动犹太人集体前往巴勒斯坦的事件。

鉴于这些民族主义情绪的出现,《团结报》加强了在苏联犹太人中的苏维埃爱国主义宣传,报纸列举具体事实指出,苏联犹太人唯一的祖国是苏联,其中也包括犹太人都有着无限的机会去发展自己的经济和文化。报纸引用在苏联犹太人生活中和犹太人自治州建设中的许多实例指出,"只有在我们国家,在列宁-斯大林民族政策的基础上,所谓的'犹太人问题'才得到了彻底的解决,苏联犹太人在一切方面与苏联其他民族都是平等的……②"

---

① Aron Lustinger, *Stalin and the Jews*: *The Red Book*: *The Tragedy of the Jewish Anti-Fascist Committee and the Soviet Jews*, p. 176.

② ГА РФ. Ф. 8114. Оп. 1, Д. 10, Л. 329 – 331.// Костырченко Г. В. Еврейский Антифашистский Комитет в СССР. 1941-1948. С. 298-299.

爱伦堡和日茨的举动激起了苏联犹太人的强烈愤慨，一位"来自莫斯科署名为'头发花白'的老人"在给"犹委会"的一封信中写道："我饶有兴趣地阅读了爱伦堡在《团结报》上发表的没有任何评论的文章。很难相信你们同意爱伦堡的观点。……没有爱伦堡犹太民族照样生活。在我看来，如果伟大的米霍埃尔斯读了爱伦堡在《团结报》上发表的文章，他会因愤怒和悲伤而在自己的坟墓中辗转反侧。我们要求你们在报纸上表达你们对这一问题的意见，犹太民族不想听到爱伦堡的建议。"① 还有一封信件的言辞更为犀利："伊利亚·爱伦堡已经开始狂吠，小狗日茨跟着乱叫。他想展示自己也知道如何狂吠。好了，他们命令爱伦堡写文章，但是您呢？或许您想得到一根额外的香肠？您为什么扮演白痴？毕竟您十分清楚，'在我们可爱的社会主义祖国'犹太人从所有重要的职位上被解雇。您知道许多机构现在已不接收犹太毕业生，即使它们接收，也是按照一定的限额。您比我更清楚正在发生的事情。爱伦堡厚颜无耻地以全体苏联犹太人的名义讲话，他没有这个资格，而您也根本没有任何资格代表犹太人讲话。"②

在苏联这样的社会，犹太人对以色列的狂热认同和支持必然要被当局看成是对国家的不忠和对共产主义思想的背叛，

---

① ГА РФ, ф. 8114, оп. 1, д. 20, л. 38, *Костырченко. Г. В. Еврейский антифашистский комитет в СССР, 1941-1948*, С. 308-309.

② Aron Lustinger, *Stalin and the Jews: The Red Book: The Tragedy of the Jewish Anti-Fascist Committee and the Soviet Jews*, p. 410.

第五章　二战后苏联国内的反犹政策与苏以断交 // 237

特别是在以色列倒向西方①和美苏冷战的前提下，与以色列和美国有着千丝万缕联系的苏联犹太人势必会被看作是西方的"第五纵队"。斯大林后来曾在一次中央委员会主席团会议上明确指出："任何一个犹太人都是民族主义者，都是美国情报机关的间谍。"②为了消除苏联犹太人因为以色列建国而引发的狂热的民族主义情绪和犹太复国主义情绪，斯大林随即在国内加强了"反世界主义"的运动。而"犹委会"与西方的联系最为广泛，是斯大林心目中"世界主义者"的典型代表，因此，它的命运就可想而知了。

1948年11月20日，联共（布）中央委员会做出了查封"犹委会"的决定，理由是该委员会已经成为反苏宣传的中心，并且经常不断地向国外情报机关提供情报。同时查封的还有"犹委会"的报刊出版机构。③

1948年底1949年初，几乎所有的"犹委会"成员都被逮

---

① 关于战后以色列倒向西方的原因，许多学者都谈到过这个问题，主要原因有以下两点：①以色列和美国关系密切。很多犹太人是从美国移民而来的。犹太人在美国表现不俗。由于美国的政治制度，在美国的犹太富翁可以组成院外集团对美国政府的决策施加影响。苏联犹太人就不具有这个优势。参见余崇健《美以"特殊关系"初探》，《西亚非洲》1988年第6期。②以色列吸引外来移民的政策与苏联当时的人口政策和民族政策发生了严重冲突。战后苏联希望受教育程度较高的犹太人留在国内为苏联的建设服务，因此对犹太人向以色列移民加以种种限制。参见邵丽英《俄国对以色列外交政策的演变及发展趋势》，《西亚非洲》1994年第4期。
② 〔俄〕列昂尼德·姆列钦：《历届克格勃主席的命运》，李惠生等译，新华出版社，2001，第359页。
③ РЦХИДНИ. Ф. 17. Оп. 162. Д. 39. Л. 140. // Костырченко Г. В. Еврейский Антифашистский Комитет в СССР. 1941–1948. С. 371–372.

捕了。1949 年 1 月 28 日，《真理报》发表社论，在全国范围内又一次掀起了"反世界主义"运动，矛头直指犹太人。"苏联政权机关和部门，首先是在党和国家高级领导层里，几乎开始全面的解除'犹太人'的职务。"①

1952 年 5 月，军事法庭在莫斯科开始对 1948~1949 年被逮捕的"犹委会"成员进行秘密审判。法庭主席 A. 切普佐夫在开始听取案件之前，通报了政治局的决定：14 名囚犯之中应该有 13 名被判处死刑。1952 年 8 月，对政治局点名的人员进行了处决。被枪决的人员之中有：洛佐夫斯基、作家和诗人费费尔、马尔基什、克维特科、Д. Р. 贝尔格尔松（Д. Р. Бергельсон）、Д. Н. 戈夫施泰因（Д. Н. Говштейн）和莫斯科博特金医院原主治医生 Б. А. 舍梅利奥维奇（Б. А. Шимелиович）。②

1951~1952 年，斯大林把自己反犹太人的立场，扩展到苏联的整个势力范围内。1952 年年底，在苏联集团国家里，举行了第一次公开的反犹太人的审判，其宗旨是反对捷克斯洛伐克共产党原中央总书记 Р. 斯兰斯基和布拉格领导层的其他代表。在进行审判过程中，绝大多数囚犯具有犹太人出身这一点，被多次地进行强调。斯兰斯基被指控犯有"支持犹太复国主义分子进行破坏活动"的罪行。11 名囚犯被判处死刑，并被处决。捕捉"犹太复国主义代理人"和"世界主义

---

① *Люкс Л. М.* Еврейский Вопрос в Политике Сталтина. Вопросы Истории. 1999. №7. C. 50.
② *Костырченко Г. В.* В Плену у Красного Фараона, Политические Пречледования Евреев в СССР в Последнее Сталинское Десятилетие. C. 147-150.

分子"的这种行动，也扩展到了德意志民主共和国、匈牙利、罗马尼亚和波兰。① 大量的犹太人从科研机关、教育机构和工矿业部门中被驱逐出去。反犹运动也波及了军队，这一时期，有63名犹太将军和111名上校被迫退休，到1953年，高级军官中已经没有犹太人。②

"医生间谍案"使反犹运动达到全民性的高潮。1953年1月13日，塔斯社发表了关于逮捕一批"医生破坏者"的消息。这是根据前几天一位名为季马舒克女医生的揭发而采取的行动。季马舒克揭发说："克里姆林宫有多名著名医生企图用有害的治疗方式，使病人逐渐死亡的方法来谋害苏联党和国家领导人。苏联安全机构逮捕了9名长期为国家领导人看病的医生，指控他们涉嫌谋害这些领导人。这9个人当中有6人是犹太人。同日，《真理报》发表了《披着教授和医生外衣的卑鄙的间谍和杀人犯》的社论。社论指出，这个恐怖集团是被美国情报机关收买，由国际犹太资产阶级民族主义组织'犹太联合救济委员会'招募，从事卑鄙的间谍活动。"③"医生间谍案"在全国引发了声势浩大的排犹运动。成千上万的犹太人被从医疗机构、研究所和医院赶出，许多科研机构因此而减少了半数以上的工作人员，不少出版社在选题计划中删掉了犹太作者所写的书。甚至被捕医生研制出来的药品也遭到了禁止，尽管这些药品早

---

① Люкс Л. М. Еврейский Вопрос в Политике Сталтина. Вопросы Истории. 1999. No 7. C. 53.
② 参见 Nora Levin, *The Jews in the Soviet Union since 1917*, pp. 529, 531。
③ 参见周尚文、叶书宗、王斯德《苏联兴亡史》，上海人民出版社，1993，第486~487页。

已得到了公认。① 到了斯大林去世的时候，在党的区委书记中也很难找到一个犹太人了。②

苏联的反犹主义政策严重影响了苏联和以色列的关系，1953年2月9日，苏联驻以色列公使馆遭到以色列恐怖分子的炸弹袭击。③ 尽管以色列方面表达了道歉和赔偿的意向④，苏联依然于12日宣布与以色列中断外交关系。⑤ 至此，苏以关系正式宣告破裂。

---

① 参见〔俄〕罗伊·梅德韦杰夫《让历史来审判——斯大林主义的起源及其后果》下册，何宏江等译，第848~849页。
② 〔美〕欧文·豪：《父辈的世界：东欧犹太人移居美国以及他们发现与创造生活的历程》，王海良、赵立行译，上海三联书店，1995，第750页。
③ АВП РФ. Ф. 059. Оп. 30. П. 53. Д. 311. Л. 45 - 46. // Советско-Израильские Отношения. Сб. док. 1941-1953гг. Т. 2. С. 421-422.
④ ISA 130.11/2507/7, Documents on Israeli-Soviet Relations 1949-1953（DISR）, Part 2, p. 875.
⑤ АВП РФ. Ф. 089. Оп. 6. П. 15. Д. 4. Л. 2 - 3. // Советско-Израильские Отношения. Сб. док. 1941-1953гг. Т. 2. С. 429-430.

结　语

长期以来，国内外学界认为反犹太主义是斯大林主义的一个基本特征。的确，在二战后斯大林动用整个国家机器发动了以"犹太人反法西斯委员会案"和"医生间谍案"为代表的大规模的国家反犹主义运动，这一点是毋庸置疑的。笔者在这里也无意给斯大林的反犹主义行为进行平反。但是斯大林的反犹主义，既不是宗教的，也不是种族的，更不是日常生活习俗的。斯大林的反犹太主义纯粹是其政策的需要。

在俄国革命的年代（1898~1917），境内的犹太人实际上已经产生了分化，一部分人积极参加十月革命，成了坚定的布尔什维克。这批人的主要代表有托洛茨基、季诺维也夫和捷尔任斯基等人，而一部分人则拥护"崩得"① 的政治主张，还有一部分人是犹太复国主义的信徒。

十月革命胜利之后，苏联当局对于"崩得"分子和犹太复国主义者进行了严厉镇压。"崩得"党于1921年宣布解散，而在苏联境内活动的大批犹太复国主义分子也遭到逮捕甚至杀害，但这种镇压并不针对犹太人。

---

① 崩得，全称为"立陶宛、波兰和俄罗斯犹太工人总联盟"，成立于1897年10月7日，是俄国的一个世俗犹太人社会主义政党。

在苏联,"崩得"分子和犹太复国主义者在苏联领导人看来正是要与其争夺犹太群众,因此一定要坚决镇压。而普通犹太人,只要安分守己,或者成为布尔什维克及其拥护者,就能被当局所包容。有充分证据表明,犹太布尔什维克要比非犹太党员更加反对"崩得"和犹太复国主义,更加认同苏联当局对犹太人的同化政策。[①] 而这种认同是发自内心的,是对布尔什维克主义理想的一种认同。

很多学者在他们的著作中列举了大量斯大林在大清洗时对犹太人进行迫害的事实,希望以此证明斯大林主义与反犹主义具有某种共性。[②] 他们的证据是确凿的,但是笔者并不大同意他们由此所得出的结论。尽管苏联犹太人在大清洗时遭到严重迫害,但是在苏联境内的其他民族也同样遭受了这种迫害。尽管很多学者在提到斯大林主义时都特别强调大俄罗斯沙文主义,但事实上,占苏联人口最多的俄罗斯人的利益在苏联时代也遭到了忽视。俄罗斯历史学家夏金在其主编的高校历史教材《祖国现代史》中明确指出:"人口最多的俄罗

---

① CZA Z5/1377, *Documents on Israeli-Soviet Relations* 1941–1949 (*DISR*), Part 1, p. 63.

② Shimon Redlich, *Propaganda and Nationalism in Wartime Russian: The Jewish Antifascist Committee in the USSR*, 1941–1948, p. 13; Lionel Kochan, *The Jews in Soviet Russia since 1917*, 1978, pp. 47, 303; Martin Gilbert, *The Jews of Russia: Their History in Maps and Photographs*, Merton College, Oxford: 1976, p. 33;〔俄〕罗伊·梅德韦杰夫:《让历史来审判——论斯大林和斯大林主义》下册,第965页;〔俄〕帕维尔·苏多普拉托夫:《情报机关与克里姆林宫》,第330页。

斯人在苏联恐怕是最无权的。"① 因此仅仅把犹太人所遭受的迫害单列出来对苏联境内其他民族来说是不公正的。对于斯大林来说，谁要是反对他，或者是威胁到他的地位，他就要消灭谁。至于这个人是犹太人还是俄罗斯人，对于克里姆林宫的主人来说并不重要。这也可以解释即使在大清洗的时代，苏联党和国家机关中，仍然有大量犹太高级官员的存在，因为他们是忠于斯大林的犹太布尔什维克。

二战后，斯大林之所以选择支持犹太复国主义在巴勒斯坦地区建国的政策，具有外交方面的考虑，其中原因前文已经提及，这里不再重复，事实证明斯大林的巴勒斯坦政策从外交角度上来说是极为成功的。

首先，斯大林利用英美之间的矛盾成功地把英国人逐出了中东地区。

其次，斯大林利用了犹太人对美国政府的强大政治影响迫使美国政府和苏联一起创建了以色列国，赢得美国犹太人的好感，给英美特殊关系成功地打入了一个楔子，使美国深深地陷入中东地区的泥淖之中。直到今天，美国在中东地区的这种外交困境依然存在。

最后，尽管以色列最终倒向西方，但是苏联政府很快在中东地区找到了新的盟友，那就是作为以色列对立面的阿拉伯国家（埃及、叙利亚等国）。建立以色列所造成的后果自有

---

① Щагин. Э. М, Новейшая отечественная история, XX-начало XXI века, Книга 2, Москва, Влодос, 2008, С. 295.

美国人承担，苏联不付出任何代价就成了在中东地区具有重要影响力的大国。

斯大林之所以做出支持犹太复国主义的决定还有一个重要原因，那就是他认为战后苏共的地位已经巩固，"崩得"党人和犹太复国主义分子在苏联早已绝迹。新一代的苏联犹太人与巴勒斯坦的犹太人并没有什么联系，犹太复国主义对他们来说是完全陌生的概念，这是斯大林的失策之处，他低估了犹太民族数千年以来生生不息的民族意识。这种沉睡已久的民族意识一旦觉醒，必然会产生巨大的力量。

以色列成立之后，苏联犹太人像全世界犹太人一样欢呼雀跃，欣喜若狂，甚至一些老的犹太布尔什维克也对以色列表示强烈的好感，这让斯大林始料未及。

苏联的犹太布尔什维克经历了20世纪20年代的党内斗争和30年代的大清洗以及卫国战争。二战后，他们对自己所信仰的共产主义或多或少地产生了怀疑。而以色列国的成立以及战后苏联的亲犹太复国主义政策使得他们认为可以自由地抒发自己的这种情感。但是他们大错特错了，在斯大林心目中，国内犹太问题和支持以色列建国完全是两个概念。

随着美苏冷战爆发，加之以色列从1948年下半年起就有了倒向西方的苗头，这使斯大林对苏联犹太人极为不信任。在冷战时期，强化内部，整肃纪律是必然的，于是就有了对犹太人的大清洗，这种清洗是政策的需要。斯大林对内对外政策的原则只有一个，那就是一切有利于苏联的原则。

从此之后，犹太人问题成了苏联这个多民族国家最尖锐的民族问题之一。苏联犹太人的民族主义情绪越来越强烈，与国家和政府之间的距离越来越远。苏联政府的反犹运动在很大程度上伤害了犹太人的民族感情，也违背了马列主义民族平等、民族团结的基本原则。最严重的后果是使苏联犹太人产生了一种离心倾向，从而成为社会的一个不安定的因素。

参考文献

一 俄文文献

(一) 俄文档案材料

Внешняя политика Советского Союза. Документы и материалы. 1945. Москва: Государственное издательство политической литературы. 1949.

Внешняя политика Советского Союза. Документы и материалы. 1948. Часть первая. Москва: Государственное издательство политической литературы. 1950.

Внешняя политика Советского Союза. Документы и материалы. 1946. Москва: Государственное издательство политической литературы. 1952.

Костырченко Г. В. Еврейский антифашистский комитет в СССР. 1941-1948. Москва: Международные отношения. 1996.

Наумкин В. В. (Отв Ред). Ближневосточный конфликт (1947-1956). Москва: МФД. 2003.

Наумов В. П. (под ред.) Неправедный СУД последний сталинский расстрел стенограмма судебного процесса над членами еврейского антифашистского комитета. Москва: Наука. 1994.

Ржешевский О. А. Сталин и Черчилль. Встречи. Беседы. Дискуссии: Документы. комментарии. 1941 – 1945. Москва: Наука. 2004.

Ржешевский О. А. Визит В. М. Молотова в Лондон в мае 1942 г. Переговоры с У. Черичллем. А. Иденом и переписка с И. В. Сталиным. Новая и новейшая история. 1997. № 6.

Ржешевский О. А. Визит В. М. Молотова в Лондон в мае 1942 г. Переговоры с У. Черичллем. А. Иденом и переписка с И. В. Сталиным. Новая и новейшая история. 1998. №1.

Севостьянова. Г. Н. (под ред.). Советско-американские отношения. 1949 – 1952. Документы. Москва:《МАТЕРИК》. 2006.

Советско-английские отношения во время великой отечественной войны. 1941 – 1945. Документы и материалы. Т. 1. 1941–1943. Москва: Политиздат. 1983.

Советско-израильскиеотношения. Сб. док. 1941 – 1953гг. Москва: Международные отношения. 2000.

（二）俄文报纸和期刊

Безбородова И. В. Иностранные военнопленные и

интернированные в СССР: из истории деятельности Управления по делам военнопленных и интернированных НКВД-МВД СССР в послевоенный период (1945-1953). // Отечественная история. 1997. № 5.

Братия евреи всего мира! 《Правда》. 25 августа 1941 г.

Ваксберг А. М. Сталин против евреев. // Детектив и политика. 1992. № 3.

Волобуев О. В. Крымскотатарский вопрос по документам ЦК КПСС (Вторая половина 50-х - середина 80-х гг. XX в.) // Отечественная история. 1994. № 1.

Второй митинг представителей еврейского народа. 《Правда》. 25 мая 1942 г.

Данилов В. Д. Сталинская стратегия начала войны: планы и реальность. //Отечественная история. 1995. № 3.

Егорова И. И. Иранский кризис 1945 - 1946 гг.: по рассекреченным архивным документам. Новая и новейшая история. 1994. № 3.

Загорский А. В. История советской внешней политики в годы "Холодной войны". // Отечественная история. 1997. № 6.

Земсков В. Н. Судьба кулацкой ссылки (1930 - 1954 гг). //Отечественная история. 1994. № 1.

Зубкова Е. Ю. Кадровая политика и чистки в КПСС

(1949–1953гг.). Свободная мысль. 1999. №4.

Илизаров Б. С. Сталин: Штрихи к портрету на фоне его библиотеки и архива. // Новая и новейшая история. 2000. №4.

Исаев Г. Г. Уроки истории: советско-израильские отношения в 1948–1951 гг. // Журнал Политэкс. 2006. Том 2. № 3.

К евреям всего мира. 《Правда》. 25 мая 1942 г.

Люкс Л. М. Еврейский вопрос в политике Сталина. // Вопросы Истории. 1999. №7.

Малкин В. Семь писем Лидии Тимашук. Новое время. 1993. № 28.

Медведев Ж. А. Сталин и 《дело врачей》. Новые материалы. // Вопросы истории. 2003. №1.

Митинг в Нью-Йорке в честь Михоэлса и Фефера. 《Правда》. 16 июля 1943 г.

Наумов В. П. Был ли заговор Берии? Новые документы о событиях 1953 г. Новая и новейшая история. 1998. №5.

Наумов В. П. Хрущев и реабилитация жертв массовых политических репрессий//Вопросы истории. 1997. № 4.

Нежинский Л. Н. & Челышев И. А. О доктринальных основах советской внешней политики в годы "холодной войны". // Отечественная история. 1995. № 1.

О так называемом 《Деле еврейского антифашистского

комитета》. // Известия ЦК КПСС. 1989. №12.

Подлый шпион и убийцы под маской профессоров – врачей. 《Правда》. 13 января. 1953 г.

Похороны С. М. Михоэлса. 《Правда》. 17 января 1948 г.

Пыжиков А. В. Ленинградская группа: путь во власти (1946-1949). // Свободная мысль. 2001. №3.

Пыжиков А. В. Последние месяцы диктатора (1952 - 1953гг). // Отечественная история. 2002. №2.

Рейман М. Послевоенное соперничество и конфликты в советском политическом руководстве. // Вопросы истории. 2003. №3.

Сенявский А. С. XX съезд КПСС в контексте российской истории. Отечественная история. 2007. №1.

Сидоров А. В. Сталинизм: опыт и уроки осмысления. // Вопросыистории КПСС. 1990. №7.

Симонов Н. С. Термидор. брюмер или фрюктидор? Эвалюция сталинского режима власти: прогнозы и реальность. // Отечественная история. 1993. №4.

Михоэлс С. М. 《Правда》. 15 января 1948 г.

Чубарьян А. О. Происхождение "холодной войны" в историографии востока и запад. //Новая и новейшая история. 1991. №3.

Эренбург И. Г. По поводу одного письма. 《Правда》. 21

сентября 1948 г.

（三）俄文专著

Адибеков Г. М. & Андерсон К. М. & Роговая Л. А. Политбюро ЦК РКП（б）- ВКП（б）Повестки дня заседаний 1919 - 1952. Каталог. Том Ⅲ. 1940-1952. Москва：РОССПЭН. 2001.

Аймермахер К.（главный редактор）Культура и власть от Сталина до Горбачева. цензура в советском союзе. 1917 - 1991. документы. Москва：РОССПЭН. 2004.

Артизов А. Н. & Наумов О. Власть и художественная интеллигенция：Документы ЦК РКП（б）-ВКП（б）, ВЧК-ОГПУ-НКВД о культурной политике, 1917-1953 гг. Москва：Международный фонд Демократия. 1999.（Россия. XX век. Документы）.

Бабиченко Д. Л. "Литературный фронт" История политической цензуры. 1932 - 1946 гг. Сборник документов. Москва：ЭРД. 1994.

Блюм А. В. Советская цензура в эпоху тотального террора. 1929-1953. Санкт-Петербург：Академический проект. 2000.

Брент Д. & Наумов В. Последнее дело Сталина. Москва：Изд-во Проспект. 2004.

Бруцкус Ю. Истоки русского еврейства. // Еврейский мир：Ежегодник на 1939 г. М.：РПО《Мосты культуры》,

2002.

Будницкий О. В. Российские евреи между красными и белыми (1917-1920). М.: РОССПЭН. 2006.

Гайдук И. В. & *Егорова Н. И.* & *Чубарьян А. О.* Сталинское десятилетие холодной войны: факты и гипотезы. Москва: Наука. 1999.

Дижур И. Итоги и перспективы еврейской эмиграции// Еврейский мир: Сборник. 1944 г.

Жуков Ю. Н. Тайны Кремля: Сталин. Молотов. Берия. Маленков. Москва: ТЕРРА-Книжный клуб. 2000.

Игорь Бунич. Завещание или Д'Артаньян из НКВД. Санкт-Петербург. Издательский Дом "Нева". Москва: ОЛМА-ПРЕСС. 2003.

Институт Всеобщей Истории РАН Сталин и холодная война. Москва. 1998.

Институт Всеобщей Истории РАН Холодная война: новые подходы и новые документы, Москва. 1995.

Киселев А. С. (председатель) Москва послевоенная. 1945-1947. Архивные документы и материалы. Москва: Издательство объединения. 2000.

Козлов В. А. & *Мироненко С. В.* & *Эдельман О. В.* Россия XX Век документы: Надзорные производства прокуратуры СССР по делам об антисоветской агитаций и пропаганде.

аннотированный каталог. март 1953-1991. Москва. 1999.

Костырченко Г. В. В плену у красного фараона. Политические преследования евреев в СССР в последнее сталинское десятилетие. Документальное исследование. Москва: Международные отношения 1994.

Костырченко Г. В. Тайная политика Сталина. власть и антисемитизм. Москва: Международные отношения. 2001.

Куманев Г. А. Рядом со Сталиным: откровенные свидетельства. Москва: Былина. 1999.

Леонид Млечин. Зачем Сталин создал израиль? Москва: 《ЯУЗА》《ЯКСМО》. 2005.

Леонид Млечин. Иосиф Сталин - создатель Израиля. Москва: 《ЯУЗА》. 《ЭКСМО》. 2006.

Петрова Н. К. Антифашистские комитеты в СССР: 1941-1945гг. Москва: ИРА РАН. 1999.

Платонов О. Тайная история России XX век: Эпоха Сталина. Москва: Московитянин. 1996.

Соколов А. К. Курс советской истории 1941 - 1991г.. Москва: Высшая школа. 1999.

Солженицы А. И. Двести лет вместе (1795-1995). Часть I-II, М.: Русский путь. 2001-2002.

Соловьев С. М. История России с древнейших времён: В 15-ти кн. М: СПб, 1962-1966, Кн. 1.

Судоплатов П. Разведка и Кремль. Записки нежелательного свидетеля. М：Гея，1996.

Фатеев А. В. Образ врага в советской пропаганде. 1945 - 1954 гг. Москва：Ин-т российской истории РАН. 1999.

Шварц С. Антисемитизм в Советском Союзе. Нью - Йорк：Изд-во им. Чехова. 1952.

二 英文文献

（一）英文档案材料

Documents on Israeli-Soviet Relations 1941 - 1953（DISR），London：Frank Cass，2000.

Foreign Relations of the United States（FRUS）*1945*，Vol. 8 Washington，D. C. ：GPO，1969.

Foreign Relations of the United States（FRUS）*1946*，Vol. 7 Washington，D. C. ：GPO，1969.

Foreign Relations of the United States（FRUS）*1947*，Vol. 5 Washington，D. C. ：GPO，1971.

Foreign Relations of the United States（FRUS）*1948*，Vol. 5 Washington，D. C. ：GPO，1975.

Foreign Relations of the United States（FRUS）*1949*，Vol. 6 Washington，D. C. ：GPO，1977.

Harry S. Truman，*Public Papers of the Presidents of the United*

Stated: *1946*, Washington, D. C., 1962.

Paul Preston and Michael Partridge (eds), *British Documents on Foreign Affairs (BDFA)*: *Reports and Papers from the Foreign Office Confidential Print*, Part IV (*1946 - 1950*), Series B, Middle and Near East, Vol. 1, 2, 4, 6, 8 (Bethesda, MD: University Publications of America, 1999).

Ronald Hyam (ed.), *British Document on the End of Empire*, Series A, Vol. 2, Part I, Part II, Part III, London: HMSO, 1992.

(二) 英文报纸和期刊

Avraham Grinbaum, "Rehabilitation of the Jewish Anti-fascist Committee: Report No. 7," translated introduced and annotated, *Soviet Jewish Affairs*, Vol. 20, No. 2-3, 1989.

Geoffrey Roberts, "Moscow and the Marshall Plan: Politics, Ideology and the Onset of the Cold War, 1947," *Europe-Asia Studies*, 1994, Vol. 46, No. 8.

Laurent Rucker, "Moscow's Surprise: The Soviet-Israeli Alliance of 1947 - 1949", *Cold War International History Project Working Paper*, No. 46, 2005.

Laurent Rucker, "The Unexpected Alliance USSR and Israeli During the 1940s," *Russia and Jewish World*, No. 2, 2004, May 24, 2020.

M. Altshuler and S. Ycikas, "Were there Two Black Books about the Holocaust in the Soviet Union?" *Jews and Jewish Topics in the Soviet Union and Eastern Europe*, Vol. 1, No. 17, 1992.

Shimon Redlich, "The Crimean Affair, Jews and Jewish Topics in the Soviet Union and Eastern Europe," Vol. 2, No. 12, 1990.

Thomas Mayer, "Arab Unity of Action and the Palestine Question, 1945 – 48," *Middle Eastern Studies*, Vol. 22, No. 3, 1986.

Vladimir O. Pechatnov, "The Big Three after World War II: New Documents on Soviet Thinking about Post War Relations with the United States and Great Britain," *CWIHP Working Paper*, No. 13, 1995.

V. Dubson, "The Archive of the Jewish Anti-fascist Committee," *Jews and Jewish Topics in the Soviet Union and Eastern Europe*, Vol. 3, No. 16, 1991.

(三) 英文专著

Aaron S. Klieman (ed.), *Palestine in Postwar United States and World Affairs*, New York: Routledge, 1991.

Aaron S. Klieman (ed.), *The Struggle for Statehood: Focus on the United Nations*, New York: Garland Pub., 1991.

Aaron S. Klieman (ed.), *Mobilizing for the War Effort*,

1940, New York: Routledge, 1991.

Abraham J. Edelheit, Hershel Edelheit, *History of Zionism: A Handbook and Dictionary*, Colorado: Westview Press, 2000.

Ahron Bregman, *A History of Israel*, New York: Palgrave Macmillan, 2003.

Alan Bullock, *Ernest Bevin: Foreign Secretary 1945-1951*, London: Heiemann, 1985.

Amikam Nachmani, *Great Power Discord in Palestine: 1945-1946*, London: Frank Class, 1987.

Arieh J. Kochavi, *Post-Holocaust Politics: Britain, the United States and Jewish Refugees, 1945-1948*, Chapel Hill: University of North Carolina Press, 2001.

Arkadi Vaksberg, *Antomina Bouis Stalin Against the Jews*, translated by Antonina W. Bouis, New York: Vintage Books, 1994.

Arno Lustiger, *Stalin and the Jews: The Red Book: The Tragedy of the Jewish Anti-Fascist Committee and the Soviet Jews*, New York: Enigma Books, 2003.

Arnold Krammer, *The Forgotten Friendship: Israel and the Soviet Bloc, 1947-53*, Urbana: University of Illinois Press, 1974.

Arnold Krammer, "Soviet Motives in the Partition of Palestine, 1947-48," in Lustick (ed.), *Triumph and Catastrophe*, New York & London: Garland Publisher, 1994.

Aron J. Katsenelinboigen, *The Soviet Union: Empire, Nation, and System*, New Brunswick & London: Transaction Pubishers, 1990.

Bernard Reich (ed.), *Arab-Israeli Conflict and Conciliation: A Documentary History*, Connecticut: Greenwood Press, 1995.

Charles L. Geddes (ed.), *A Documentary History of the Arab-Israeli Conflict*, New York: Praeger, 1991.

David Ben-Gurion, *Israel: A Personal History*, translated by Nechemia Meyer & Uzy Nystar, New York: Funk & Wagnalls, 1971.

David Ben-Gurion, *Israel: Years of Challenge*, New York: Holt, Rinehart and Winston, 1963.

Eytan Gilboa, *American Public Opinion toward Israel and the Arab-Israeli Conflict*, Lexington, Mass. : Lexington Books, 1987.

Govrin Yosef, *Israeli-Soviet Relations, 1953 – 1967: From Confrontation to Disruption*, London: Frank Cass, 1998.

Harold Wilson, *The Chariot of Israel*, New York & London: Weidenfeld & Nicholson, 1981.

Hilary L. Rubinstein, Dan Cohn-Sherbok, Abrahan J. Edelheit and Willi D. Rubinstein, *The Jews in the Morden World: A History since 1750*, New York: Oxford University Press Inc., 2002.

Idith Zertal, *From Catastrophe to Power: Holocaust Survivors and the Emergence of Israel*, Berkeley: University of California Press, 1998.

John Snetsinger, *Truman, the Jewish Vote and the Creation of Israel*, Stanford, California: Hoover Institute Press, 1974.

Laurent Rucker, *Moscow's Surprise: The Soviet-Israeli Alliance of 1947-1949*, Washington: Woodrow Wilson International Center for Scholars, 2005.

Leslie Stein, *The Hope Fulfilled: The Rise of Modern Israel*, London: Praeger, 2003.

Lester Samuel Eckman, *Soviet policy towards Jews and Israel, 1917-1974*, New York: Shengold Publishers, 1974.

Lionel Kochan, *The Jews in Soviet Russia since 1917*, London: Oxford University Press, 1972.

Margaret Truman, *Harry S. Truman*, New York: Morrow, 1974.

Martin Gilbert, *The Jews of Russia: Their History in Maps and Photographs*, Oxford: Merton College, 1976.

Michael Cohen, *Palestine and the Great Powers, 1945-1948*, Princeton: Princeton University Press, 1982.

Michael J. Cohen, *Palestine and the Great Powers, 1945-1948*, Princetion: Princetion University Press, 1982.

Ole Smolansky, "The Soviet Role in the Emergence of Israel," in Louis and Stookey (eds.), *The End of the Palesine Mandate*, Austin: University of Texas Press, 1986.

Philip Mattar, *The Mufti of Jerusalem: Al-Hajj Amin Al-Husagni and the Palestinian National Movement*, New York:

Columbia University Press, 1988.

Robert J. Donovan, *Conflict and Crisis: The Presidency of Harry S. Truman, 1945-1948*, New York: Norton, 1977.

Royal Institute of International Affairs, *Great Britain and Palestine, 1915-1945*, New York: Royal Institute of International Affairs, 1946.

Scott D. Parrish, *The Turn Toward Confrontation: The Soviet Reaction to the Marshall Plan, 1947*, CWIHP Working Paper No. 9, 1994.

Shimon Redlich, *War, Holocaust and Stalinism: A Documented Study of the Jewish Anti-Fascist Committee in the USSR*, Psychology Press, 1995.

Shimon Redich, *Propaganda and Nationalism in Wartime Russian: The Jewish Antifascist Committee in the USSR, 1941-1948*, Boulder: Colorado, 1982.

Shimon Redlich, *Propaganda and Nationalism in Wartime Russian: The Jewish Antifascist Committee in the USSR, 1941-1948*, Boulder: East European Quarterly, 1982.

Theodor Herzl, *The Jewish State: An Attempt at A Modern Solution of the Jewish Question*, London: H. Pordes, 1967.

Thomas E. Sawyer, *The Jewish Minority in the Soviet Union*, Boulder: Westview Press, 1979.

Trecor Burridge, *Clement Attlee: A Political Biography*,

London: J. Cape, 1985.

Uri Bialer, *Between East and West: Israel's Foreign Policy Orientation 1948-1956*, Cambridge: Cambridge University Press, 1990.

Uri Bialer, *Cross on the Star of David: The Christian World in Israel's Foreign Policy, 1948-1967*, Bloomington: Indiana University Press, 2005.

Viktor Fischl, *Moscow and Jerusalem: Twenty Years of Relations between Israel and the Soviet Union*, London & New York: Abelard-Schuman, 1970.

Walid Khalidi, *The End of the Palestine Mandate*, Austin: University of Texas Press, 1986.

Walter Laqueur, Barry Rubin (ed.), *The Israel-Arab Reader: A Documentary History of the Middle East Conflict*, New York: Penguin Books, 1969.

Walter Laqueur, *The History of Zionism: From the French Revolution to the Establishmont of the State of Israel*, London: The European Jewish Publication Society, 2003.

William Korey, "The Legal Position of Soviet Union," in Lionel Kochan (ed.), *The Jews in Soviet Russia since 1917*, New York: Oxford University Press, 1972.

William Roger Louis, *The British Empire in the Middle East, 1945-1951: Arab Nationalism, the United State, and Postwar

Imperialism, Oxford: Oxford University Press, 1984.

W. F. Abboushi, *The Unmaking of Palestine*, Boulder: Middle East, North African Studies Press, 1985.

Yaacov Ro'i, *Soviet Decision-Making in Practice: The USSR and Israel, 1947 – 1954*, London: New Brunswick, Transaction Books, 1980.

Yaacov Ro'i, *Soviet Decision-Making in Practice: The USSR and Israel, 1947 – 1954*, N. J.: New Brunswick, (Transaction books), 1979.

Yosef Govrin, *Israel-Soviet Relations: 1964 – 1966*, Jerusalem: Hebrew University Press, 1978.

Yosef Litvak, "Polish-Jewish Refugees Repatried from the Soviet Union at the End of the Second World War," Norman Davies & Antony Polonsk (eds.), *Jews in Eastern Poland and in the USSR, 1939 – 46*, London: Macmillan, 1997.

Zev Katz, *Handbook of Major Soviet Nationalities*, New York: Free Press, 1975.

三 中文文献

（一）中文档案材料

国际关系研究所编《巴勒斯坦问题参考资料》，世界知识出版社，1960。

沈志华总主编《苏联历史档案选编》，第 25、28 卷，社会科学文献出版社，2002。

尹崇敬主编《中东问题 100 年：1897—1997》，新华出版社，1999。

（二）中文期刊及论文

车效梅：《苏联对以色列建国政策透析》，《西亚非洲》2003 年第 4 期。

高惠群：《苏联犹太人今昔》，《东欧中亚研究》1992 年第 4 期。

郭宇春：《俄国犹太人研究（18 世纪末—1917 年）》，吉林大学，博士学位论文，2007。

郭宇春：《犹太人与俄国革命运动》，《黑龙江社会科学》2007 年第 5 期。

姜天明：《美英苏在以色列建国问题上的政策及影响》，《西藏大学学报》（汉文版）2004 年第 2 期。

刘心华：《苏联境内犹太人问题的探讨》，《问题与研究》（台北）1986 年第 7 期。

全克林：《英国与阿-犹冲突（1945-1949）》，南京大学，博士学位论文，2005。

邵丽英：《俄国对以色列外交政策的演变及发展趋势》，《西亚非洲》1999 年第 4 期。

沈志华、张盛发：《从大国合作到集团对抗——论战后斯大林对外政策的转变》,《东欧中亚研究》1996 年第 6 期。

沈志华:《共产党情报局的建立及其目标——兼论冷战格局形成的概念界定》,《中国社会科学》2002 年第 3 期。

宋永成:《苏联犹太人反法西斯委员会的悲剧》,陕西师范大学,博士学位论文,2008。

唐裕生:《前苏联的反犹政策与犹太移民潮》,《世界民族》1995 年第 1 期。

徐娅囡、吴建章:《苏联支持以色列建国的动机分析》,《当代社会主义问题》2006 年第 4 期。

杨曼苏:《苏以关系发展的历程》,《俄罗斯研究》2004 年第 1 期。

余建华、康璇:《苏联对犹政策的历史考察》,《史林》2007 年第 2 期。

张建华:《简论苏联的犹太人问题》,《当代世界与社会主义》2003 年第 2 期。

赵克仁:《试析前苏联对以色列建国前后态度和政策的演变》,《西亚非洲》1993 年第 4 期。

郑羽:《阵营对抗:冷战开始后斯大林的对外战略》,《东欧中亚研究》1992 年第 2 期。

(三) 中文专著及中文译著

〔俄〕爱德华·拉津斯基:《斯大林秘闻——原苏联秘密档案最新披露》,李惠生等译,新华出版社,1997。

〔俄〕菲利克斯·丘耶夫:《莫洛托夫秘谈录——与莫洛托夫140次谈话(菲·丘耶夫日记摘编)》,刘存宽等译,社会科学文献出版社,1992。

〔美〕汉娜·阿伦特:《极权主义的起源》,林骧华译,生活·读书·新知三联书店,2008。

《列宁全集》6、7、8、9、10卷,人民出版社,1987。

林军:《俄罗斯外交史稿》,世界知识出版社,2002。

刘竞、张士智、朱莉:《苏联中东关系史》,中国社会科学出版社,1987。

〔俄〕罗伊·梅德韦杰夫:《让历史来审判——论斯大林和斯大林主义》,何宏江等译,东方出版社,2005。

〔英〕马丁·吉尔伯特:《二十世纪世界史(1933—1951)》,第二卷(上),周启朋等译,陕西师范大学出版社,2001。

〔俄〕帕维尔·苏多普拉托夫:《情报机关与克里姆林宫》,魏小明等译,东方出版社,2000。

世界知识出版社编《国际条约集(1934-1944)》,世界知识出版社,1961。

《斯大林选集》上、下,人民出版社,1979。

〔美〕小阿瑟·戈尔德施密特、劳伦斯·戴维森:《中东史》,哈全安、刘志华译,东方出版中心,2015。

谢华:《冷战的新边疆:美国第四点计划研究》,中国社会科学出版社,2012。

肖宪：《中东国家通史·以色列卷》，商务印书馆，2004。

徐新、凌继尧主编《犹太百科全书》，上海人民出版社，1993。

徐新：《反犹主义解析》，上海三联书店，1996。

〔美〕雅各·瑞德·马库斯：《美国犹太人，1585—1990年：一部历史》，杨波等译，上海人民出版社，2004。

杨辉：《中东国家通史·巴勒斯坦卷》，商务印书馆，2004。

殷罡主编《阿以冲突：问题与出路》，国际文化出版公司，2002。

张倩红：《以色列史》，人民出版社，2008。

张盛发：《斯大林与冷战》，中国社会科学出版社，2000。

张士智、赵慧杰：《美国中东关系史》，中国社会科学出版社，1993。

赵伟明：《中东问题与美国中东政策》，时事出版社，2006。

后　记

　　本书是在本人博士论文《苏联与犹太复国主义运动》的基础上写成的，但侧重点放在冷战初期苏联与以色列的外交关系上。

　　从2005年选择这个课题作为我的研究方向到现在已经有16个年头。在本书写作过程中我曾得到我的两位博士生导师高毅先生和沈志华先生的悉心指导。2002年秋，我有幸考入北京大学历史系，攻读俄国苏联史方向硕士研究生，2004年转为硕博连读生，师从著名历史学家高毅教授。由于我的第一外语是俄语，为了使我更好地发展，系里特聘华东师范大学历史系博士生导师、冷战史和国际关系史著名专家沈志华教授为我的指导老师，实际上负责我的博士论文指导工作。因此，我非常幸运有了两位博士生导师。

　　高毅教授是一位宽厚仁慈的长者，他治学极为严谨，思想深邃，视野开阔，淡泊名利，多年来，他在思想和治学方法上对我产生了很大影响。高毅教授有自己独特的指导学生的方法，强调用理论分析、研究和概括问题。我觉得这些年能在史学方面有些许进步，应归功于高毅老师的殷切指导。

　　本书写作的主要参考材料是苏联历史解密档案，在这方面，沈志华教授提供的帮助是十分重要的。多年来，他慷慨解囊，出资从俄罗斯购买收集档案材料，并把这些资料无偿提供给国内学者，从而极大地推动了国内的苏联史研究，其高风亮节，在学术界有口皆碑。我衷心感谢沈志华教授多年来对我的严格要求。沈教授曾经说过，如果要写一篇1万字左右的论文，至少要看100万字的外文材料，做出10万字的摘要和读书卡片。在博士学位论文写作过程中，我接受了沈老师对我的严格史学训练，翻译了上百万字的俄文和英文档案文献资料。但是囿于个人天生愚钝，先生所教本领尚不能完全掌握，些许思考凝结在本书中，这不仅是我个人努力的结果，更多的是沈志华老师的教诲。

特别感谢中国社会科学院西亚非洲研究所殷罡教授。殷罡教授是当初我的博士学位论文答辩委员会主席，他帮助我调整了论文的章节结构，并在语言和措辞方面提供了宝贵的意见。我博士毕业后，殷老师又引荐我加入中东学会。殷罡教授可以说是我工作后在学术道路上继续前进的重要领路人，而且殷罡老师还不辞辛劳为本书作序。

特别感谢北京大学历史系金东吉教授（韩国籍）。2007~2009年这段时间，和我讨论相关问题最多的就是金东吉教授，他为我介绍了当时国际学术界最新的研究成果，帮我拓展了思路，开阔了视野，在博士论文正式答辩之前，他甚至花了大量时间修改文章的语句和措辞，金老师真是我的良师益友。

特别感谢陕西师范大学宋永成教授。当初我们的博士论文选题撞了车。后经协商，宋老师继续研究苏联犹太人问题，而我则专攻冷战初期的苏联与以色列关系。在英文档案和资料搜集过程中，宋老师为我提供了巨大的帮助。多年来，每当我在研究中遇到问题或思路不畅，我总是第一时间打电话给宋老师，宋老师总是对我知无不言、言无不尽。我们彼此已结下深厚的友谊。

特别感谢北京大学历史系王立新教授、许平教授、北京师范大学张建华教授，他们在我写作过程中给我提供了许多意见和建议，正是他们的无私帮助才让我对所研究的课题有了进一步思考，少走了不少弯路。

特别感谢我的合作搭档、本书的第二作者华东师范大学历史学系2016级博士研究生江艺鹏，本书的第四章和导论的部分内容由江博士完成，江博士在中山大学历史学系读硕士研究生时曾参与了我的课题，并为本书的完成付出了许多辛勤的劳动。

特别感谢本书的组稿编辑张晓莉女士、郭白歌女士以及责任编辑李明伟先生，他们为编辑我的专著付出了大量的努力，也提出了许多中肯的意见。

特别感谢我的工作单位中山大学历史学系，正是由于单位的慷慨资助，本书才最终得以问世。

特别感谢在北京师范大学珠海分校工作的高暖学长，是她在美国留学时不辞辛劳在加州大学图书馆为我找到并复印了与本课题相关的一本法文专著，对本书的写作提供了至关重要的帮助。

为我提供过参考意见、文献帮助和技术支持的还有中山大学梁碧莹教授、邱捷教授、袁丁教授、朱卫斌教授、温强教授、潘一宁教授、龙秀清教授、周立红教授、李爱丽老师、曾记老师、孙烨老师、王志岩老师，华南师范大学张来仪教授，华东师范大学姚昱教授、周娜老师、梁桂胜博士，东北师范大学詹欣教授，首都师范大学姚百慧教授、翟韬老师，外交学院施展教授，广西民族大学吕雪峰老师，当代中国研究所徐轶杰老师，长春大学王洋老师，华北电力大学贺艳青老师，山西师范大学樊百玉老师，美国休斯敦的郭云霞女士，以及中山大学何启航同学等，在此一并表示感谢。

感谢双亲的养育之恩，尽管生活清贫却从不反对我继续从事学术研究，他们的教诲令我铭记终生。我要特别感谢我妻子胡保华女士，在我读博和工作期间她在教育孩子和家务劳动方面付出了大量的精力，不仅如此，她还帮我翻译整理了大量的英文资料，让我真切地体会到了"相濡以沫"的含义。我还要特别感谢我在河南洛阳的中学时代的同窗好友申宝良、张毅飞、张丹、叶小满、章学敏、蔡伟等。我父母双亲都已年逾七旬，身体也不太好，他们不适应南方湿热的气候，所以一直不愿来广州与我们一起生活。多亏有我这几位同学在老家的悉心照料，才使得我能够安心工作。拙作能够出版，和我这些同学的鼎力帮助也是分不开的。

从事学术研究是一项艰辛的事业，在这一过程中我有幸得到了各位史学前辈、同行以及诸多朋友的帮助，没有大家的鼎力协助，就没有这部专著。在此，我真诚地向大家致以衷心的感谢！

肖 瑜

2021 年 10 月 27 日

图书在版编目(CIP)数据

从蜜月走向对抗:冷战初期的苏联与以色列关系研究:1948-1953/肖瑜,江艺鹏著.--北京:社会科学文献出版社,2021.11(2024.3重印)
ISBN 978-7-5201-9023-7

Ⅰ.①从… Ⅱ.①肖… ②江… Ⅲ.①苏联-外交关系-研究-以色列-1948-1953 Ⅳ.①D851.22 ②D838.22

中国版本图书馆 CIP 数据核字(2021)第 186477 号

从蜜月走向对抗
——冷战初期的苏联与以色列关系研究(1948~1953)

著　者 / 肖　瑜　江艺鹏

出 版 人 / 冀祥德
责任编辑 / 郭白歌　李明伟
责任印制 / 王京美

出　　版 / 社会科学文献出版社
　　　　　　地址:北京市北三环中路甲29号院华龙大厦　邮编:100029
　　　　　　网址:www.ssap.com.cn
发　　行 / 社会科学文献出版社(010)59367028
印　　装 / 唐山玺诚印务有限公司
规　　格 / 开本:787mm×1092mm　1/16
　　　　　　印张:18　字数:223千字
版　　次 / 2021年11月第1版　2024年3月第3次印刷
书　　号 / ISBN 978-7-5201-9023-7
定　　价 / 128.00元

读者服务电话:4008918866

版权所有 翻印必究